Diogenes Taschenbuch 22029

detebe

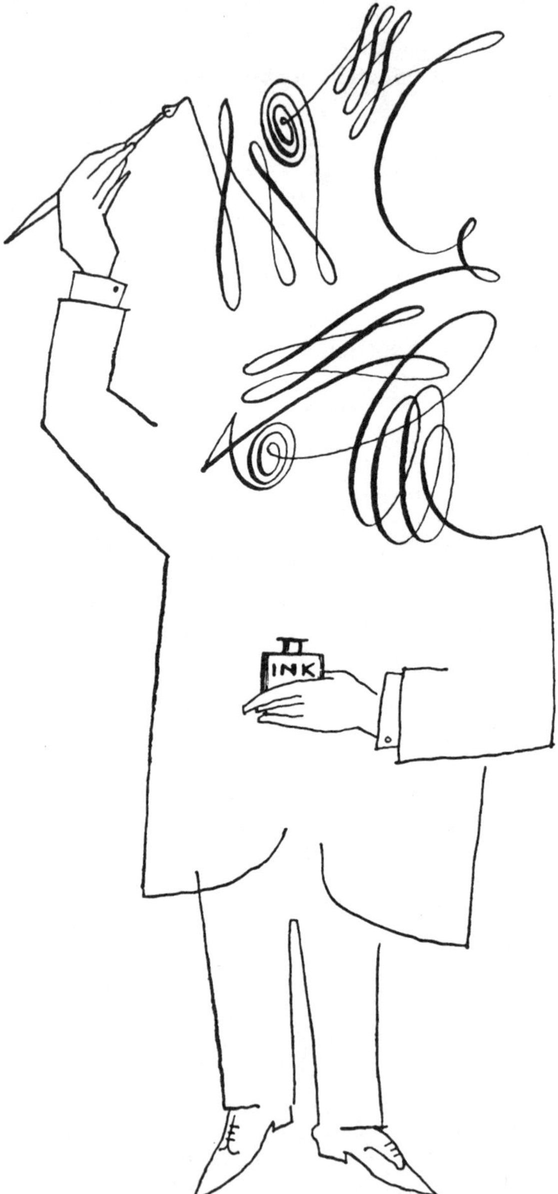
INK

Tintenfaß

Das Magazin
für den überforderten
Intellektuellen

Nummer 29

Diogenes

Das *Tintenfaß*
erscheint einmal jährlich zur
Frankfurter Buchmesse
Impressum, Nach- und Hinweise
am Schluß des Bandes

Umschlagzeichnung und Frontispiz
von Saul Steinberg

Originalausgabe

www.diogenes.ch
100/05/36/1
ISBN 3 257 22029 4

»Was den Menschen am meisten interessiert, ist der Mensch.«

Pascal

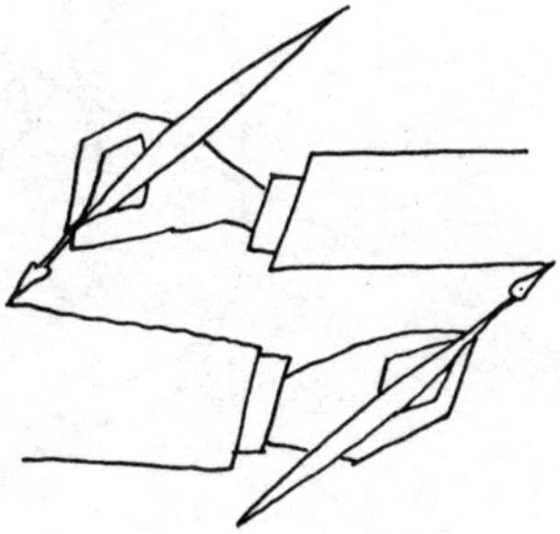

Inhalt

Patrick Süskind

Über Liebe und Tod

*Wenn mich niemand danach fragt,
dann weiß ich es; wenn mich aber
einer danach fragt, und ich's ihm
erklären will, dann weiß ich es nicht.*
Augustinus, *Bekenntnisse*

Was der heilige Augustinus über die Zeit sagt, gilt nicht minder für die Liebe. Je weniger Gedanken wir uns über sie machen, desto selbstverständlicher erscheint sie uns; wenn wir aber anfangen, über sie nachzugrübeln, kommen wir in Teufels Küche. Dieser sonderbare Sachverhalt wird durch die Tatsache bestätigt, daß sich seit dem Anbeginn der Kulturgeschichte der Mensch als Künstler und seit Orpheus' Zeiten der Mensch als Dichter mit wenigem so beharrlich beschäftigt hat wie mit der Liebe. Denn Dichter schreiben ja bekanntlich nicht über das, worüber sie Bescheid wissen, sondern über das, worüber sie *nicht* Bescheid wissen, und dies aus Gründen, über die sie wiederum nicht Bescheid wissen, aber unbedingt ganz genau Bescheid wissen wollen. Das Nicht-Bescheid-Wissen, das Ich-weiß-nicht-was-soll-es-bedeuten ist der primäre Impetus, der sie überhaupt erst zum Griffel, zur Feder oder zur Leier greifen läßt. (Wut, Trauer, Überschwang, Geld etc. sind durchaus sekundär.) Wäre es anders, so gäbe es keine Gedichte, Romane, Dramen etc., sondern nur Verlautbarungen.

Etwas Rätselhaftes scheint der Liebe anzuhaften, etwas, das man nicht ganz genau wissen und nur unzulänglich erklären kann. Dies allerdings trifft auch auf den Urknall zu oder auf die Frage, wie das Wetter in zwei Wochen sein wird. Und dennoch erregen Urknalltheorie und Wettervorhersage die Dichter und ihr Publikum weit weniger als alles, was mit der Liebe zu tun hat. An ihr muß folglich wohl noch mehr dran sein als nur das Mysteriöse. Offenbar wird sie von jedem Menschen als eine ihn höchstpersönlich betreffende und existentiell allerwichtigste Angelegenheit verstanden, so sehr, daß selbst den Astrophysiker, wenn er auf Freiersfüßen wandelt, die Frage nach dem Ursprung des Universums herzlich wenig interessiert – vom Wetter ganz zu schweigen.

Aber gilt gleiches nicht auch für das Atmen, für Essen und Trinken, für Verdauung und Defäkation? Warum, so fragte ich mich oft als Kind, gehen die Menschen in Romanen nie aufs Klo? Auch im Märchen nicht und in der Oper, nicht in Theater, Film und bildender Kunst. Eine der wichtigsten, gelegentlich drängendsten, ja lebensnotwendigsten Tätigkeiten des Menschen kam in der Kunst nicht vor. Statt dessen beschäftigte sie sich immer wieder und in unendlicher Ausführlichkeit und Variation mit Liebeslust und -leid und allen Vorstufen und Spielarten der Liebe, auf die man, wie ich damals glaubte, durchaus verzichten konnte. Warum gab es in der Geschichte der Menschheit nie einen Kult um das Exkrement, wohl aber einen um Brust, Vagina und Phallus? Ganz so abwegig, wenngleich kindisch, ist der Gedanke nicht. In Platons *Gastmahl* sieht der Arzt Eryximachos in der rechten Befüllung und Entleerung des Leibes das Wirken des Eros nicht weniger manifestiert als in der Zuneigung zweier menschlicher Seelen. Aber Eryximachos ist unter den sieben Zechern, die sich über das Wesen der Liebe verbreiten, der einfältigste Redner. Für ihn als Naturwissenschaftler ist der Eros nichts anderes als ein harmonisierendes Grundprinzip, gleichsam eine physikalische Konstante, die Ordnung in die Welt bringt, und zwar auf allen erdenklichen Gebieten, von der Landwirtschaft bis zum Gezeitenwechsel, von der Musik bis zum Schluckauf. Heutzutage würde einer wie er die Liebe wahrscheinlich als eine von unzähligen Erscheinungen der Wirksamkeit von Enzymen, Hormonen oder Aminosäuren definieren. Banal kommt uns das vor. Wenig erbaulich. Und wenig erhellend dazu. Denn definieren bedeutet ja nicht verallgemeinern, sondern, im Gegenteil, eingrenzen und abgrenzen vom Allgemeinen. Wenn wir über die Liebe sprechen wollen, von der wir immerhin zu wissen glauben, daß sie etwas sehr Spezielles sei, so hilft es uns wenig, wenn uns einer erklärt, daß sie ein universelles Grundprinzip darstelle, dem die Gezeiten nicht weniger unterworfen seien als der Verdauungsapparat. Genausogut könnte er uns sagen, der Tod sei ein thermodynamisches Phänomen, das die Amöbe ebenso betreffe wie ein schwarzes Loch im Sternbild Pegasus – und hätte nichts damit gesagt.

Nun mag es ja sein, daß auch die Liebe ihre physikalischen und chemischen, ihre mechanischen und vegetativen Aspekte hat – eine Kristallisation nennt sie Stendhal, an anderer Stelle ein Fieber; ein Rausch sei das Verliebtsein, sagt Sokrates im *Phaidros*, eine Krankheit, ein Wahnsinn. Aber eben kein schlechter Rausch, fügt er hinzu, sondern der beste Rausch, den es gebe; und keine verderbliche Krankheit und kein eigentlich menschlicher Wahn im pathologischen Sinne, sondern eine vom Göttlichen inspirierte, zum Göttlichen sich sehnende *Mania*, ein göttlicher Wahnsinn, der der im Irdischen verhafteten Seele Schwingen verleihe. Zwar sei der Eros selbst kein Gott, sei weder gut noch schlecht, weder schön noch häßlich, sondern ein großer Dämon, ein Mittler zwischen den Menschen und den Göttern, ein Dränger, der den Menschen das Begehren nach dem einimpfe, was ihnen fehle: das Schöne, das Gute, das Glück, die Vollkommenheit – allesamt göttliche Attribute, deren Abglanz der Liebende im Geliebten sieht – und schließlich sogar Unsterblichkeit. Der Eros sei die »drängende Liebe zum Zeugen und zum Gebären im Schönen«, so sagt Diotima, die »weiseste der Frauen«, von der Sokrates im *Gastmahl* erzählt. Und dieses »Zeugen und Gebären«, wohl auch das physisch-animalische, mehr aber noch das geistige, pädagogische, künstlerische, politische, philosophische, kurz das, was wir das Schöpferische nennen, mache des Menschen Teilhabe an der Unsterblichkeit aus, da es über seinen Tod hinauswirke und Bestand habe. »... im Schönen«, heißt es übrigens, ein nicht unwichtiger Zusatz, »Zeugen und Gebären im *Schönen*«, das heißt in der Sehnsucht nach eben jenen göttlichen Attributen, die uns Menschen abgehen.

Das ist starker Tobak, aber sein Aroma hat sich in den vergangenen zweieinhalbtausend Jahren nicht verzogen. Von der Schlagerschnulze bis zum *Fidelio* und zur *Zauberflöte*, vom Groschenroman bis zu Kleists *Amphytrion* versucht alles, was da schreibt und singt, der Überzeugung Ausdruck zu verleihen, die Liebe sei etwas Erhabenes, Himmlisches, Erlösendes, und die Terminologie, in der sie besungen und beschrieben wird, ist bis in unsere Tage religiös geblieben. Womit sie vom Exkrement hinreichend unterschieden wäre.

Drei Beispiele

Vor nicht langer Zeit war ich in der Stadt mit dem Wagen unterwegs. An einer Kreuzung, die bekannt ist für ihre kurzen Grünphasen, mußte ich in einer der vier oder fünf Kolonnen, die nur alle paar Minuten ein Stück vorrückten, eine ziemliche Weile warten. Zu meiner Rechten und Linken steckten sich die Fahrer eine Zigarette an, drehten an ihren Radiogeräten, warfen einen Blick in die Zeitung oder frischten, sofern weiblichen Geschlechts, ihr Make-up auf. Was man eben so tut, wenn man in einem kleinen Stau steht.

In dem Wagen direkt vor mir allerdings, einem ältlichen Riesenschlitten der Marke Opel Omega von milchkaffeebrauner Farbe, dessen Kofferraumhaube mit Aufklebern dümmlichsten Inhalts (»Fahr drauf, ich brauch' Kohle«, »Hunk when you're horny«) beklebt war, vertrieb sich ein junges Paar die Wartezeit auf andere Weise: Unentwegt steckte es die Köpfe zusammen, um eins das andere mit hingerissenem Lächeln zu beglotzen, zu beplappern, zu befingern, zu beküssen und zu belecken. Nur für Augenblicke wandten sie sich voneinander ab, wie erschreckt, richteten den plötzlich sinnentleerten Blick aus den jeweiligen Seitenfenstern, um nach zwei Sekunden, als hätten sie sich monatelang nicht gesehen, mit ruckartiger Bewegung aufeinander zuzufahren und sich erneut wie ein Wunder anzustarren und zu küssen. Sie saß am Steuer. Typus kleine Maus, mit niedlichem Profil, sehr geschmeidigem Hals, vollen, lockeren Haaren, die beim Lachen zitterten, kleinen schimmernden Zähnen, lebhaften Augen. Er hingegen, der auf dem Beifahrersitz mehr lümmelte als saß, den rechten Fuß zum Fenster hinausgehängt, den linken Arm paschahaft um ihre Schul-

tern geschmissen, war ein Kerl, mit dem man wirklich nichts zu tun haben wollte. Eine gräßliche Erscheinung, ungeschlacht in jeder Bewegung, mit feistem Nacken, rasiertem Schädel, Silberring im linken Ohr, pickliger Haut, stumpfer Nase und immer halboffenem Mund, aus dem er nicht einmal zum Küssen den Kaugummi entfernte. Jeder objektive Beobachter konnte nur der Meinung sein, die süße Kleine habe wahrhaft etwas Besseres verdient als diesen schauderhaften Lümmel. Sie selbst schien durchaus anderer Meinung. Nur kurz unterbrach sie die Tändelei, um während der nächsten Grünphase an die Ampel vorzurücken. Dann hatte sie wieder allein Augen für ihn, begann das Spiel von Taube und Täuberich von neuem, rückte an ihn heran, um zu küssen und sich von ihm bestupsen zu lassen. Schlimmer noch: ergriff seine Rechte, nahm seine Wurstfinger einen nach dem anderen zwischen ihre makellosen Zähne, um daran zu knabbern und zu schlecken, während er seine linke Pratze in die Pracht ihrer braunen Haare tauchte und darin herumrührte, wohl auch drückte, bis sie, seinem Druck oder ihrem eigenen Begehren folgend, wer weiß, mit dem Kopf nach unten und aus meinem Blickfeld verschwand, seitlich hinunter zu seinem Schoß, wo sie sich weiter zu schaffen machte, was der Lümmel mit einem Zurückwerfen des Schädels und groteskem Wackeln seines aus dem Fenster hängenden Beins quittierte, an dessen Fuß er einen dreckigen Turnschuh trug.

Unterdessen war es wieder Grün geworden, und hinter mir begann man zu hupen. Endlich tauchte die Kleine auf, zerzaust und mit strahlendem Gesicht, setzte sich in ihrem Sitz zurecht, und er, da man abermals hupte, drehte sich um, wandte mir, der ich meinerseits gar nicht gehupt hatte, seine unendlich ordinäre und kaugummikauende Visage zu, verzog sie zu einer grinsenden Grimasse und machte mit dem Finger, der soeben noch in ihrem schönen Haar gewühlt hatte, die obszönste Geste der Welt. Sie gab Gas und schoß mit quietschenden Reifen davon, gerade noch ehe die Ampel auf Rot sprang und mich und den Rest der Kolonne zum Halten zwang.

»Mann und Weib und Weib und Mann reichen an die Gottheit an«, heißt es in der *Zauberflöte*. Gesungen wird dieser Hymnus an die Liebe von Pamina und Papageno. Pamina wird am Ende der Oper dank Eros samt ihrem Geliebten Tamino in den Tempel der Weisheit gelangen; Papageno, dessen Ambitionen bodenständiger sind und der sich von seiner geliebten Papagena nebst den physischen Ergötzungen höchstens noch ein wenig »gesellschaftliche Unterhaltung« erhofft, wird immerhin noch am göttlichen Glück und an der Unsterblichkeit vermittels einer ganzen Schar von Kinderlein teilhaben. Beides ist schön und gut und ganz im Sinne Platons. Wie aber – so fragte ich mich, als ich, an der roten Ampel wartend, dem über die Kreuzung rasenden Paar nachschaute –, wie aber stellte es der Eros an, *diese beiden* zum Zeugen und Gebären *im Schönen* zu drängen?

Nun, dachte ich mir, sie sind noch jung, sehr jung, keine zwanzig Jahre alt und infolgedessen erotisch dumm. *Er* sowieso, ein Ausbund an Dummheit. Aber auch sie, die süße Kleine, ist töricht, wie das eben leider bei süßen Kleinen hin und wieder vorkommt. Und die Toren streben Platon zufolge nicht nach dem Schönen und Guten und der göttlichen Glückseligkeit, weil sie mit sich selbst zufrieden sind. Und auch die Weisen streben nicht danach, weil sie ja all dies schon besitzen. Nur jene, die dazwischen sind, in der Mitte zwischen Toren und Weisen, du und ich also und all die andern, die hier im Stau stehen und geduldig auf das nächste

Grün warten, sind für Eros' Pfeil überhaupt empfänglich. Und bei dem, was sich soeben im milchkaffeebraunen Opel Omega abgespielt hat, handelt es sich somit gar nicht um Liebe oder was auch nur im entferntesten damit zusammenhängt, sondern um eine degoutante Nichtigkeit.

Ein paar Tage später war ich in einem bürgerlichen Haus zu einem größeren Abendessen eingeladen. Bei solchen Anlässen gibt es meist einen Ehrengast, dessentwegen man hingeht und den kennenzulernen man Gelegenheit erhält, was gut, schön und löblich ist. In diesem Fall war der Ehrengast ein frischvermähltes Paar: sie eine bekannte Kunstmäzenin von einigen siebzig Jahren, blond und füllig; er, Anfang Fünfzig, rumänischer Choreograph und einstiger Tänzer von internationalem Renommee mit pechschwarzen Haaren und bewundernswert gerader Wirbelsäule. Man hatte schon das eine oder andere über die beiden in den Klatschspalten der Zeitungen gelesen, wo hauptsächlich von ihrem Geld und seiner Karriere, von ihren ehemaligen Ehemännern (5) und seinen ehemaligen Ehefrauen (3), vom Altersunterschied, der sie trennte (17 Jahre) etc. in mokantem Ton die Rede war. Wer sie nun aber leibhaftig zu sehen bekam, war augenblicklich überzeugt, daß bei der Verbindung dieses ungewöhnlichen Paares gesellschaftliches oder finanzielles Kalkül gewiß keine, Eros hingegen die entscheidende Rolle gespielt haben mußte. Den ganzen Abend über ließen sie sich nicht nur nicht aus den Augen, sie ließen sich auch nicht aus dem Griff. Sie hingen aneinander wie zwei junge Äffchen, sie schienen aneinanderzukleben wie Philemon und Baucis. Zur Begrüßung gaben sie den anderen Gästen nicht die Hand, denn sie hielten sich gegenseitig beide Hände. Zum Aperitif auf der Veranda saßen sie gemeinsam in einem Korbsessel, tranken Orangensaft aus einem gemeinsamen Glas und knabberten an ein und derselben Salzstange. Es war nicht möglich, mit einem von ihnen zu sprechen, da sie nur miteinander sprachen, besser gesagt tuschelten, in einem für Außenstehende unverständlichen, aus Französisch, Spanisch und Deutsch zusammengemischten Liebeskauderwelsch. Als man zu Tisch ging, befiel sie eine Unruhe, sie flatterten aufgeregt zur Hausherrin und baten um eine Änderung der Tischordnung, die eigentlich eine Trennung aller geladenen Paare vorgesehen hatte. Man kam ihrer Bitte nach und ließ sie nebeneinandersitzen. Sie rückten ihre Stühle so dicht zusammen, daß sie wie auf einem Bänkchen sitzen und essen konnten, sie mit der Rechten, er mit der Linken, denn die jeweils andere Hand brauchten sie, um sich gegenseitig zu berühren und zu halten. Ihre Blicke wurden traurig, wenn sie notgedrungen für Momente voneinander lassen und sich auf die Teller richten mußten: zwei getrennte Teller, von denen ein jedes ganz alleine essen mußte, wo sie doch viel lieber gemeinsam von einem Tellerchen gegessen hätten – wenn überhaupt, denn sie aßen sehr wenig. Das Essen erschien ihnen offenbar als quälende Zeitverschwendung und überflüssige Ablenkung, die sie daran hinderte, sich am Auge des anderen zu laben und sich an seinem Anblick sattzusehen. Noch vor dem Dessert baten sie um ein Taxi, erhoben sich alsbald, nickten flüchtig zum kollektiven Gruß in die Runde und schwebten verschmolzen davon, bei den zurückgebliebenen Gästen Ratlosigkeit und wohl auch Erleichterung hinterlassend.

Ist *das* die wahre Liebe? Eine Art Rausch, gewiß. Ein Wahn, sicherlich. Aber der edelste Rausch, den es gibt? Ein Wahnsinn, der, vom Göttlichen inspiriert, zum Göttlichen führt? Es fällt nicht leicht, das zu glauben. –

Im Sommer 1950 wohnt ein fünfundsiebzigjähriger Herr in Begleitung seiner Frau und seiner ältesten Tochter für drei Wochen im ›Grand Hotel Dolder‹ in Zürich. Er ist seit fünfundvierzig Jahren verheiratet, Vater von sechs Kindern, ein weltberühmter Schriftsteller. Ein paar Tage zuvor wurde sein Geburtstag mit großem Pomp und öffentlicher Anteilnahme gefeiert; er hat Reden zu halten, Aufsätze zu verfassen, eine enorme Korrespondenz zu bewältigen, einen Roman zu beenden, Gäste zu empfangen, Interviews zu geben. Die weltpolitische Lage bereitet ihm Sorgen, der gerade ausbrechende Koreakrieg, die immer schwieriger werdende Situation in den Vereinigten Staaten, wo er im Exil wohnt; seine Frau muß sich einer nicht ungefährlichen Operation unterziehen, die Tochter nimmt Morphium gegen ihre Gallenbeschwerden, er selbst ist ständig geplagt von kleineren Malaisen, von der Ohrenentzündung bis zur Schlaflosigkeit, kurz: Der Mann hat Probleme und Kummer zuhauf und gewiß alles andere im Sinn, als sich, noch dazu in seinem Alter, auf erotische Eskapaden einzulassen.

Jedoch: Eines Nachmittags zum Tee, im Garten des Hotels, wird er bedient von einem neunzehnjährigen Hilfskellner mit braun gewelltem Haar, braunen Augen, feinen Händen, plumpem Nacken und einem Gesicht, das im »Profil nicht sangeswürdig« ist, *en face* aber »unendlich gewinnt«. Der Junge heißt Franzl, stammt aus einer Gastwirtsfamilie am Tegernsee, macht im ›Dolder‹ seine Grundausbildung und wird vierzig Jahre später seine Karriere als Bankettoberkellner in New York beschließen. Er ahnt nicht im Traum, welche Erschütterungen seine Gestalt, sein Blick und seine »leise, weiche«, vom bairischen Dialekt gefärbte Stimme in dem alten Schriftsteller auslösen. Der ist überwältigt. »Noch einmal also dies«, schreibt er in sein Tagebuch, »noch einmal die Liebe, das Ergriffensein von einem Menschen, das tiefe Trachten nach ihm – seit 25 Jahren war es nicht mehr da und sollte mir noch einmal geschehen.« Der eigene Weltruhm scheint ihm mit einemmal kein Gewicht mehr zu haben, die Sorge um die kranke Ehefrau tritt in den Hintergrund, Weltpolitik und Koreakrieg spielen keine Rolle mehr. Hingegen ist von überragender Bedeutung, ob beim Diner der italienische Oberkellner oder aber jener Franzl die Tomatensuppe serviert; ein Glücksmoment, wenn er ein paar Worte mit ihm wechseln kann, wenn er von ihm Feuer für seine Zigarette gereicht bekommt oder ihm fünf Franken Trinkgeld zustecken kann, »weil er gestern so nett serviert habe« und dafür ein freundliches Lächeln erhält. Mehr geschieht nicht zwischen den beiden, doch von früh bis spät und noch im Traum kreisen die Gedanken des Schriftstellers um den »Liebling«, den er auch – ganz im Sinne Platons – den »Erreger« oder den »Berücker« nennt. Mitten in der Nacht erwacht er, es widerfährt ihm, wie er mit Stolz und Scham zugleich notiert, eine »gewaltige Ermächtigung und Auslösung«. Er wird zunehmend nervöser, unkonzentrierter, zur Arbeit unfähiger, schläft noch schlechter als gewöhnlich, muß Baldrian nehmen und »als Quietiv« Adorno lesen, was nichts hilft, denn ihm ist alles »durchtränkt und überschattet [...] von entbehrender Trauer um den Erreger, Schmerz, Liebe, nervöse Erwartung, stündliche Träumereien, Zerstreutheit und Leiden«.

Unterdessen ist die Gattin genesen, man verläßt das Hotel ›Dolder‹, um sich noch einige Wochen im Engadin zu erholen. Aber der Stachel des Eros sitzt tief, der alte Mann kann den jungen Kellner nicht vergessen. Der Schmerz um ihn hat sich »vertieft und verstärkt zu einer allgemeinen Trauer um mein Leben und meine Liebe«, schreibt er ins

Tagebuch und: »Nähe des Wunsches, zu sterben, weil ich die Sehnsucht nach dem göttlichen Knaben [...] nicht länger ertrage.« Er versucht sich abzulenken, indem er vom Fenster seines Hotelzimmers aus anderes junges Volk beäugt, namentlich einen Tennisspieler, dessen »Hermesbeine« er bewundert – es hilft nichts. Verzweifelt wartet er auf einen Brief vom Hilfskellner Franzl. Dem hatte er unter dem Vorwand geschrieben, beim beruflichen Fortkommen vielleicht behilflich sein zu können, und seine Adresse hinterlassen. Als der Brief endlich eintrifft – ein Bedankungsschreiben von größter Schlichtheit und Konventionalität mit »kleinen grammatikalischen Fehlern«, das in dem an Banalität schwer zu überbietenden Satz: »Ich habe mich wirklich sehr gefreut, daß Sie an mich gedacht haben« gipfelt –, ist der weltberühmte Schriftsteller, der zu den größten Stilisten deutscher Sprache zählt, tief bewegt und glücklich. »Andauernde Freude« bereitet ihm der Brief, wie eine Reliquie wird er ihn aufbewahren, vor allem dieser eine Satz »Ich habe mich wirklich sehr gefreut...« hat es ihm angetan, noch Monate später, längst wieder zurück in Amerika, wird er sich an ihm ergötzen und den Jungen, der ihm absichtslos und ahnungslos geschrieben hat, bis ans Ende seines Lebens nicht mehr vergessen. »Aufgenommen ist er in die Galerie«, notiert er, will sagen: in sein imaginäres Pantheon, in welchem sich noch vier andere Jünglinge befinden, denen er die zentralen Herzenserfahrungen seines Lebens verdankt und denen er allen, auf die eine oder andere Weise, ein Denkmal in seinem und durch sein Werk gesetzt hat.

Auch der Kellner wird ein solches Denkmal erhalten, oder besser gesagt: Er wird zum künstlerischen Erreger für das letzte Werk des Schriftstellers. Der sexuelle Erreger bleibt er ohnehin bis zum Ende. Ein Jahr später stellt der alte Mann betrübt fest, daß er zu keiner ordentlichen Masturbation mehr fähig ist und sein sexuelles Leben somit ein Ende hat. Noch einmal träumt er von seinem Geliebten und verabschiedet sich im Traum von ihm mit einem Kuß, den er im wirklichen Leben niemals zu geben gewagt hätte und niemals erhalten hat.

Die drei Beispiele von Liebe und Verliebtheit illustrieren Platons Analyse auf recht unterschiedliche Weise. Das Verhalten der jungen Leute im Opel Omega hätte er wohl in den Bereich des Animalischen verwiesen, dessen Kultstätte allenfalls das Haus der Hetären, nie aber der Tempel der Aphrodite sein konnte. Bei dem seltsamen, zum Abendessen eingeladenen Paar wäre zu befürchten, daß sich Eros vollständig im Wahnhaften erschöpfte. Die Liebe des Schriftstellers zum Hilfskellner hingegen erfüllt die Kriterien dessen, was Eros sei, in mehrfacher Hinsicht. Sie ist rauschhaft, sie sieht – und benennt – in der Schönheit des Geliebten das Göttliche, sie drängt *à la longue* zum Schöpferischen, und sie sucht und findet Unsterblichkeit, nämlich im Werk des Schriftstellers. Und dennoch haben wir das Gefühl: So kann's ja nun auch nicht gehen. Etwas Wesentliches fehlt hier, wenn wir an das denken, was uns, wie vage und undefiniert auch immer, unter dem Begriff ›Liebe‹ vorschwebt. Es ist nicht das Homoerotische des Falls – der Franzl hätte genausogut eine Franziska sein können, wenn des Schriftstellers Präferenzen andere gewesen wären (beim alten Goethe war's eine Ulrike). Nein, es sind die vollkommene Einseitigkeit dieser Liebe und der sehr bewußte Verzicht des Schriftstellers, auch nur den Versuch zu unternehmen, sie zu einer gegenseitigen zu machen. Er weiß nämlich sehr wohl, daß sie sich dann – gleichviel, ob der Versuch gelänge oder nicht – sehr rasch als eine Lappalie, als ein schales Nichts erwiese (der Franzl ist eben kein Alkibiades) und, wichtiger, untauglich würde für das, was ihm nun wirklich und einzig am Herzen liegt: er selbst und sein Werk. Sosehr der alte Mann an der realen Unerfülltheit seiner Liebe leidet, so rasch und zielstrebig entschließt er sich doch, sie zu instrumentalisieren, sei es auf narzißtisch-manuelle Weise, sei es auf dem Weg der Sublimierung, so daß sich beinahe der Verdacht aufdrängen mag, er habe sich sein Leben lang den Anfechtungen des Eros nur deshalb ausgesetzt, weil erst deren verzweifelte Abweisung seine wahren Passionen beflügeln konnte. Dagegen ist natürlich nicht das geringste einzuwenden, schon gar nicht bei einem Schriftsteller, dem wir das Anrührendste zu verdanken haben, was es in deutscher Prosa zum Thema Eros zu lesen gibt. So wie man aber von einem Zauberer nicht unbedingt am besten lernt, wie man ein weißes Kaninchen fängt, obwohl er es so schön vorzuführen weiß, so lernt man auch aus der Geschichte vom Dichter und vom Kellner nicht am besten, was die Liebe sei.

Ein weiteres jedoch können wir an ihr ablesen, genauso wie an den anderen beiden Beispielen: Es manifestiert sich in der Verliebtheit und in der Liebe eine gehörige Portion Dummheit. Ich empfehle in diesem Zusammenhang die Lektüre eigener Liebesbriefe im zeitlichen Abstand von zwanzig bis dreißig Jahren. Die Schamröte wird einen überfliegen angesichts des dokumentierten Wustes von Torheit, Hochmut, Präpotenz und Verblendung: banal der Inhalt, peinlich der Stil. Es kommt einem schier unbegreiflich vor, daß ein auch nur durchschnittlich intelligenter Mensch jemals in der Lage gewesen sein sollte, dergleichen Stuß zu empfinden, zu denken und niederzuschreiben. Freilich, man kann das, wenn man freundlich ist, auch kindisch nennen, mitleiderregend, anrührend gar. Und doch scheint es angemessener, von einer zeitweisen Verdummung des Menschen durch Liebe zu sprechen. Bekanntlich ist mit einem Verliebten ein rationaler Diskurs nicht möglich, schon gar nicht über das Objekt seiner Liebe. Die bestgemeinten Warnungen, unwiderlegbare Argumente, offensichtlich wahre Bemerkungen prallen an einem großen Aber ab: »Aber ich liebe sie (oder ihn)!«, oder, schlimmer noch, werden als feindselige, von Neid inspirierte Akte empfunden und entsprechend vergolten. So gehen nicht selten langjährige Freundschaften und bewährte Beziehungen zu Bruch. Dem Liebenden ist das egal. Er ist bereit, auf alles zu verzichten außer auf die Adoration der Geliebten, der sich tunlichst auch seine gesamte Umgebung zu unterwerfen hat. Ein Blick auf den Blick eines die Geliebte anblickenden Liebenden genügt, um festzustellen: Dieser Blick ist leer; er ist, wie man zu Recht sagt, hingegeben. Alles, was einmal an Witz, an Intelligenz, an Wachheit, an Neugier und Vorsicht in ihm war, ist verschwunden. Geblieben ist – wie beim Blick des Verklärten, der die Gottheit zu schauen glaubt – der Ausdruck reinster Torheit. Dieses Phänomen der Verblödung durch Liebe beschränkt sich übrigens keineswegs auf die sexuell gefärbte Spielart. Wir finden es ebenso häufig bei der hündischen Liebe von Eltern zu ihren mißratenen Kindern, bei der spirituellen Liebe der Nonnen zu ihrem himmlischen Gemahl – von der kultischen Liebe des Untertanen zum Vaterland oder zum geliebten Führer ganz zu schweigen. Immer wird die Liebe bezahlt mit dem Verlust von Vernunft, mit Selbstaufgabe und daraus resultierender Unmündigkeit. Das Ergebnis ist in harmlosen Fällen die Lächerlichkeit, im schlimmsten Fall die weltpolitische Katastrophe.

Sempé

Ich bin froh, daß Sie wieder da sind! Erinnern Sie sich an diese unglückselige Liebesgeschichte, von der ich Ihnen letztes Jahr endlos erzählte, und die Ihnen garantiert – widersprechen Sie nicht, ich weiß es – einen Teil Ihrer Ferien verpatzt hat? Ich sag nur: Ein Witz gegen das, was ich jetzt durchmache!

Beruht die Liebe auf Gegenseitigkeit, haben wir es also mit einem sich liebenden Paar zu tun, so sind die Folgen für die nähere Umgebung und die weitere Umwelt zwar weniger gefährlich, da sich das Paar weitgehend selbst neutralisiert, menschlich und ethisch aber durchaus beklagenswert. Verliebte Paare neigen nämlich häufig zu gemeinschaftlichem Autismus (siehe das Paar beim Abendessen) oder zu gemeinschaftlicher Arroganz (siehe das junge Paar im Auto). In beiden Fällen kommen sie der Welt abhanden, sei es, daß sie in ihrer gegenseitigen Versunkenheit und Selbstgenügsamkeit alles um sich vergessen, sei es, daß sie im Hochgefühl ihrer gepaarten Einzigartigkeit die Welt verachten und andere Menschen, die nicht von Eros' heiligem Wahn ergriffen sind, nur noch als Trottel betrachten, denen sie den Stinkefinger zeigen können.

All dies ist seltsam und irritierend, da doch die Liebe als das Beste und Schönste angesehen wird, was der Mensch zu geben hat und was ihm widerfahren kann, und da sie ihn doch angeblich zum Größten und Höchsten befähigt, was er zu leisten vermag. Wie ist diese Aporie zu lösen? Wie kann, was uns verdummt und potentiell verroht, als höchstes Glück empfunden und bezeichnet werden? Ist die Liebe am Ende doch nur eine Krankheit, und zwar nicht die schönste, sondern die fürchterlichste, die es gibt? Oder ist sie ein Gift, bei dem die Dosis darüber entscheidet, ob es segensreich oder verheerend wirkt? Hilf, Sokrates, hilf!

Die Seele des Menschen, sagt Sokrates, ist nicht homogen, sie ist dreigeteilt, und er vergleicht sie mit einem Gespann, das wir uns wie einen antiken Streitwagen vorzustellen haben, bestehend aus zwei Pferden und einem Wagenlenker. Nun ist es an und für sich schon ein Kunststück, ein solches Gefährt in der Bahn zu halten. Zum halsbrecherischen Abenteuer aber wird es, wenn, wie beim Seelengespann der Fall, nur eines der Pferde von edler Natur, gelehrig und gefügig ist, das andere aber schlecht, wild und ungebärdig. Wenn nun gar noch Eros ins Spiel kommt, die dreigeteilte Seele also zu lieben beginnt und des Geliebten ansichtig wird, dann gerät das ungleiche Gespann vollends außer Kontrolle. Das schlechte Roß stürmt los wie ein Berserker und muß gepeitscht und mit Gewalt am Zaum gerissen werden, so oft und so lange, bis ihm die Flanken schmerzen und das Maul blutet und es endlich gedemütigt dem Willen des Wagenlenkers folgt und sich, wie der brave Gaul auch, zaghaft und bescheiden dem Geliebten nähert. Bei diesem, ist er erst umgarnt und gewonnen, keimt nun Gegenliebe auf, er läßt sich berühren, küssen und schließlich aufs Lager niedersenken. Und jetzt erst, so sagt Sokrates, so schreibt Platon, »hat auf dem gemeinsamen Lager das zügellose Roß des Liebhabers manches dem Lenker zu sagen und heischt für die vielen Mühen einen kleinen Genuß«.

Übrigens ist die Seele nach Platon unsterblich. Und zwar jede Seele. Selbst die, bei der der Wagenlenker schwach ist und das Pferd der Schlechtigkeit den Ton angibt. Ihr allerdings verleiht Eros keine Schwingen, ebensowenig wie jenen Seelen, die glauben, auf Eros verzichten zu können. Nach dem Tod kommen sie allesamt in unterirdische Verliese, um für tausend Jahre Buße zu tun. Jene anderen aber, und es können unserer Meinung nach nicht viele sein, deren Wagenlenker stark und besonnen genug sind, dem schlechten Pferd nicht die Zügel schießen zu lassen, und die gleichwohl der Liebe nicht aus dem Weg gehen, sondern sie suchen und ihr ins Auge schauen, denen läßt Eros nach dem Tode Flügel wachsen, und sie schwingen sich auf und fliegen im Licht und nähern sich der Sphäre, wo die Götter wohnen. – Ein schönes Gleichnis. Doch ein Gleichnis, das uns ganz unerwarteterweise vom Thema Liebe zum Thema Tod führt.

Der Tod ein Thema? Ist nicht der Tod das Unthema schlechthin? So munter sich über die Liebe plaudern läßt, so wenig ist über den Tod zu sagen. Er verschlägt uns die Sprache. Ja, früher, in den guten alten und uralten Zeiten, so hören wir, soll das anders gewesen sein, da gab er sich noch gesprächiger und umgänglicher, gehörte zur Gesellschaft und zur Familie, man ging Verabredungen mit ihm nicht aus dem Weg, war, wenn nicht gut Freund, so doch auf du und du mit ihm. Das hat sich im Verlauf der letzten zweihundert Jahre gründlich geändert. Der Tod ist schweigsam geworden, und er gebietet Schweigen, und wir tun ihm gerne den Gefallen zu schweigen, ja, wir schweigen ihn tot. Und zwar nicht, weil wir nichts über ihn wissen – das ist ja bekanntlich der geringste Grund, den Mund zu halten –, nein, einfach deshalb, weil er ein ewiger Verneiner ist, ein Spielverderber, ein richtiger Miesmacher, und mit solchen Leuten wollen wir heutzutage nichts mehr zu tun haben.

Wie aber ist es dann möglich, daß dieser unsympathische Finsterling mit dem wohl verrückten, aber doch eher der Heiterkeit und der Lust zugeneigten Eros in Verbindung gebracht wird, und zwar nicht nur als Antipode – was man wenigstens logisch noch verstehen könnte –, sondern als Kumpan? Und wie kann es sein, daß die Initiative zu dieser Kumpanei nicht etwa von Thanatos ausgeht (dazu ist der Stoffel viel zu faul und selbstgefällig), sondern von Eros selbst, dem »Berücker«, dem »Erreger«, der angeblich am Anfang jedes schöpferischen Impulses steht?

Bei Oscar Wilde verliebt sich die schöne Prinzessin Salomé in einen religiösen Fanatiker, der zu feige ist, sie auch nur anzusehen, aber verblendet und mutig genug, den Tod zu riskieren, indem er sie zurückweist; worauf sie ihm den Kopf abschlagen läßt, seine toten, bluttriefenden Lippen beseligt küßt und uns wissen läßt, das Geheimnis der Liebe sei größer als das Geheimnis des Todes. »Nun, wer ist schon Salomé?« könnte man einwenden, »eine zwölf- oder vierzehnjährige verwöhnte Göre, die von der Liebe wenig und vom Tod überhaupt nichts versteht.« Jedoch: Auch der alte Schriftsteller, von dem wir berichtet haben, der von beidem sehr viel verstand und der ausnehmend gescheit war, rückt die Liebe und den Tod zusammen, in seinem Werk ohnehin, aber auch in seinem Leben. Mitten im Zustand der Verliebtheit spricht er – wir haben es zitiert – von der »Nähe des Wunsches, zu sterben«. »Leb wohl in Ewigkeit, Du Reizender...!« schreibt er ins Tagebuch. »Ich werde noch etwas leben, noch etwas tun und sterben. Und Du reifst auch auf Deinem tieferen Wege und gehst einmal dahin. O, unfaßliches Leben, das sich in der Liebe bejaht.« Es geschieht aber nicht nur, wie hier, in den Augenblicken des Abschiednehmens, des Verzichts, des Liebes*schmerzes* also, daß sich Thanatos zu Eros gesellt, sondern es stellt sich, wie Stendhal meint – den man trotz seinem überhitzten und konfusen Wesen als einen gründlichen Kenner der Materie bezeichnen muß –, durch die Liebe ganz generell ein Verhältnis der Nonchalance zum Tode ein. »Die wahre Liebe«, schreibt er, »macht den Gedanken an den Tod häufig, leicht, schreckenlos; er wird ein einfacher Gegenstand des Vergleichens, wird der Preis, den man für sehr viele Dinge zahlen würde.«

Man versteht das. Man versteht beide Haltungen: diejenige, die den Tod als die einzig mögliche Befreiung vom unerträglichen Liebesschmerz sucht, und jene andere, gleichsam kavaliersmäßige, die den Tod als notwendiges Risiko bei der Verfolgung des erotischen Ziels in Kauf nimmt, zumal in Zeiten und Kreisen, in denen Degen und Pistole locker saßen. Wir wollen beides nicht als vorbildlich und nachahmenswert bezeichnen, wir halten das eine wie das andere für eine höchst bedauerliche Aberration der erotischen Triebkraft, die wir ihrem rauschhaften, ja pathologischen Charakter zuschreiben, aber, wie gesagt, wir können dergleichen verstehen, will heißen, wir können uns in Menschen, die sich aus Liebeskummer umbringen oder um der Liebe willen umbringen lassen, hineinversetzen. Wäre es anders, wie könnten wir den *Werther*, *Anna Karenina*, *Madame Bovary* oder *Effi Briest* lesen, ohne gerührt zu sein? Der Punkt jedoch, wo unser sympathetisches Verständnis aufhört, unser Interesse erlahmt und schierem Abscheu Platz macht, ist erreicht, wenn Eros sich dem Thanatos so heftig in die Arme wirft, als wollte er mit ihm verschmelzen, wenn also die Liebe ihre höchste und edelste Ausprägung, ja ihre Erfüllung im Tod zu finden sucht.

Begonnen hat diese unselige Liaison – wie wir aus Philippe Ariès' *Geschichte des Todes* lernen – schon zu Beginn des sechzehnten Jahrhunderts, als sich zum ersten Mal in der bildenden Kunst die mittelalterliche, düster-keusche *danse macabre* zu einer lasziven *danse érotique* wandelt. Später nimmt das Phänomen nekrophile, dann – noch vor de Sade – sadistische Züge an und greift auf die Literatur über. Der Mythos von der Erektion der Gehenkten wird erfunden, der reiner Unfug ist; die französische Sprache bildet den Begriff der *petite mort* als Synonym für Orgasmus, was auf den ersten Blick originell und niedlich klingt (und wohl auch ursprünglich ironisch gemeint war), auf den zweiten aber doch absolut unangemessen erscheint; und schließlich, im neunzehnten Jahrhundert, das so vieles zu fauler Reife treibt, kulminieren Todesliebe und Liebestod im Ekstatischen: Novalis' *Hymnen an die Nacht* sind nichts anderes als schwelgerische Liebesgedichte an den Tod, und am anderen Ende der Romantik verbreiten Baudelaires *Blumen des Bösen* auf ebenso veristische wie barocke Weise ihren scharfen venerischen Kadavergeruch. »Er atmet den Leichengeruch wie ein aphrodisisches Parfüm«, schrieb Anatole France über ihn.

Kleist, in seinen letzten Briefen, den Selbstmord klar im Visier, birst geradezu vor Lebensfreude und erotischer Erregung. Monatelang ist er nach einer Frau hausieren gegangen, die bereit wäre, mit ihm gemeinsam zu sterben. Endlich hat er eine gefunden, die krank und depressiv und dumm genug war, sich begeistert darauf einzulassen, die Frau eines kleinen Beamten – man mag sich nicht ausdenken, wie medioker, freudlos, frigide und auch religiös irregeleitet ein solches Leben war, das sich vom Erschossenwerden den Höhepunkt seiner Existenz erhoffte! Sie schreibt ihm hingerissene Zettelchen, er schreibt ihr Liebesbriefe, wie es schönere in deutscher Sprache kaum gibt. Er kniet morgens und abends nieder, um Gott für das »allerqualvollste Leben« zu danken, das je ein Mensch geführt habe, weil »Er es mir durch den herrlichsten und wollüstigsten aller Tode vergütigt«. An seine Kusine, die bis dato seine Favoritin gewesen war, schreibt er acht Tage vor seinem geplanten Tod eine Art Entschuldigungsbrief, wo er um Verständnis bittet, daß er nun eine andere gefunden habe – die Beamtengattin nämlich –, die er mehr liebe: »Kann es Dich trösten, wenn ich Dir sage, daß ich diese Freundin niemals gegen Dich vertauscht haben würde, wenn sie weiter nichts gewollt hätte, als mit mir leben?« Aber leider, leider habe die Kusine ja mehrmals seine Angebote abgelehnt, mit ihm zu sterben, wohingegen jene andere »vergötterte Freundin« sogleich dazu bereit war, was ihn, »ich kann Dir nicht sagen, mit welcher unaussprechlichen und unwiderstehlichen Gewalt, an ihre Brust« zog. Ein Strudel von nie empfundener Seligkeit habe ihn ergriffen, »und ich kann Dir nicht leugnen«, so schließt er, »daß mir ihr Grab lieber ist als die Betten aller Kaiserinnen der Welt«, nicht ohne noch einen kurzen Grußsatz hinzuzufügen, in dem er der »teuren Freundin«, nämlich der Kusine, wünscht, daß Gott auch sie bald abberufen möge »in jene bessere Welt, wo wir uns alle, mit der Liebe der Engel, einander werden ans Herz drücken können. – Adieu.«

Man hat Goethe seine Bemerkung vorgeworfen, Kleist – dessen Genie er übrigens nicht verkannte – habe ihn immer mit »Schauder und Abscheu« erfüllt. »Ja, was denn sonst?« möchte man beipflichten und ergänzen, daß das Wort ›Abscheu‹ im ursprünglichen Sinne ja nichts Herabwürdigendes beinhaltet, sondern ein instinktives Zurückweichen und ein Fernhalten von der eigenen Natur meint – was eine mehr als nur verständliche Haltung ist, vor allem dann, wenn man nicht ausschließen kann, daß die eigene Natur nicht vollkommen unempfänglich für das Schauderhafte und Abscheuliche ist. Gewiß, der Selbstmord Werthers gehört in eine andere Kategorie als derjenige Kleists. Werther tötet sich, »opfert sich« für die Geliebte, wie er sagt, weil ihm ein Leben mit ihr verwehrt ist – zumindest glaubt er das. Kleist hingegen ist, sein ganzes Leben lang, vom Selbstmord, vom gemeinsamen Selbstmord als dem Ausdruck größter Intimität und gegenseitiger Treue, fasziniert und begeht ihn schließlich, weil er sich von ihm den, wie man in einem heutigen Jargon sagen würde, ultimativen erotischen Kick verspricht. Und doch gibt es Ähnlichkeiten zwischen den (erdichteten) Abschiedsbriefen Werthers an Lotte und den letzten Briefen Kleists an seine Kusine und an seine Schwester, die natürlich überhaupt keine Mitteilungsprosa sind, sondern Dichtung auf höchstem Niveau. Wie überhaupt die ganze Tat in ihrer perfekten Planung und Inszenierung, in ihrer literarischen Dokumentation und berechneten Publikumswirkung etwas fürchterlich Gestaltetes hat, ja – *sit venia verbo* – als Kleists *opus magnum* bezeichnet werden kann.

Werther gesteht immerhin, in seinem Herzen »sei es wütend herumgeschlichen«, statt sich selbst Lottes Mann Albert zu ermorden oder gar Lotte selbst, denn »eins von uns dreien muß hinweg«. Den Vorschlag, gemeinsam mit ihr in den Tod zu gehen, macht er freilich nicht. Aber er stirbt in dem erklärten Bewußtsein, daß sie durch seinen Tod nun für immer die Seine sei, daß er ihr nur vorangehe und in einer anderen Welt warten werde, bis sie komme. Und dann, so schreibt er ihr, »fliege ich dir entgegen und fasse dich und bleibe bei dir vor dem Angesicht des Unendlichen in ewigen Umarmungen«. Weit ist der Schritt von hier bis zur Kleistschen Selbstmorderotik nicht mehr. –

Der ältere Goethe wollte an so etwas ungern erinnert werden. *Die Leiden des jungen Werther* erklärte er, auch wenn sie einst seinen Ruhm begründet hatten, zu den abgetanen Dingen, und die jungen Schwärmer, die in Werthers Nachfolge Hand an sich legten, zu Idioten, zu schwächlichen Naturen, die nichts Besseres verdient hätten als diesen törichten Tod. Kein Wunder also, daß so einer wie Kleist, der alles andere als ein Schwächling war, ihn verstörte; und verdächtig, daß er bald nicht mehr nur den Kerl selbst, sondern auch dessen gesamtes Werk als barbarischen Unfug von sich weist, denn ihm waren und blieben die Anfechtungen, denen

Kleist ausgesetzt war und sich schließlich hemmungslos hingab, alles andere als fremd.

Viele Jahre später – Kleist ist seit langem unter der Erde – schreibt Goethe eines seiner berühmtesten Gedichte, das er 1817 unter dem Titel *Vollendung* in einem Taschenbuch für Damen veröffentlicht und dann als *Selige Sehnsucht* in den *West-östlichen Divan* aufnimmt: Fünf Vierzeiler, kreuzweise gereimt, die beiden Anfangszeilen weisen uns knapp darauf hin, daß das Folgende nichts fürs gemeine Volk, sondern nur für wenige Weise gedacht sei – doch dann geht's gleich zur Sache mit einem dumpfen Paukenschlag:

> Das Lebend'ge will ich preisen,
> Das nach Flammentod sich sehnet.

Und er macht ein Bild zur Metapher, das ihn zeitlebens fasziniert hat, das Bild des Falters, der sich, vom offenen Licht unwiderstehlich angezogen, in den Tod stürzt. Und stellt diese Metapher in ein dunkles, anheimelndes Gemälde von hocherotischem Zusammenhang –

> In der Liebesnächte Kühlung,
> Die dich zeugte, wo du zeugtest,
> Überfällt dich fremde Fühlung,
> Wenn die stille Kerze leuchtet.
>
> Nicht mehr bleibest du umfangen
> In der Finsternis Beschattung,
> Und dich reißet neu Verlangen
> Auf zu höherer Begattung.

Keine Ferne macht dich schwierig,
Kommst geflogen und gebannt,
Und zuletzt, des Lichts begierig,
Bist du Schmetterling verbrannt.

–, um in der letzten Strophe, die trotz der Anfangswarnung des Verfassers so populär wurde, daß sie Eingang in Zitatensammlungen fand, zu dekretieren:

Und so lang' du das nicht hast,
Dieses: Stirb und werde!
Bist du nur ein trüber Gast
Auf der dunklen Erde.

Goethe war, was die Veröffentlichung gewisser Gedichte betrifft, äußerst zurückhaltend, verschloß sie lieber wie intime Schätze in den Schubladen und holte sie nur hervor, um sie ausgesuchten Personen vorzutragen. Daß manche venezianischen Sonette, römischen Elegien, das Tagebuch und ähnliche Erotika in der Schublade bleiben mußten, während das soeben zitierte Gedicht in einem biedermeierlichen Damenkalender erscheinen konnte, ist erstaunlich, denn es handelt sich um das bei weitem skandalöseste, und sein Autor steht an Radikalität dem als barbarisch gescholtenen Kleist nicht nach. Gewiß, wo Kleist eindeutig und eingleisig auf seiner abschüssigen Bahn dahinschießt, läßt Goethe, zur scheinbaren Abmilderung, gleichsam Rettungswege der Interpretierbarkeit zu, religiöse, metamorphologische, erkenntnistheoretische; und wo sich Kleist aufgekratzt, übererregt, schrill gebärdet, lullt uns Goethe mit der Fülle sprachlichen Wohllauts und dem Gestus abgeklärter Altersweisheit ein, um vom fürchterlichen Faszinosum, das ihn wie Kleist beschäftigt, abzulenken: der erotischen Sehnsucht nach dem Tod. –

Richard Wagner war da weniger genant. In *Tristan und Isolde* dienen weder die Wohllautfülle der Musik noch das Wort oder die Handlung dazu, die schauderhafte Mesalliance zu verschleiern. Zwielicht herrscht schon im ersten Takt der Ouvertüre. Im ersten Akt wird ein Todestrank gereicht, der sich als Liebestrank erweist; im zweiten wandelt sich die Liebesnacht zur Weihestunde für den »sehnsüchtig verlangten Liebestod«, aber nicht diskret wie bei Goethes »fremder Fühlung, wenn die stille Kerze leuchtet«, sondern jubelnd, jauchzend, triumphierend – durchaus kleistisch, wenngleich, wie sich's für eine Oper geziemt, in deutlich primitiverer Sprache. Und im letzten Akt geht's dann aufs Ganze: Tristan reißt sich in dem Moment, als die heiß ersehnte Isolde zu ihm zurückkehrt, ihn heilen und mit ihm *leben* könnte, das Pflaster von der Wunde, um ihr verblutend entgegenzutaumeln, stirbt in ihren Armen, was sie nur insofern kurz irritiert, als er das Timing nicht richtig beachtet hat und zu früh gekommen ist, dann »heftet sie mit wachsender Begeisterung das Auge auf Tristans Leiche« und liefert den längsten Orgasmus der Musikgeschichte ab (ca. 7,5 Minuten), ehe sie ihrerseits tot in seinen Armen zusammenbricht.

Kleist, am 21. November 1811, auf einer Anhöhe am Ufer des Kleinen Wannsees bei Potsdam, nahm sich weniger Zeit. »Fünfzig Schritte« habe sie gemacht – so gab eine Bedienung des nahe gelegenen Gasthofs beim Polizeiverhör zu Protokoll –, fünfzig Schritte, nachdem sie den ersten Schuß gehört und noch gedacht habe: »Diese Fremden! Treiben Scherz mit einem Schießgewehr«, ehe dann der zweite Schuß gefallen sei. Das ist gewiß weniger als eine Minute. Diese

Zeit brauchte er, um sich vom sicheren Tod seiner Begleiterin – man scheut sich zu schreiben: seiner Geliebten – zu überzeugen, der er unter der linken Brust zwischen die Rippen hindurch mitten ins Herz geschossen hatte, sie vielleicht noch zu betten (sie lag zufrieden lächelnd auf dem Rücken), die abgefeuerte Pistole fortzuwerfen, eine frischgeladene zu ergreifen (sicherheitshalber hatte er drei mitgenommen), zwischen den Füßen der Frau niederzuknien und sich dort die Kugel durch den Mund ins Gehirn zu jagen. –

Am Anfang der Geschichte derer, die den Tod nicht akzeptieren um der Liebe willen, steht Orpheus. Es gibt andere, die es als Lebende wagten, einen Blick oder einen Schritt in die Schattenwelt des Hades zu tun, aber keinen, der, wie Orpheus, ins Totenreich ging, um seine gestorbene Geliebte ins Leben zurückzufordern. Neben diesem nicht vollständig geglückten Bravourstück steht Orpheus' Namen noch für eine Fülle weiterer Errungenschaften und Glanztaten. Er ist der Urvater des lyrischen Gesangs, der Kunst der Worte und der Töne; sein Gesang war so über alle Maßen schön, daß er nicht nur die Menschen, sondern auch die Tiere, die Pflanzen, ja sogar die unbelebte Natur und die Elemente berückte und beruhigte. Es gelang ihm allein durch die Macht der Kunst, die unberechenbare, wilde, gewalttätige Welt zumindest zeitweise zu zivilisieren, gesittet und freundlich zu machen. Er gilt als Stifter der Ehe und sonderbarerweise auch der Knabenliebe und als Erfinder der Magie. Sein Kult breitete sich von Thrakien über die ganze griechische, später römische Welt aus und wurde zu einer veritablen Religion. Bis zum Ende der antiken Welt, ja sogar noch bis ins frühe Mittelalter, war Orpheus' Ansehen so immens, daß die frühen Verkünder des Christentums gar nicht anders konnten,

Sempé

Das Leben ist weitergegangen. Ich habe wieder geheiratet. Aber vergessen konnte ich dich nie, Roberto.

als sich seiner Popularität zu bedienen und Teile seines Kultes (wie etwa den des guten Hirten) Jesus zuzuschreiben und in ihre eigene Religion zu übernehmen – nicht ohne freilich hervorzuheben, daß der Orpheuskult ein primitiver Götzenkult sei, daß Jesus den Orpheus in jeder Hinsicht übertreffe, auch als Sänger, dessen Lied die Dämonen und andere Halb- und Untergötter ein für allemal verjagt und das allerwildeste der Tiere gezähmt habe, nämlich den Menschen selbst, den er zum Himmel zurückführe. Darüber hinaus habe er den Tod nicht nur herausgefordert, sondern tatsächlich überwunden, in höchsteigener Person und zugleich stellvertretend für die gesamte Menschheit – darunter tat er's nicht –, von den Toten, die er, ganz *en passant* und im Gegensatz zu Orpheus mit Erfolg, ins Leben zurückgeholt habe, ganz zu schweigen. Wir gestatten uns dennoch die Bemerkung, daß es – Erfolg hin oder her – die drei Totenerweckungen des Jesus von Nazareth, von denen die Evangelien berichten, unseres Erachtens mit der so großartig mißglückten Tat des Orpheus von Thrakien weder an Kühnheit noch an poetischer oder mythologischer Kraft aufnehmen können. Als Beispiel und Beweis diene der Fall des Lazarus, die am ausführlichsten beschriebene und bekannteste Auferweckungstat Jesu. Die geht so:

Zwei Damen, mit denen Jesus befreundet ist, schicken nach ihm; ihr Bruder Lazarus liege krank darnieder, Jesus möge kommen und ihn heilen. Was tut Jesus? Er kommt erst einmal nicht. Er sagt: »Die Krankheit ist nicht zum Tode, sondern zur Ehre Gottes, daß der Sohn Gottes dadurch geehrt werde.« Er verhält sich (wir merken gerechterweise an: laut dem Evangelisten Johannes) nicht anders, als jeder politische Führer neuerer und neuester Zeit sich verhält, wenn er mit einem unerwartet eintretenden und unangenehmen

Ereignis konfrontiert wird: Er versucht reflexhaft, das Ereignis zu seinen Gunsten zu wenden und als Eigenwerbung auszuschlachten. Daß da einer krank liegt und leidet, ist von untergeordneter Bedeutung. Sehr viel wichtiger ist, wie man die Rettung des Kranken möglichst publikumswirksam in Szene setzt und dadurch das eigene Ansehen erhöht und die eigene Bewegung stärkt. Jesus tut das auf extreme, geradezu brutale Weise. Er wartet so lange, bis Lazarus gestorben ist, und erklärt seinen Anhängern, er sei froh, nicht vorher bei ihm gewesen zu sein, und zwar, wie er sagt: »Damit ihr glaubet.« Und nun erst begibt er sich in aller Gemächlichkeit mit seinem Troß in das Dorf des Lazarus, wo er mit viertägiger Verspätung eintrifft. Die beiden Damen, Maria und Martha mit Namen, sind begreiflicherweise enttäuscht. »Wärest du früher gekommen«, sagen sie, »unser Bruder wäre nicht gestorben.« Jesus faßt diese Bemerkung als Majestätsbeleidigung auf, wird wütend und herrscht die beiden vor versammelter Trauergemeinde an, sie hätten nicht zu flennen und zu klagen, sondern zu glauben, und zwar an ihn als den Sohn Gottes, dem nichts unmöglich sei. Dann befiehlt er, ihn zum Grab zu führen, nicht ohne auf dem Weg dorthin etwas fürs Herz zu tun, nämlich vor aller Öffentlichkeit eine Träne zu vergießen, was beim Publikum sofort den gewünschten Erfolg erzielt. »Siehe, wie hat er ihn liebgehabt!« raunt die Menge. Beim Grabe angekommen, einer Art Höhle, die mit einer Felsplatte verschlossen ist, befiehlt Jesus: »Hebt den Stein ab!« Den Einwand einer der Schwestern, man möge das besser bleibenlassen, der Tote liege da seit vier Tagen und stinke schon, wischt er beiseite: Sie solle das Maul halten und glauben, herrscht er sie abermals an. – Pardon, das war nicht ganz richtig zitiert, der Messias drückt sich ein klein wenig gewählter aus: »Habe ich dir nicht gesagt, so du glauben würdest, du solltest die Herrlichkeit Gottes sehen?« So spricht er. Und dann wird der Stein weggehoben. Der entscheidende Moment ist gekommen. Die Menge hält den Atem an. Man sieht sie vor sich, wie sie zunächst in die dunkle Höhle starrt und dann den Blick erwartungsvoll auf Jesus richtet, man sieht es vor sich, wie Anhänger und Gegner (auch solche sind zugegen) die Ohren spitzen und die Griffel zücken, damit ihnen kein Wort des Meisters entgehe und keine Einzelheit unberichtet bleibe – Johannes' Erzählung liest sich wie eine nachträgliche Reportage, man hat den Eindruck, einem Medienspektakel unserer Tage beizuwohnen, es fehlen nur noch die Fernsehkameras.

Dann Großaufnahme von Jesus: Ehe er zur Tat schreitet, setzt er den dramaturgischen Höhepunkt, indem er die Spannung durch ein retardierendes Moment noch einmal steigert und zugleich seine Botschaft verkündet und in geradezu schamloser Offenheit den propagandistischen Zweck des Events enthüllt. Er hebt die Augen gen Himmel zu Gott, den er seinen Vater nennt, und spricht: »Vater, ich danke dir, daß du mich erhört hast; doch ich weiß, daß du mich immer hörst; aber um des Volkes willen, das umhersteht, sage ich's, daß sie glauben, du habest mich gesandt.« Und nun erst richtet er den Blick auf die Höhle und ruft mit lauter Stimme: »Lazarus, komm heraus!«

Und der arme Kerl, der an Kopf und Gliedern mit Leichentüchern umwickelt ist und schon Hautgout verbreitet, kommt aus seinem Grab herausgewankt ans gleißend helle Licht und muß sich der gaffenden Menge stellen. »Nehmt ihm die Binden ab«, sagt Jesus trocken, »und laßt ihn gehen!«

Der Erfolg der Aktion ist, wie geplant, überwältigend. Ein Großteil der anwesenden Juden tritt spontan der Partei

Jesu bei; andere schwärmen aus, um seine Ruhmestat im ganzen Land bekanntzumachen, einige petzen direkt bei den Hohenpriestern. Und diese beschließen nun, den aufwieglerischen Wanderprediger, der ihnen schon seit längerem ein Dorn im Auge ist, aus wohlerwogenen politischen Gründen aus dem Verkehr zu ziehen und zu töten. So leitet die Auferweckung des Lazarus unmittelbar den letzten Akt in der beispiellosen Erfolgsgeschichte des Jesus von Nazareth ein: seinen von ihm selbst vorhergesagten, gewollten und provozierten Tod am Kreuz, dessen propagandistische Schubkraft dann durch nichts mehr aufzuhalten war. –

Orpheus ist auf nicht weniger grausame Weise gestorben. Nach seiner Rückkunft aus der Unterwelt und dem zweiten, endgültigen Verlust seiner Geliebten verfiel er in schwere Melancholie, entsagte den Genüssen des Lebens, namentlich der Frauenliebe, und »wanderte«, wie es bei Vergil heißt, »einsam mitten im Schnee hyperboreischer Steppen, im ewigen Rauhreif, klagend Euridices Los«, was den Zorn der thrakischen Frauen erregte, die dionysisch begehrliche Frauen waren und begehrt werden wollten und den singenden Jüngling, der sich ihnen verweigerte, schließlich zu Tode steinigten, ihn in Stücke zerrissen, seine Glieder verstreuten und sein Haupt, auf die Leier genagelt, in den nächsten Fluß warfen, wo es, davontreibend, weiterhin klagte: »Rief ›Euridice‹ noch, mit lallender, stockender Zunge, / Rief entschwindenden Hauchs: ›Ach, arme Euridice!‹ – Ringsum / Scholl's ›Euridice‹ noch von des Stromes tönenden Ufern.«

Nicht mit einem programmatischen »Es ist vollbracht!«, das den Schlußpunkt eines grandiosen Welterlösungsplans darstellt, sondern mit dem schlichten klagenden Ruf nach der einzig Geliebten endet das Leben des Orpheus. Mit der gleichen Klage hat es auch begonnen. Während Jesus schon als Messias geweissagt und geboren wurde und sein Leben lang nichts anderes als Messias war, trat Orpheus als Trauernder in den Mythos und in die Geschichte ein. Er hatte seine junge Frau verloren, die von einer giftigen Schlange gebissen worden war. Und er ist über den Verlust so untröstlich, daß er etwas tut, was uns als verrückt, aber eben auch als durchaus verständlich erscheinen mag: Er will die tote Geliebte ins Leben zurückholen. Nicht daß er die Macht des Todes und das letzte Wort, das der Tod zu sprechen hat, an und für sich in Frage stellte; und noch weniger kommt es ihm auf die stellvertretende Überwindung des Todes zugunsten der ganzen Menschheit an oder auf ein ewiges Leben. Nein, nur diese eine will er zurückhaben, seine geliebte Eurydike, und dies auch nicht für immer und ewig, sondern nur für die normale Dauer eines Menschenlebens, um mit ihr auf Erden glücklich zu sein. Daher ist auch Orpheus' Gang in die Unterwelt keineswegs als ein selbstmörderisches Unternehmen zu deuten – er war kein Werther und kein Kleist und schon gar kein Tristan –, sondern als ein zwar gewagtes, aber durchaus dem Leben zugewandtes, ja verzweifelt um das Leben kämpfendes – was ihm übrigens von Platon im *Gastmahl* zum Vorwurf gemacht wurde: Dort mokiert sich Phaidros über den »weichlichen Spielmann« Orpheus, dem es an Mumm gefehlt habe, sich aus Liebe selbst zu töten, und der es vorgezogen habe, als Lebender in die Unterwelt einzudringen. Als ob das ein Kinderspiel gewesen wäre! Denn, anders als Jesus, versichert sich Orpheus bei seinem unerhörten Wagnis nicht des Beistands der Götter, obwohl er als – wie manche sagen – Sohn des Apoll gewiß einen guten Draht zum Olymp gehabt hätte. Im Gegenteil, er verstößt wissentlich und willentlich gegen die göttliche Ordnung, indem er ins Reich der Toten eindringt. Auch hängt er die Tat nicht, wie sein nazarenischer Nachfolger, von vorneherein an die große Glocke, kündigt sie nicht an, umgibt sich nicht mit Jüngern und Volk, um ein großes Medienereignis daraus zu machen, sondern er geht alleine, ganz auf sich selbst gestellt, mit nichts anderem ausgestattet als seiner Klampfe, seiner Stimme und seinem klagenden Lied. Dies allerdings – und das weiß er wohl – ist von betörender Schönheit, so herzzerreißend, daß der Höllenhund kuscht, daß der Fährmann Charon seine Vorschriften vergißt, daß die Furien besänftigt schweigen, Tantalus seine Qualen nicht mehr spürt, Sisyphos für einen Moment die Arbeit ruhen läßt und lauscht, und daß selbst Persephone und Hades, das finstere Herrscherpaar dort unten, vor dessen Thron er singend tritt, den Eindringling nicht ohne eine gewisse Rührung betrachten.

Und nun tut er etwas – zumindest erzählt uns das Ovid –, was ihn, wie wir gestehen, in unseren Augen außerordentlich sympathisch erscheinen läßt: Er fordert nicht, er pocht nicht auf sein Recht, er brüllt nicht herum: »Komm heraus, Eurydike!«, er will durch das, was er tut, nichts beweisen. Er bleibt bescheiden und klug. Er bittet und argumentiert. Er verhandelt.

Keineswegs, so sagt er, wolle er durch ein unerlaubtes Eindringen in die Schattengefilde und seine Bitte um Freigabe der Eurydike die uneingeschränkte Macht der Herrschaften über die toten Seelen in Frage stellen. »*Ihr* habt über der Sterblichen Stamm die längste Herrschaft in Händen« – das sei unbestritten und gelte selbstverständlich auch für Eurydike. Nur sei in ihrem Falle eben – durch ein Mißgeschick, eine unglückliche Fügung, einen Fehler in der für das Oberirdische zuständigen Bürokratie – der Lebensfaden

Es würde ihm nie einfallen zu sagen: »Du bist schön.« Höchstens: »Heute siehst du nicht schlecht aus.« Er sagt mir auch nie: »Du hast toll gekocht«, höchstens: »Schmeckt ganz o.k., was du da gemacht hast.« Ehrlich, ich hätte größte Lust, ihm zu sagen: »Ich geh!« Aber ich sage höchstens: »Ich frag mich, warum ich bleibe.«

viel zu früh abgeschnitten worden und das arme Mädchen der ihr eigentlich zugemessenen Jahre beraubt und somit um ihre Blüte und Reife gebracht worden. Anheimfallen werde sie dem Totenreich ohnehin früher oder später, ebenso wie er, Orpheus selbst, und wie alle anderen Sterblichen auch. Wenn er also um eine Wiederanknüpfung dieses Lebensfadens bitte und darum, seine Geliebte in die oberirdische Welt zurückholen zu dürfen, so habe man das nicht als den Wunsch nach einer Eigentumsabtretung, sondern nur nach einer befristeten Leihgabe zu verstehen. Nach ein paar Jahren oder Jahrzehnten werde die Entliehene dann definitiv ihren rechtmäßigen Besitzern zurückerstattet. Im übrigen – darauf lege er Wert – sei er nicht aus Berechnung, böser Absicht oder Neugier herabgestiegen, sondern einzig und allein aus Liebe. Und die Liebe sei nun eben eine Macht, der sich kein Irdischer entziehen könne, ja er glaube, daß das Licht der Liebe sogar dann und wann bis in die tiefste Düsternis der Unterwelt vordringe. Sei es denn nicht die Macht der Liebe gewesen, die die verehrten Herrschaften einst zueinandergeführt habe? Habe denn nicht – wenn es stimmt, was man so hört – Hades selbst in jungen Jahren, von leidenschaftlicher Liebe getrieben, die eine oder andere Abmachung mit seinen Götterkollegen mißachtend, Persephone von einer Blumenwiese herab zu sich in den Orkus gerissen? Die Herrschaften mögen sich an ihre eigene Jugend erinnern, sich ihrer eigenen Liebe erinnern und um der Liebe willen Gnade vor Recht ergehen lassen und Eurydike freigeben, wo nicht, so wolle auch er, Orpheus, nicht wieder ins Leben zurückkehren, sondern hier bei den Toten verbleiben.

Dies alles trug er singend vor.

Man wird zugeben, daß sich des Orpheus' Rede auf angenehme Weise von dem kruden Kommandoton des Jesus von Nazareth unterscheidet. Jesus war ein fanatischer Prediger, der nicht überzeugen wollte, sondern bedingungslose Gefolgschaft verlangte. Seine Äußerungen sind gespickt mit Befehlen, Drohungen und dem immer wiederkehrenden, apodiktischen »Ich-aber-sage-euch«. So sprechen zu allen Zeiten jene, die nicht einen einzelnen Menschen, sondern die Menschheit lieben und erlösen wollen. Orpheus aber liebt nur diese eine, und nur sie will er retten: Eurydike. Und deshalb ist sein Ton konzilianter, freundlicher, plädoyierend – was im Wortsinne heißt: um Gefallen und Gefälligkeit werbend. Und siehe: Seine Rede hat Erfolg. Die Herrscher über das Totenreich geben ihm seine Geliebte zurück – unter der bekannten Bedingung freilich, daß er sich auf dem Weg in die Oberwelt kein einziges Mal zu ihr, die ihm folge, umdrehen dürfe.

Und da begeht er einen Fehler. (Der Nazarener begeht nie einen Fehler. Und selbst da, wo er offensichtliche Fehler begeht – etwa wenn er sich einen Verräter in die eigene Truppe holt –, ist der Fehler einkalkuliert und Teil des Heilsplans.) Orpheus aber ist ein Mensch ohne übermenschliche Pläne und Fähigkeiten und als solcher jederzeit imstande, einen großen Fehler, eine fürchterliche Dummheit zu begehen – was ihn uns abermals sympathisch macht. Er freut sich – wer könnte es ihm verdenken – ganz diebisch über seinen Erfolg. Hat er doch etwas erreicht, was vor ihm noch keinem gelungen ist: die Geliebte von den Toten ins Leben zurückgeholt. Fast. So gut wie. Denn das bißchen Wegstrecke, das noch vor ihm liegt, birgt, wie er glaubt, keine Gefahren. Da lauern kein Höllenhund mehr und keine Erinnyen, außerdem reist er, vielmehr reisen sie, nämlich er und sein hinter ihm herwandelndes Anhängsel, mit allerhöchstem Permiß. Was soll da schon noch passieren? Nein, die Sache ist gewonnen, der Triumph vollkommen. Denkt er. Und im Überschwang seines Glücks beginnt er wieder zu singen, natürlich kein Klagelied diesmal, sondern eine jubelnde Hymne auf das Leben, auf die Liebe, auf Eurydike. Und er berauscht sich an der Schönheit des eigenen Gesangs so sehr, daß er die Gefahr, der seine Unternehmung noch immer ausgesetzt ist, unterschätzt, ja vielleicht gar nicht mehr sieht – denn diese Gefahr kommt aus ihm selbst.

Orpheus ist – es sei daran erinnert – ein Künstler und, wie alle Künstler, nicht frei von Eitelkeit, oder sagen wir: nicht frei von Stolz auf seine Kunst. Und er ist, wie viele Künstler, namentlich darstellende, angewiesen auf ein Publikum, das ihn anschaut, ihm zuhört, ihm applaudiert oder wenigstens auf ihn reagiert, ein Publikum, an dessen Verhalten er die Wirkungsmacht seines Liedes ermessen kann. Als er in die Unterwelt hinabstieg, war diese Wirkung unübersehbar. Vor Ergriffenheit »weinten die bleichen Seelen«, wie Ovid schreibt, und zwar nicht nur die bereits erwähnte Prominenz, sondern auch die unzähligen namenlosen Toten. Alle, die ihn hörten, lagen ihm zu Füßen – es muß ein Millionenpublikum gewesen sein. Nun aber, beim Wiederaufstieg in unwegsamem, zerklüftetem Gelände, schon zu weit entfernt von den Toten und noch nicht nahe genug den Lebendigen, hörte ihm niemand mehr zu. Außer der einen, die hinter ihm ging. Und die sagte nichts. Warum eigentlich nicht? Hatte man ihr denn auch zu sprechen verboten? Konnte sie nicht ein Mal »Bravo!« rufen oder »Wie schön!«? Konnte sie nicht wenigstens vor Freude und Begeisterung in die Hände klatschen? War sie überhaupt noch da? Hatte sie unterwegs den Anschluß verloren? Oder war sie vielleicht nie hinter ihm hergegangen? Hatte man ihn womöglich… –

und er dachte das, während er weiterhin sang, dachte diesen entsetzlichen Gedanken, denn er war, natürlich, ein hochneurotischer, das heißt ein ganz normaler Mensch –, ...hatte man ihn womöglich von Anfang an betrogen, nur um ihn loszuwerden, den man anders nicht loswerden konnte, und die Geliebte gar nie hinter ihn gestellt? War diese kindische Bedingung, dies sinnlose Gebot, sich nicht umzudrehen, nur erlassen worden, damit er den Betrug nicht bemerke, oder erst dann, wenn es zu spät war, umzukehren? Und er wäre blöde genug, darauf hereinzufallen, und ginge, fröhlich singend wie ein Idiot, mutterseelenallein durch die verlassene Ödnis...! Immer noch sang er und sang lauter denn je, aus Wut und steigender Verzweiflung, um sich Gehör zu verschaffen, nicht wissend, bei wem: Eurydike, Eurydike...!

Kein Opernsänger hält es auf die Dauer aus, singend mit dem Rücken zum Publikum zu stehen – und wenn ihm der Regisseur tausendmal mit Engelszungen oder Drohungen genau dies abverlangte. Er kann es nicht. Es geht ihm wider die Natur. Er, dessen ganze Kunst und *raison d'être* darin bestehen, die eigene Seele nach außen zu kehren, *muß* sich produzieren, er *muß* sich, um seine Seele gespiegelt zu sehen, *zuwenden.* Und irgendwann, allen Verboten zum Trotz, tut er es.

Orpheus, der unter der doppelten Folter stand, sich nicht zuwenden zu dürfen und vielleicht von Anfang an betrogen worden zu sein, hielt erstaunlich lange durch. Oberhalb der Schwelle des Lichts schon stand er, sagt Vergil, also bereits auf sicherem, diesseitigem Gelände, als er die Selbstbeherrschung verlor. Vermutlich erwartete er gar nicht mehr, sie hinter sich zu sehen. Mit einem Betrug durch die Götter hätte er leben können, hätte sich in Wut- und Rachegedanken retten können. Nun aber, da er sich umdrehte, zu seinem Erstaunen, ja Entsetzen, stand sie tatsächlich da, keine zwei Schritte entfernt, aber noch jenseits der Grenze, und er verlor sie durch eigene Schuld. Ebenso entsetzt, wie er sie, sah sie ihn an, unendlich wehmütig auch, aber ohne Vorwurf; hauchte ein kaum vernehmbares »Lebwohl« und sank für immer zurück in den Orkus. –

Die Geschichte des Orpheus berührt uns bis auf den heutigen Tag, weil sie eine Geschichte des Scheiterns ist. Der wunderbare Versuch, die beiden rätselhaften Urgewalten der menschlichen Existenz, die Liebe und den Tod, miteinander zu versöhnen und die wildere der beiden wenigstens zu einem kleinen Kompromiß zu bewegen, ging am Ende daneben. Jesu Geschichte hingegen ist, was die Auseinandersetzung mit dem Tod betrifft, vom Anfang bis zum bitteren Ende triumphal. Nur zweimal zeigte er eine menschliche Schwäche: In Gethsemane, als er kurz an seiner Mission zweifelt (»Ist's nicht möglich, daß dieser Kelch an mir vorübergehe?«), und dann in erschütternder Deutlichkeit am Kreuz mit seinem gänzlich unerwarteten und so gar nicht ins Programm passenden letzten Wort: »Mein Gott, mein Gott, warum hast du mich verlassen?« Dieser Ausruf der Verzweiflung ist allerdings nur in den beiden ersten Evangelien bezeugt. In den später geschriebenen des Lukas und des Johannes taucht er, wohl als politisch unkorrekt erachtet, nicht mehr auf und wurde ersetzt durch das selbstbewußte: »Vater, ich befehle meinen Geist in deine Hände!« beziehungsweise durch das schon erwähnte: »Es ist vollbracht!«

Und die Liebe? Jener sinnlich begehrende, drängende Eros, von dem wir gesprochen haben? Fehlanzeige. Eros kommt bei Jesus nicht vor. Der Teufel wußte das, als er ihn in Versuchung führte. Mit dem Angebot von hübschen Mädels oder Lustknaben *à volonté* war dieser säuerliche junge Zimmermann nicht zu ködern. *Macht* war das einzige, was ihn interessierte. Und so bot ihm der Teufel die Macht über alle Reiche dieser Welt an, sofern er nur vor ihm niederknien und ihn anbeten wollte – vergeblich, wie wir wissen, denn Jesus gedachte zwar keineswegs auf Macht zu verzichten, setzte aber zu deren Erringung auf die andere, die stärkere Partei.

Dieses Berechnende, dies (fast) immer Beherrschte, dieses nie vom rauschhaften Eros Gebeutelte verleiht der Person des Jesus von Nazareth eine große Kälte, Distanziertheit und Unmenschlichkeit. Aber vielleicht verlangen wir ja zuviel von ihm. Vielleicht war er eben wirklich nur ein Gott.

Orpheus steht uns da näher. Trotz seiner Exaltiertheit und späteren Schrulligkeit, wegen seines unfanatischen Mutes, wegen seiner Zivilisiertheit, seiner ganz unapodiktischen Gewitztheit und Klugheit und trotz und wegen seines Scheiterns. Orpheus war ganz unzweifelhaft der komplettere Mensch.

Amélie Nothomb
Blick in den Spiegel

Das erste Mal, als ich mich im Spiegel sah, mußte ich lachen: unglaublich, das sollte ich sein? Wenn ich mich heute sehe, lache ich, weil ich nun weiß, ich bin es. Und so viel Häßlichkeit hat etwas Lustiges. Schnell flog mir ein Spitzname zu. Ich muß sechs gewesen sein, als ein Junge auf dem Hof mir zurief: »Quasimodo!« Begeistert wiederholten die anderen im Chor: »Quasimodo! Quasimodo!«

Dabei hatte keiner von ihnen je von Victor Hugos Glöckner gehört. Aber der Name schien so gut zu passen, daß man ihn nur einmal gehört haben mußte, und er saß.

Bald hieß ich nur noch Quasimodo.

Niemandem außer den Scheusalen sollte es erlaubt sein, von der Schönheit zu reden. Ich bin das häßlichste Geschöpf, das ich kenne; also glaube ich mich dazu berechtigt. Dies ist ein solches Privileg, daß ich mein Schicksal nicht beklage.

Und außerdem ist es eine Lust, häßlich zu sein. Welch ein Vergnügen zum Beispiel, durch die Straßen zu schlendern und in den Gesichtern der Passanten den herrlichen Moment zu erfassen, in dem ich in ihr Blickfeld trete! Freudig koste ich ihre Reaktionen aus: Entsetzen, angewiderte Grimassen, verlegenes Sichabwenden; und ich sonne mich in der kindlichen Verzückung mancher Leute, die den Blick gar nicht von mir abwenden können.

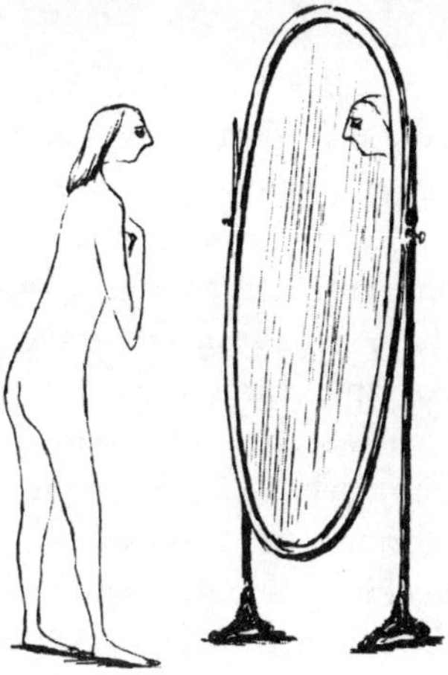

Edward Gorey

Ich möchte ihnen zurufen: »Das ist noch gar nichts, Sie sehen ja nur mein Gesicht! Wie würden Sie erst staunen, wenn Sie meinen Körper sähen!«

Mit der Schönheit hat es etwas auf sich, das nicht angemessen gewürdigt wird: Man ist sich einig, daß es weniger auf das Äußere als auf Seele, Charakter, innere Werte usw. ankomme. Trotzdem stellt man unbeirrt die wohlgeratenen Körper und ebenmäßigen Gesichter ins Scheinwerferlicht, während man Mißgeburten wie mich in die dunklen Winkel verbannt.

Woran man sieht, wie die Leute lügen. Ich frage mich, ob ihnen das klar ist. Die Vorstellung, daß sie lügen könnten, ohne es zu wissen, regt mich auf.

Ich hätte Lust, ihnen ins Gesicht zu sagen: »Gebt euch von mir aus so feinfühlig und seelenvoll, wie ihr wollt! Wenn es euch Spaß macht, dann behauptet nur weiter, ihr würdet die Menschen nicht nach ihrem Aussehen beurteilen! Aber seid nicht so blöd, es selber zu glauben!«

Mein Gesicht sieht aus wie ein Ohr. Es ist konkav, mit absurden Knorpelgeschwüren, die sich noch in den günstigsten Fällen da befinden, wo man eine Nase oder einen Augenbrauenbogen erwarten würde, die aber zum größten Teil keinem irgend bekannten physiognomischen Muster entsprechen.

Anstelle der Augen habe ich zwei trübe, ständig eiternde Löcher. Das Weiße der Augäpfel ist blutunterlaufen, wie bei den Volksverrätern auf maoistischen Plakaten. Schmutziggraue Pupillen schwimmen darin wie tote Fische.

Mein Haarschopf erinnert an gewisse Acrylteppiche, die selbst dann immer dreckig aussehen, wenn man sie eben gewaschen hat. Ich würde mir den Schädel sicherlich kahlrasieren, wäre die Kopfhaut nur nicht so mit Ekzemen bedeckt.

Aus einem Rest von Mitleid für meine Umgebung habe ich daran gedacht, mir einen Vollbart wachsen zu lassen. Ich habe darauf verzichtet, weil die verhüllende Wirkung nicht ausgereicht hätte. Präsentabel würde ich erst, wenn der Bart mir auch Stirn und Nase bedeckte.

Der Ausdruck meines Gesichts, sofern von einem solchen die Rede sein kann, ist mit Hugos Worten über seinen Buckligen von Notre-Dame hinreichend beschrieben: »Die Fratze war sein Gesicht.«

Joey Goebel
Vincent und Rachel

Tut mir leid, daß Du es ausgerechnet von mir erfährst, aber Du wirst nie glücklich sein.

Ich will Dir damit nicht weh tun, ich will es Dir einfach sagen, weil ich es nur anständig finde, daß ich ehrlich zu Dir bin, ehe wir anfangen. Ich hoffe, Du weißt das zu schätzen, denn von nun an wird keiner mehr anständig oder ehrlich zu Dir sein. Darum hier gleich noch einmal: Du wirst nie glücklich sein. Jetzt hast Du's schriftlich, und gern geschehen, echt.

Ich möchte, daß Du an dem sonnigsten, schwülsten Tag des Jahres nach draußen gehst und es gelassen laut aussprichst: »Ich werde nie glücklich sein.« Sogar in der Hitze müßtest Du dann die kalte Wolke Deines Atems sehen können, die Deine Aussage bestätigt. Und Deinen Atem wirst Du nur dann nicht sehen können, wenn Du es stolz sagst, wie ein weiser alter Mann: »Ich werde nie glücklich sein!« Probier es irgendwann mal.

Wenn ich an Dich denke, dann sehe ich wie in einem Comic eine Wolke über Deinem Kopf schweben, die Dir und nur Dir einen Wolkenbruch beschert. Ich sehe Dich naß bis auf die Knochen, mit hängendem Kopf und ganz geknickt, und Du bist dauernd krank, weil Du immer im Regen stehst. Tief bedrückt vom schlechten Wetter weinst Du Dir die Augen aus, doch Deine Tränenbäche verdunsten und werden zur nächsten Wolke, aus der es noch heftiger auf Dich niederregnet. Du kannst nur verlieren!

Traurige Aussichten. Du wirst nie das Mädchen kriegen. Du wirst die Welt nicht retten. Du wirst nie die wahre Liebe finden. Und auch keinen vertrauenswürdigen Freund. Du wirst nie zufrieden sein. Du wirst nie genug bekommen. Die Kirschen der andern werden immer größer sein. Und Deine holen die Vögel. Deine Tage werden lang sein und freudlos. Deine Nächte werden einsam sein und kaum mehr. Stets wirst Du auf bessere Zeiten warten, die nie kommen. Und Seelenfrieden kannst Du komplett abschreiben.

Es wird Tage geben, da wirst Du auf die Knie fallen und laut schreiend Dein Leid klagen, wem auch immer. Doch Das-Ding-das-wir-Gott-nennen kann und wird nicht helfen. Ich stelle mir den Himmel als eine funkelnde Kristallstadt vor, und dort, in ihrem höchsten, glitzernden Wolkenkratzer, verhandelt der Bürgermeister, immer viel beschäftigt, hinter einer Tür ohne Klinke. Er ist nie zu sprechen, Anrufe werden nicht durchgestellt. Und dann sehe ich die vielen makellosen blonden Engel ohne Genitalien und ohne Füße vor mir, wie sie sich versammeln und auf uns alle hier unten zeigen, uns auslachen und kichernd sagen: »Die armen Kleinen!« Sie werden einen Heidenspaß an Dir haben.

Deine Gebete werden eher wir erhören als sie. Oder auch nicht. *Wir* werden Dein Schicksal lenken und über Dich wachen, nicht Götter oder Engel. Auch nicht die Toten. Wir. Männer und Frauen. Erwachsene mit verworrenen Beziehungsgeflechten und geheimen Plänen. Ehemalige Kinder.

Wir werden Dir geben, was Du brauchst, aber versagen, was Du willst. Wir werden dafür sorgen, daß alles, was Du für Dein Glück brauchst, knapp außerhalb Deiner

Reichweite bleibt. Solltest Du aus Versehen ein Glücksgefühl verspüren, dann halte es fest, mit aller Macht. Genieße es, so lange Du kannst, denn es bleibt garantiert ein kurzes Vergnügen.

Noch einmal, es tut mir leid. Es stimmt, was die Leute sagen – das Leben ist ungerecht, vor allem zu Dir. Und ich kann Dir nur einen Trost bieten: Was Du in all dem Leid und der Einsamkeit zustande bringst, wird Deine Verzweiflung und unsere Grausamkeit bei weitem überdauern. Unsere Folter ist vergänglich, Dein Werk währt ewig. So gesehen, werden wir auf lange Sicht alle gewinnen.

Und deshalb entschuldige ich mich im Namen aller, denen Du je begegnen wirst, im voraus für allen Kummer, den wir Dir bereiten werden. Dir stehen harte Zeiten bevor, Kleiner. Du bist gewarnt.

Nichts für ungut
Harlan

– Ein Brief, den ich Vincent schrieb, als er sieben war

*

Ich muß stockbesoffen gewesen sein, um einen so ernüchternden Brief zu schreiben. Es war erbärmlich spät, gegen halb drei morgens vielleicht, und ich schrieb ihn als letztes, bevor ich ins Bett ging. Das Gefühl mußte einfach raus, solange ich es noch spürte, also setzte ich mich hin und rotzte den ganzen Sermon auf Hotelbriefpapier.

Dieser Brief gab Vincent eine Ahnung von den kommenden fünfzehn Jahren unserer gemeinsamen Arbeit. In diesen Jahren litt er unter unglücklicher, nicht erwiderter Liebe, unter Krankheit und Depression, neben anderem

Kummer, für den meistens ich verantwortlich war, direkt oder indirekt. Eine innovationsfreudige Firma der Unterhaltungsbranche namens New Renaissance stellte mich ein, um ihm dieses Leid zuzufügen, damit Vincent stets inspiriert war, große Kunst zu schaffen.

Am Tag nachdem ich diesen Brief geschrieben hatte, ließ ich ihn mir von Vincent laut vorlesen. Wir waren zu dritt: er, ich und der Welpe, den ich später töten würde, im Wohnzimmer des Hauses, das ich später niederbrennen würde. Der Junge war zwar erst sieben, konnte den Brief aber fehlerfrei vorlesen und jedes Wort richtig aussprechen, die »Genitalien« eingeschlossen. Wenn er manchmal ins Stocken geriet, so lag das an meiner besoffenen Klaue.

Kaum hatte er zu Ende gelesen, warf er das Blatt achtlos neben sich auf das Secondhandsofa und fing an, wie närrisch um mich herumzutanzen. Er wollte mich mit aller Macht zum Lachen bringen, weil er merkte, daß ich jeden Moment weinen würde, denn ich hatte aus einem Kindermund die bedrückenden Worte eines verbitterten alten Mannes vernommen. Eines verbitterten alten Mannes von damals achtundzwanzig.

*

Ich war wohl doch nicht so gefühllos, wie ich gehofft hatte, wenn mich der kleine Mistkerl schon am ersten Tag unserer Bekanntschaft fast zum Weinen bringen konnte. Doch damals grübelte ich besonders gern über folgende Frage: Was ist trauriger: ältere Menschen wegen allem, was sie gesehen, gehabt und verloren haben? Oder Kinder ohne jeden blassen Schimmer von allem, was sie sehen, haben und verlieren werden? Das hier war noch trauriger: ein Kind mit der bedrückenden Weisheit eines alten Menschen. Und genau das machte mich fertig, als Vincent meinen Brief vorlas. Aber geweint habe ich nicht.

Zum letzten Mal habe ich mit achtzehn geweint. Das hatte ich Rachel Hanks zu verdanken, dem ersten Mädchen, das ich zu lieben glaubte.

Rachels Lieblingsband war *The Cure*, ihre Lieblingsfernsehserie war *Twin Peaks*, ihr Lieblingsfilm *Beim Sterben ist jeder der erste*. Wir waren etwa ein halbes Jahr zusammen, als ich Zeuge der niederschmetternden Enthüllung wurde, daß sie anderen Jungs den Penis gemolken hatte. Als ich sie wegen dieser heimlichen oralen Liebesdienste zur Rede stellte, erklärte sie unsere Beziehung für beendet. Allerdings war ich darauf vorbereitet, weil meine erste Band, The Botchilisms, sich gerade aufgelöst hatte und Rachel folglich wenig Neigung zeigte, bei mir zu bleiben.

Ich war aber noch nicht bereit, wieder in meine frühere Einsamkeit zu verfallen. Ich wollte Rachel nach wie vor. Sie hatte gelogen und betrogen und wollte nichts mit mir zu tun haben – sie war begehrenswerter denn je. Und so saßen wir bei ihr in dem abgedunkelten Wohnzimmer und führten ermüdende Gespräche; meine durchsichtigen Einwände folgten in endlosen Runden ihren kalt berechneten Verweigerungen, bis sie schließlich sagte: »Na schön, Harlan. Wenn du mich wirklich so sehr liebst, dann weine um mich.«

»Wie war das?«

»Weine um mich. Zeig mir, wie viel ich dir bedeute. Drück dir nur eine einzige Träne ab, und ich gehöre für immer dir.«

Sie meinte es ernst. Damals hatte ich nicht mehr geweint, seit ich ein kleiner Junge mit aufgeschürften Knien gewesen war. Nicht einmal beim Tod meines Vaters ein paar

Jahre zuvor hatte ich geweint, und nun stand sie da, wickelte eine Locke um ihren Zeigefinger und verlangte einen Tropfen Trauer nur für sie.

Ich sah hinüber zu diesem erbarmungslosen Säugetier am anderen Ende der Couch, sah die Falten im Fleisch ihrer übereinandergeschlagenen Beine und merkte, daß ich weinen wollte. Ich dachte an ein Leben ohne sie, doch das machte mich nicht traurig genug. Unsere Trennung hatte ja noch nicht stattgefunden; ich mußte Erfahrungen heraufbeschwören, Bilder, Erinnerungen, die Vergangenheit, die ich eigentlich lieber vermieden hätte.

Deshalb dachte ich an Weihnachten in einem Pflegeheim und an hirntote Neugeborene. Ich dachte an Flaggen auf Halbmast und geschmacklose Denkmäler neben der Straße. An JFK junior, wie er vor dem Sarg seines Vaters salutierte. Ich dachte an den letzten Abend der Sommerferien meiner Kindheit. An *Zeit der Zärtlichkeit.* An einen alten Mann, der in einem Schnellimbiß Pommes ißt. Ich dachte an meinen Vater, jung, vital und witzig, wie er dann ans Bett gefesselt langsam verreckte. Ich dachte an eine fast leere Bierflasche. Ich dachte an meine Kindheit, vor allem an die guten Zeiten. Und mit dieser Parade bedrückender Bilder vor meinem inneren Auge löste sich doch tatsächlich eine Träne. Sie rann meine Wange hinunter, und dieses Mädchen, das meine erste Liebe hätte sein sollen, leckte sie auf.

»Ich liebe den Salzgeschmack von Tränen«, sagte Rachel, wohl wissend, daß sie am nächsten Tag mit mir Schluß machen würde.

Donna Leon
Bürokratie all'italiana

Es gibt Zeiten, da ist das Leben in Italien der Stoff, aus dem der Irrsinn ist, da können bürokratische Trägheit oder Inkompetenz einen wild machen. Es gibt Zeiten, da sieht es so aus, als klappe gar nichts und werde auch niemals klappen, und man glaubt allmählich, daß alles, was dennoch geschieht, auf Wunder zurückzuführen ist, denn es gibt keinerlei Hinweise darauf, daß menschliches Zutun irgendeine Veränderung bewirken kann oder jemals könnte. An manchen Tagen finden Beamte aller Couleur ihre einzige Freude darin, sich querzulegen – dann richten sie ihr Augenmerk unnachsichtig auf den kleinsten Buchstaben eines jeden Gesetzes, jeder Vorschrift. Es werden Versprechen gegeben und nicht gehalten, und Fortschritt will einem als Illusion erscheinen.

Aber dann, wie wenn an einem Wolkentag der Wind ganz plötzlich von Süden kommt und die Wolkendecke in Stücke reißt, klart der Himmel auf, und Italien erstrahlt in all seiner ordnungswidrigen, menschlichen Schönheit. Solche Augenblicke sind es, die mich daran erinnern, daß dieses Land trotz all seiner gewaltigen Probleme das einzige ist, in dem ich leben möchte.

Im Spätherbst war ich in den USA und schickte von dort per Luftfracht den kleinen Sekretär meiner Mutter nach Venedig, ein Möbelstück, mit dem ich aufgewachsen war, ihr

Geschenk zu meinem sechzehnten Geburtstag. Als er ankam, fuhr ich zur Spedition am Flughafen, wo die Sekretärin mir die Frachtpapiere überreichte und sagte, ich solle damit zum Zoll gehen.

Dort betrachtete ein junger Beamter mit sizilianischem Akzent und maßgeschneiderter Uniform die Rechnungen und Begleitpapiere, und als er sah, daß ich – aus rein versicherungstechnischen Gründen – einen Wert von 300 Dollar darauf angegeben hatte, rechnete er rasch nach und eröffnete mir, daß ich 280 000 Lire Zoll zu entrichten hätte. Ich erklärte ihm, die eingetragene Summe sei rein fiktiv und der Sekretär habe nur Erinnerungswert. Das schien ihn nicht weiter zu interessieren, und er nannte noch einmal die Summe von 280 000 Lire. Ich senkte die Stimme, legte ein rührseliges Vibrato hinein und kniff die Augen zu, als müßte ich an etwas furchtbar Trauriges denken. »Aber er gehörte doch – *a mia madre.*« Er blickte auf, als hätte er soeben mit Erstaunen entdeckt, daß jemand, der zum Zollamt kam, eine Mutter haben konnte.

»A sua madre?«

»Sì.«

Er blickte wieder auf das Papier, das ich ihm hinstreckte, aber die Zahlen standen noch immer darauf. Ich fragte, ob es etwas nützen würde, wenn ich den angegebenen Wert des Sekretärs abänderte. Dazu müsse ich, erklärte ich ihm, indem ich auf die Zahlen zeigte, nur den Dezimalpunkt um eine Stelle nach links verschieben und eine Null anhängen. So würden aus den 300 Dollar 30.00 Dollar.

Er betrachtete angelegentlich das Papier, ließ sich das soeben Gehörte durch den Kopf gehen, blickte wieder auf und sah mir unangenehm lange ins Gesicht. Unter Kopfschütteln – zweifellos ob der Unverfrorenheit, ganz zu schweigen von der Ungesetzlichkeit meines Vorschlags – nahm er mir dann das Papier ab, entschuldigte sich und ging damit in das Zimmer zurück, aus dem er gekommen war, während ich darüber nachgrübeln durfte, welche Strafe wohl auf Zollbetrug stand und ob man mich auch gleich noch wegen versuchter Beamtenbestechung belangen werde.

Saul Steinberg

Nach ein paar Minuten kam er wieder aus seinem Büro, die Papiere noch immer in der Hand. Ich blickte mit verzagtem Lächeln auf, felsenfest überzeugt, daß ich nun außer den Zollgebühren auch noch für meine kriminellen Absichten würde bezahlen müssen. Da hob er das Papier in die Höhe, und mit einer ebenso galanten wie eleganten Geste riß er es entzwei, der Länge nach.

»Der Sekretär gehörte Ihrer Mutter, Signora, darum gibt es dafür keinen Zoll zu entrichten«, sagte er, und dabei breitete er die Arme aus und ließ die beiden Papierhälften an seinen Händen flattern wie die zerfetzte, in fairem Kampf erbeutete Fahne eines besiegten Feindes.

Chaval

Fatou Diome

Das passende Gesicht

Unzählige Gesichter, Sprachen, Akzente, Kleider und Koffer unterschiedlichen Gewichts. Ein Schwarm pochender Herzen, jedes im Takt seiner Träume. Aus einem Lautsprecher kommen die wichtigsten, man könnte auch sagen, die imperialistischsten Sprachen der Welt. Sie dringen in die Gehirne, die sie verstehen, den anderen sagen sie nichts. Scharrende Schuhe hinterlassen auf den Fliesen Abdrücke von Glück oder Elend. Eben unter seiner Winterdecke erwacht, empfängt der Flughafen Roissy-Charles De Gaulle die Passagiere mit offenen Armen wie eine Hure ihre reichen Freier. Wie viele Schicksale die chromglänzende Halle birgt! Doch kann man vom prächtigen Eingang nicht auf die Wohnung dahinter schließen.

So kam ich in ein Frankreich, von dem man in Paris nichts ahnt, nach Straßburg, eine sehr männliche Stadt, deren Kathedrale ihren Turm hoch in den Himmel reckt. Dort hielt ich Winterschlaf von Januar bis Mai und ging nur nach draußen, wenn es sich nicht vermeiden ließ.

Draußen herrschte die Eintönigkeit. Alles trug Uniform. Die Verpackung aus Mänteln, Handschuhen, Schals und Stiefeln macht aus den Menschen im Winter die künstliche Einheitsrasse der Vermummten. Man sieht keine Gesichter mehr auf den Straßen, nur Wollknäuel in Industriefarben. Einmal begegnete ich auf meinem Weg zur Uni einer alten Frau, die langsam und anmutig vor mir hertrippelte. Sie erinnerte mich an meine Großmutter, und so bremste ich meinen Schritt, um sie nicht zu überholen und damit den Zauber zu brechen.

Ich mußte lächeln bei dem Gedanken, meiner Großmutter mit ihrer Haut wie Ebenholz zu erzählen, ich hätte eine Elsässerin gesehen, die ihr ähnelte, oder dieser Straßburger Bürgerin zu eröffnen, sie habe mich an meine Großmutter erinnert.

Nach monatelangem sehnsüchtigen Warten kam endlich der Sommer. Und brachte rückhaltlos alles ans Licht, stolz schwellende Schönheit und verschämte Häßlichkeit. Wer Mantel, Schal, Handschuhe und Stiefel ablegt, trägt seine Herkunft am Körper. Die Haut wird zum Personalausweis, von manchen wie eine Trophäe zur Schau gestellt, für andere ein Kreuz.

Mit der meinen angetan, ging ich zu einem Vorstellungsgespräch als Babysitterin. Es war elf Uhr, ich hatte es eilig und legte mir Argumente zurecht, um die Person, mit der ich verabredet war, von mir zu überzeugen.

Plötzlich hatte ich den Eindruck, daß die Menschen auf der Straße mich länger ansahen als sonst, ich fühlte mich von aufdringlichen Blicken herumgeschubst und verhört. Am liebsten wäre ich unsichtbar gewesen. Doch wo sollte ich mich verstecken? Also ging ich einfach noch ein bißchen schneller.

Die letzten Flocken der Winterdecke, die alles diskret verhüllte, schmolzen unter dem flammenden Blick der Sonne dahin. Nun sah man Menschen und Häusern wieder ins Gesicht. Doch das Gesicht ist wie ein Flughafen, eine Empfangshalle, ein Eingang, der nichts über das Labyrinth dahinter verrät. Das Antlitz des Menschen ist geprägt von Genen und Kulturen, Völker und Kontinente sind darin eingeschrieben. Daher die indiskreten Blicke: Mein Gesicht war für sie kein Gesicht, sondern ein Bullauge, durch das ganz Afrika zu sehen war, samt seinen tatsächlichen oder auch nur in der Vorstellung existierenden Eigenheiten.

Als ich an der Haustür meiner künftigen Arbeitgeberin klingelte, öffnete mir ihre Tochter. Sie selbst blieb bequem sitzen. Es reichte, daß ich meinen Vornamen nannte. Überflüssig zu erwähnen, woher ich kam. Sie wußte schon, was sie davon zu halten hatte.

»Ach, hast du's gefunden?« fragte sie statt einer Begrüßung.

»Guten Tag, Madame«, sagte ich und gab ihr die Hand.

»Ich habe mich nicht getäuscht«, fuhr sie fort, ohne mir Zeit zu einer Antwort zu lassen, die ihre Frage auch gar nicht verdient hatte. »Ich hab es gleich an deinem Akzent gehört, als wir miteinander telefonierten. Du bist also Afrikanerin, wie nett!«

Hier war Vorsicht geboten. So ein nasales »Wie nett!« aus dem Munde dieser Sorte Frau konnte nur heißen: Igitt!

Ich schwieg, sie bot mir mit affektiertem Kopfnicken einen Platz an. Dann fragte sie: »Du können Madame verstehen?«

»Ja, Madame«, sagte ich und verkniff mir ein Grinsen.

Wie um zu überprüfen, ob ich auch die Wahrheit sagte, wollte sie nun von mir wissen, wie lange ich schon hier lebte. Dazu bediente sie sich einer Gestik, die jeden Taubstummen beleidigt hätte: Sie zeigte auf einen Koffer, stellte sich dann mit weit gespreizten Wurstfingern und aufgerissenen Augen vor mich hin, als wollte sie mich mit ihrem Blick ein wenig erleuchten, und fragte: »Wie lange du in Frankreich?«

Ich schwankte noch, ob ich als Antwort auf ihre lächerliche Vorstellung lieber den dummen August oder die strauchelnde Tänzerin geben sollte. Schließlich begnügte ich mich damit, das idiotische Bild, das sie sich von mir machte, einfach zu bestärken, indem ich nur den Monat nannte: »Januar, Madame.«

Sie drehte sich halb zu ihrer Tochter um und sagte abfällig, als spräche sie gar nicht zu mir: »Na toll, Mädchen, jetzt sind wir klüger.«

Die Eingangstür ging auf, ein Spargel bog sich nach rechts zu seinem Aktenkoffer hinunter.

»Hallo, meine Lieben!«

Madame und ihre Tochter stürzten sich auf das Skelett und umarmten es: Der Herr des Hauses war zum Mittagessen aus dem Büro heimgekehrt. Als sein Scannerblick mich streifte, versuchte Madame uns bekannt zu machen: »Monsieur Dupont, mein Mann.«

»Guten Tag, Monsieur«, sagte ich und stand auf, um ihm die Hand zu geben. Da war er schon auf der Treppe und in den ersten Stock unterwegs. Madame lief hinter ihm her. Das Parkett über mir ächzte unter ihren schweren Schritten. Bei mir daheim, wo Männer das Dralle schätzen, wäre sie ihr Gewicht in Gold wert, dachte ich. *Slim fast* oder *Weight Watchers* sind wahrscheinlich Fremdwörter für sie.

»Das ist das Mädchen, das sich heute vorstellen kam, Liebling«, hörte ich sie sagen.

Die Schritte des Mannes umspielten sacht die der Frau, wie der sanfte Klang der Tamatrommel das Grollen der Djembetrommel dämpft, und seine Kastratenstimme japste: »Und?«

»Es sieht so aus, als würde sie in großen Zügen verstehen können, was ich sage, obwohl sie anscheinend nicht weiß, wie lange sie schon in Frankreich ist«, antwortete Madame Dupont.

Die Stimme von Monsieur klang jetzt ein wenig fester.

»Und was machen wir jetzt damit?« fragte er.

Mein Blick schweifte durch die amerikanische Küche und blieb prompt an zwei fetten Fliegen hängen, die auf dem schmutzigen Geschirr in der Spüle unsittliche Dinge machten. Es war schon nach zwölf, doch im Hause Dupont schien niemand ans Kochen zu denken. Wahrscheinlich würde Madame demnächst die Tiefkühltruhe öffnen, ein Päckchen aufreißen, die darin befindliche Aluminiumschale in die Mikrowelle stellen, nach kurzer Bestrahlung das Mittagessen servieren, und dann würde die ganze Familie strahlen, satt und zufrieden. Doch das ging mich nichts an. Ich mußte immer noch an den letzten Satz von Monsieur denken: »Und was machen wir jetzt damit?«

Das war es also. Deshalb wurde ich so angestarrt. Ich war keine Person mit einem Namen, auch nicht Frau oder Fräulein, nicht einmal *die da.* Ich kam in dem Satz gar nicht vor. Vielleicht empfand Monsieur dabei mir gegenüber etwas Ähnliches wie ich beim Anblick der Fliegen, die es in der Spüle miteinander trieben.

Madame ließ nicht locker. Nach kurzem Schweigen setzte sie nach: »Also?«

»Du könntest eine andere einstellen!«

»Und welche bitte?« schrie sie. »Vor zwei Wochen habe ich die Anzeige aufgegeben, wie du weißt. Und in der Zwischenzeit bleibt alles an mir hängen. Ich bin es schließlich, die sich mit den Gören herumärgern muß.«

Duponts hatten nämlich wieder Nachwuchs bekommen. Der letzte Sprößling war ein Jahr alt und von Madame bereits in der Krippe abgegeben worden.

»Du hättest die von letzter Woche nehmen sollen«, meinte Monsieur.

»Weißt du überhaupt, was du da redest? Hast du der ihre Visage gesehen? Die hat nicht einmal gelächelt und ein Gesicht gemacht, als ob sie direkt aus dem KZ kommt und die ganze Welt dafür haßt. Nie könnte ich meine Kinder so einer Schreckschraube anvertrauen!«

Ich mußte lächeln. Die Bitterkeit des Mädchens konnte ich gut verstehen. Die Leute suchten einen Babysitter und benahmen sich wie Personalbeauftragte der NASA! Um ihren blonden Wonneproppen den Hintern abwischen zu dürfen, sollte man einen Sack voller Diplome haben und hochqualifiziert sein, wenn auch arm genug, für einen Hungerlohn zu arbeiten.

»Du hättest auch die von vorgestern einstellen können!« gab Monsieur nach ein paar Schweigeminuten zu bedenken.

»Also nein!« empörte sich Madame. »Die hat ein Kind und ist schon wieder schwanger. Ich wüßte gern, wie sie sich das vorstellt mit den zwei Bälgern in ihrer winzigen Sozialbauwohnung. Aber das ist nicht mein Problem. Das hätte sie sich vorher überlegen müssen, statt eins nach dem andern in die Welt zu werfen und mir dann ihr Leid zu klagen. Die hätte doch gar keine Zeit für meine Kinder! Außerdem will ich nicht riskieren, daß sie womöglich Sachen für ihre eigenen abstaubt.«

Allmählich gingen Monsieur die Argumente aus, das war an seinem neuerlichen Verstummen deutlich zu erkennen. Nur seine Frage vom Anfang spukte ihm noch im Kopf herum, und schon kam er wieder darauf zurück:

»Du willst mir doch jetzt nicht sagen, Géraldine, nein, ehrlich ... Was sollen wir denn damit machen?«

»Jetzt hör mir mal zu, Jean-Charles!« schrie sie ihn an. »Du gehst morgen für eine Woche auf Geschäftsreise, und was ist dann mit mir? Ich bin schließlich auch berufstätig. Und die da sind immerhin fleißig und machen, was man ihnen sagt. Das ist was ganz anderes als mit diesen Schlampen von hier. Kannst du dich an die vom letzten Jahr erinnern, die uns vors Arbeitsgericht gezerrt hat, um uns das Geld aus der Tasche zu ziehen? Mit der da haben wir wenigstens unsere Ruhe. Ich stelle sie ein. Meine Freundin Anita hat auch so eine, die folgt aufs Wort und schmeißt ihr den ganzen Haushalt.«

Das also macht man damit: den Haushalt. In diesem Land braucht man für jede Arbeit, besonders die schwere, schlechtbezahlte, das passende Gesicht. Wenn Sie einen Preßlufthammer dröhnen hören, müssen Sie sich nicht erst umdrehen, dahinter steht garantiert ein Schwarzer, ein Türke, ein Araber, auf jeden Fall ein Ausländer. Und Staubsaugerbrummen deutet fast immer auf die Anwesenheit einer Afrikanerin, einer Portugiesin oder einer Asiatin hin. Für den Job bei Madame Dupont hatte ich das passende Gesicht. Wenn sie mich nahm, schlug sie zwei Fliegen mit einer Klappe: Erstens war eine afrikanische Herkunft für sie offenbar gleichbedeutend mit Unwissenheit und Unterwürfigkeit; und jemand, der sich mit seinen Rechten nicht so auskennt, ist einfacher zu handhaben und leichter auszubeuten. Zweitens konnte sie dank der rassistischen Vorurteile ihres Gatten sicher sein, daß von ihrem Kindermädchen keine Konkurrenz drohte.

Als Madame Dupont wieder zu mir herunterkam, war es fast ein Uhr. Die Fliegen schwirrten um mich herum.

»Du morgen früh anfangen, dreißig Stunden in Woche, Mini-Job, Haushaltshilfevertrag«, verkündete Madame nach einem kurzen, mechanischen Lächeln. »Du dreißig Minuten vorher kommen, Madame dir Arbeit zeigen.«

»Ja, Madame«, sagte ich und gab ihr die Hand, bevor ich ging.

Am nächsten Morgen stand ich um 7.30 Uhr vor der Tür. Nach einer knappen Begrüßung zeigte Madame mir die wichtigsten Dinge. Den Schulweg würde mir ihre Tochter erklären. Und damit ich bei der Ernährung des Babys auch ja nichts verkehrt machen konnte, klebte sie noch farbige Marker auf die Uhr und das Fläschchen, die *ihrem afrikanischen Kindermädchen* Aufschluß über Uhrzeit und Menge der Fütterung geben sollten.

Die Tage vergingen. Madame und ich begegneten uns frühmorgens und spätabends. Bevor sie zur Arbeit mußte, fiel ihr immer etwas ein, was ich außer den Kindern sonst noch für sie erledigen könnte.

»Du bügeln für Madame«, hieß es zum Beispiel.

An anderen Tagen: »Du saugen.«

Oder auch: »Du Fliesen putzen.« Und so weiter.

Ich sagte dazu immer: »Ja, Madame.«

Und wenn sie abends heimkam, sagte ich: »Guten Abend, auf Wiedersehen, Madame.«

Eines Abends ermahnte sie mich: »Meine Tochter nicht zufrieden mit Mademoiselle, du mit ihr spielen.«

Die Kleine war in der Tat etwas störrisch, ungeachtet meines Lächelns und aller diplomatischen Bemühungen. Mittags schloß sie sich in ihrem Zimmer ein und ließ sich von mir das Essen bringen. Nichts ist schwerer zu ertragen als die Gören der Spießer, vor allem, wenn ihnen eingetrichtert wurde, alle anderen Völker dieser Erde seien doch nur Wilde.

Aber ich durfte den Job nicht verlieren, denn für die meisten Arbeitgeber hatte ich das falsche Gesicht. Also strengte ich mich an, das kleine Fräulein zufriedenzustellen, und tat, was von mir erwartet wurde: Ich machte mich zum Affen, um mir das Wohlwollen Mademoiselle Duponts zu sichern. Eine Woche später war ich *ihr afrikanisches Kindermädchen*, das all ihre Schulfreunde kannten.

Einmal fragte sie mich beim Mittagessen: »Warum bist du so schwarz?«

»Weil ich zuviel Schokolade esse«, gab ich zur Antwort.

Sie schaute mich an und setzte ein breites Grinsen auf. Ich sah, daß sie nicht überzeugt war, sagte aber nichts weiter. Wenn sie das ihrer Mutter erzählte, würde Madame Dupont mich für noch dümmer halten, als sie es ohnehin schon tat. Denn für sie war schwarz gleich blöd.

Der Sommer ging wie ein wankelmütiger Geliebter, kam zurück, ging erneut und kehrte noch einmal wieder, als wollte er sich überzeugen, wie es um all das stand, was er verlassen hatte. Ich war noch immer bei den Duponts, wechselte Windeln, puderte kleine rosa Popos, ging viermal täglich den Weg zur Schule und wieder zurück, schob ein blondes Baby, das ich nicht einmal als mein eigenes ausgeben konnte, im Kinderwagen durch die Gegend, saugte Staub, bügelte, putzte die Fliesen im ganzen Haus und verfluchte die Scheiße der Duponts, die an der Toilettenschüssel klebte und keineswegs nach Rosen roch. Und das zum Lohn eines Kindermädchens.

Madame war mit mir zufrieden. Einmal schenkte sie mir ein Kleid, das ihr zu eng geworden war. Ich mochte es nicht, es war scheußlich und stammte mindestens aus den siebziger Jahren. Dazu muß man sagen, daß Madame konsequent den Stil der englischen Königin pflegte: eine Frisur wie ein Kopfsalat und ein blumenkohlartiges Äußeres. Wenn diese Frau ihren Mann erregt, sagte ich zu mir, dann muß es auch Männer geben, die Mutter Theresa sexy finden. Ich nahm das Kleid aus Höflichkeit an und entledigte mich seiner bei der jährlichen Kleidersammlung. Mit Geld kann man zwar ein Dienstmädchen kaufen, aber keinen Geschmack. *Merci, Madame.*

Madame Dupont spielte gern die Intellektuelle. Sie hatte es sich zur Aufgabe gemacht, mich zu zivilisieren. Eines Abends – meine Arbeitgeber waren früher als sonst nach Hause gekommen – wollte ihre Tochter unbedingt *Aschenputtel* sehen, dieses verdammte Märchen, das schon Generationen von Frauen zu Komplexen wegen ihrer großen Füße verholfen hatte. Ich sollte die Kassette in den Videorekorder stecken. Aber ich faßte in diesem Haushalt nicht gern etwas an, seit mir für eine zerbrochene Vase einmal fünfhundert Francs vom Lohn abgezogen worden waren. Auch die dringlichen Bitten des Mädchens konnten mich nicht von meiner Weigerung abbringen.

»Du können Video anmachen?« fragte Madame.

»Nein, Madame«, sagte ich.

Halb mütterlich, halb verächtlich sah sie mich an.

»Du Kopf zum Denken?«

Dann wandte sie sich zu ihrem Mann um, musterte mich erneut und stieß triumphierend aus: »*Cogitum sum*, ich werde gedacht, wie schon Descartes sagte.«

Offensichtlich wollte sie so den Gatten auf ihre Seite ziehen und mich aus dem Gespräch ausschließen, doch diesmal war sie zu weit gegangen, die Beleidigung war zu groß und das Erbe Descartes' in Gefahr. Ich konnte sie nicht daran hindern, auf meine Kosten die Gebildete zu geben, aber sie sollte es wenigstens korrekt tun.

»Nein, Madame«, berichtigte ich sie daher, »Descartes sagte *cogito ergo sum*, ich denke, also bin ich, das kann man in seinem *Discours de la méthode* nachlesen.«

Madame ließ die Videokassette fallen, und der Keks, den Monsieur sich eben zum Mund führen wollte, blieb in der Luft hängen. Es war das erste Mal, daß ich in diesem Hause einen vollständigen Satz von mir gegeben hatte. Monsieur gewann als erster die Fassung wieder.

»Für was hältst du dich eigentlich?« blaffte er mich an. »Was fällt dir ein, so mit meiner Frau zu sprechen? Sie hat immerhin das Abitur gemacht, bevor sie angefangen hat zu arbeiten. Und schau mich an, ich bin Akademiker, ich habe vier Semester studiert!«

Ich lächelte nur und sagte keinen Ton. Das war wie ein Stachel in seinem Fleisch. Madame gab sich bescheiden und sagte: »Du machst wohl auch bald dein Abi?«

»Nein, Madame«, erwiderte ich. »Ich habe seit zwei Monaten meinen Magister in Literatur. Ja, Madame, die Kinder des Sarotti-Mohrs können heute lesen und schreiben.«

Da bleibt euch wohl das Wort im Halse stecken, setzte ich innerlich noch hinzu, während Monsieur Dupont wie bei meinem ersten Besuch schon auf halber Treppe war. Wahrscheinlich fragte er sich, wenn auch aus anderen Gründen, schon wieder, was man damit machen sollte. Madame folgte ihm nach oben. Und die arme Kleine saß immer noch vor dem Videorekorder und wartete auf *Aschenputtel.* Eines Tages würde sie, wie ihre Mutter, begreifen, daß der Traumprinz nicht existiert und Aschenputtels kleine Füßchen sich auf dem Weg auch blutig stoßen können. Ich verabschiedete mich von dem schmollenden Mädchen und rief Monsieur und Madame ein lautes »Guten Abend« nach, bevor ich die Tür hinter mir schloß.

Nach einem friedlichen Wochenende war ich Montag um acht bei Duponts. Ich hatte beschlossen, die seit über zwei Jahren nicht bezahlte halbe Stunde, die ich immer früher kam, zu streichen.

»Guten Morgen, Madame«, sagte ich.

»Guten Morgen«, erwiderte sie. »Ich hab schon auf Sie gewartet, die Kleine muß doch zur Schule, und wenn ich sie hinbringe, komm ich zu spät zur Arbeit. Könnten wir nicht bei der halben Stunde früher bleiben? Ich bezahle sie Ihnen.«

»Gut«, sagte ich.

Es war wie ein Wunder, Madame wußte wieder, was sich gehörte. Sie, die mich vom ersten Augenblick unserer Bekanntschaft an geduzt hatte, bemühte sich plötzlich, höflich zu sein. Die Woche verlief eher kühl. Doch mit der Zeit verrauchten Scham und Groll. Ein paar Monate später gab ich Madame Dupont, die sich auf eine Prüfung vorbereitete, ab und zu gratis Nachhilfe in Französisch. Sie redete normal mit mir, wir duzten einander und sprachen uns mit Vornamen an. Selbst ihr Gatte Jean-Charles ließ sich dazu herab. Gelegentlich aßen wir gemeinsam. Die senegalesischen Spezialitäten schienen ihnen zu munden, und sie nannten Menschen mit schwarzer Haut nicht mehr nur »die«, sondern »Afrikaner«.

Es gibt da nur ein Problem: Seit Jean-Charles weiß, daß ich Descartes gelesen habe, ahnt er auch, daß feste Schokoschenkel etwas für sich haben könnten.

Arnon Grünberg

Tina

Seit zwanzig Minuten hatte ich mich auf der Herrentoilette des französischen Restaurants J. eingeschlossen und fragte mich, ob es nicht besser wäre, auch den Rest des Abends dort zu verbringen. Obwohl im Restaurant ein Hirschsteak auf mich wartete, lockte es mich absolut nicht, dorthin zurückzukehren. Dem Hirschsteak gegenüber saß eine Dame. Aus begreiflichen Gründen kann ich ihren Namen hier nicht nennen, darum beschränke ich mich auf das Initial E.

Im Juni 1995 hatte ich einen Brief von E. bekommen, in dem sie sich als Redakteurin einer Literatur-Enzyklopädie vorstellte. Genauer: als Redakteurin der Buchstaben F bis H. Natürlich fiel damit auch der Buchstabe G unter ihre Verantwortung, und so hatte sie vor, für den Eintrag »Grünberg« einen langen Artikel zu verfassen. Aus diesem Grund hoffe sie mich im November in New York treffen zu können. Sie lud mich sogar zu einem Lunch ein, natürlich auf Kosten des Verlags. Der Brief war abgestempelt in 's-Hertogenbosch.

Wahrscheinlich geschmeichelt von dem Gedanken, daß ein literarisches Nachschlagewerk mir einen langen Artikel widmen wollte, schrieb ich zurück, daß sie mir zu einer einfachen, doch nahrhaften Mahlzeit herzlich willkommen sei.

In den Monaten danach bekam ich noch zwei Briefe

von ihr und eine Ansichtskarte, alle äußerst sachlich. Nur die Mitteilung, daß sie dauernd von mir träumte, fiel ein wenig aus dem Rahmen. Doch vielleicht war es in der Welt der Literaturenzyklopädien üblich, daß Redakteurinnen von den Schriftstellern träumten, über die sie einen »köstlichen kleinen Essay« schreiben wollten. Diese Worte benutzte sie immer wieder: einen köstlichen kleinen Essay.

Sie war älter, als ich erwartet hatte. Sie hatte eine große Plastiktüte dabei. Sie trug eine schwarze Hose, einen Pulli mit V-Ausschnitt, und vor allem die Haut um ihre Augen war vollkommen zerfurcht.

Wir setzten uns an einen Tisch am Fenster und sprachen über die Preise für Damenbekleidung in New York. Als sie sich eine Zigarette anstecken wollte, sagte ich ihr freundlich, daß es in New York so gut wie unmöglich ist, in einem Restaurant zu rauchen. Sie drückte ihre Zigarette aus und begann sich die Lippen nachzuziehen. Ich schlug vor, das Gespräch langsam auf ihren Artikel für die Literaturenzyklopädie zu lenken, doch sie antwortete: »Du erkennst mich immer noch nicht, was?« und fuhr mit dem Schminken ihrer Lippen fort.

Hatte ich sie vielleicht mal bei einer Lesung getroffen, dachte ich, bei einer Signierstunde, hatte sie mich interviewt? War sie beleidigt, daß ich sie nicht erkannte?

»Tut mir schrecklich leid, nein«, sagte ich.

Noch immer war sie mit ihren Lippen beschäftigt. »Die Brederodestraat«, sagte sie.

Das Merkwürdige war, daß die Brederodestraat mir in dem Moment nichts, aber auch gar nichts sagte. Ich versuchte gerade, mich an alle Lesungen in allen möglichen Provinzstädten zu erinnern, insbesondere in Nord-Brabant.

Plötzlich holte sie eine Perücke aus ihrer Plastiktüte

Wenn Du meinen Brief schlecht lesen kannst, dann liegt das an der denkbar schlechten Unterlage, die

F. K. Waechter

und setzte sie sich auf. Leute im Restaurant schauten in unsere Richtung, vor allem wegen ihr, manche stießen sich sogar gegenseitig an. Doch sie schien es nicht zu bemerken, oder es machte ihr nichts aus. Mit Hilfe ihres Taschenspiegels rückte sie sich die Perücke gerade.

»Erkennst du mich immer noch nicht?« fragte sie.

Ich schüttelte den Kopf.

»Ich bin es, Tina.«

Ich kannte nur eine Tina, das war die Tina aus *Blauer Montag*. Ich glaubte an einen Scherz. Warum sollte die Redakteurin einer literarischen Enzyklopädie nicht den gleichen Sinn für Humor haben wie ich?

»Aber eigentlich heiße ich E.«, sagte sie, »nenn mich also E.«

Ich begann zu lachen. Wer hätte an meiner Stelle nicht gelacht? Ich sagte: »Das ist phantastisch, E., du hast mich voll rangekriegt. Ich vertrau dir den Essay an. Echt wahr, schreib über mich, was du willst.«

Wir bekamen unsere Fischsuppe.

E . holte mein Buch aus ihrer Handtasche und schlug es beim Kapital ›Tina‹ auf. Ich sah, daß sie bestimmte Passagen mit Bleistift unterstrichen hatte. Inzwischen versuchte ich mich zu erinnern, wie Tina in Wirklichkeit ausgesehen hatte. Doch es gelang mir nicht. Es war zu lange her, es hatte nur eine Stunde gedauert, und die Beleuchtung war schummrig gewesen. Ich konnte mich nur noch an ein bestimmtes Kleidungsstück erinnern, einen Geruch und an alles, was ich darüber geschrieben hatte. Doch das konnte man nicht wirklich »Erinnerungen« nennen.

»Das hättest du nicht gedacht, was?« Sie lachte. »Daß wir uns noch mal bei einer Fischsuppe gegenübersitzen würden! Und wie findest du die Idee mit der Enzyklopädie? Das hättest du auch nicht gedacht, was, von so einer alten Hure?!« Sie tippte auf mein Buch. »So darf ich deine Meinung über mich doch zusammenfassen?«

Das einzige, was ich hervorbringen konnte, war: »Das ist unglaublich.« Ich hielt an meinem Gedanken fest, daß es sich um einen Scherz handeln mußte, ein einziger gewaltiger Scherz. Doch ich fragte mich, was für ein Mensch man sein mußte, um auf solch einen Scherz zu kommen.

»Hier«, sagte E. »Lies vor.« Sie zeigte auf eine unterstrichene Passage.

Ich schüttelte den Kopf.

»Lies«, sagte sie.

Eine Verrückte, dachte ich, eine Fanatikerin, eine radikale Feministin. Ja, vielleicht ist es das. Jede Gruppe hat so ihre eigenen durchgeknallten Terroristen.

»Ich habe immer viel Sympathie für die Frauenbewegung gehabt«, stammelte ich, »Sie haben mein Buch vollkommen falsch gelesen, wenn Sie denken...«

»Hör auf mit dem Geschwätz«, sagte sie.

»Was wollen Sie denn von mir?« jammerte ich.

Sie setzte ihre Perücke wieder ab und lachte.

»Das wirst du schon noch merken, du kleiner Schreiberling.«

Ich nahm einen großen Schluck von meinem Wein und sagte: »Sie arbeiten für keine Enzyklopädie, und Sie sind nicht Tina. Verlassen Sie bitte augenblicklich dieses Restaurant.«

Ich versuchte, streng zu klingen.

»Du hast die gleiche Jacke an wie damals«, sagte sie und zeigte auf meine schwarzlederne Regenjacke.

Bluff, dachte ich, nichts als Bluff. Sie ist geistesgesört und auf dich verfallen, um ihre Störung voll auszuleben.

»Wollen Sie Geld?« fragte ich. »Sind Sie aus finanziellen Gründen hier?«

Sie schüttelte den Kopf.

»Gefällt Ihnen was nicht an mir oder an den Sachen, die ich schreibe?«

»Nein«, sagte sie, »ich bin nicht so eine Leserin. Aber ich werde dir einen Vorschlag machen, den du nicht ablehnen kannst.«

»Und der wäre?« fragte ich.

»Schreiben sollst du«, zischte sie, »schreiben, was ich dir erzählen werde, denn du hast nichts zu erzählen. Und unter meinem Namen. Du hast mich lange genug benutzt und Geld an mir verdient.«

Dabei kniff sie mich so fest in den Unterarm, daß er zu bluten begann, und ich sagte, wir könnten sofort anfangen, ich müsse nur kurz auf die Toilette.

Nachdem ich dort fast eine halbe Stunde gesessen hatte, rief ich meinen Freund S. in Chicago an und erzählte ihm, was geschehen war.

Er begann zu lachen. »Eine tolle Idee für eine Geschichte«, sagte er und hängte auf.

Als ich endlich zurückkam, hatte E. ihr Hirschsteak schon aufgegessen. Neben meinen Teller hatte sie einen Stapel alter Schulhefte gelegt. »Du mußt mir helfen«, sagte sie, »das bist du mir schuldig.«

So kehrte Tina in mein Leben zurück.

W. Somerset Maugham

Der verkaufte Brief

Vor einigen Wochen erzählte mir jemand eine Begebenheit und schlug mir vor, daß ich eine Erzählung daraus machen sollte; seither habe ich darüber nachgedacht. Ich weiß nicht, was ich damit anfangen soll. Die Begebenheit ist folgende: Zwei junge Männer arbeiteten auf einer Teeplantage; die Post mußte von ziemlich weit her geholt werden, so daß nur in beträchtlichen Zeitabständen Briefe eintrafen. Der eine von den beiden, nennen wir ihn A., bekam mit jeder Post viele Briefe, oft zehn oder zwölf und oft auch mehr, während der andere, B., immer leer ausging. Er pflegte neidisch zuzusehen, wenn A. sein Briefbündel nahm und zu lesen begann; er wünschte sich sehnlichst, ebenfalls einen Brief, nur einen einzigen Brief zu bekommen, und daher sagte er eines Tages vor dem Eintreffen der Post zu A.: »Hör einmal, du hast immer einen ganzen Stoß Briefe und ich überhaupt keinen. Ich gebe dir fünf Pfund, wenn du mir einen abgibst.« »Schön«, antwortete A., und als die Post kam, hielt er B. seine sämtlichen Briefe hin und sagte: »Nimm dir irgendeinen.« B. händigte ihm eine Fünfpfundnote aus, überflog die Handschriften, wählte einen Brief und gab die anderen zurück. Als sie nach dem Abendessen Whisky und Soda tranken, fragte A. nebenbei: »Was hat übrigens in dem Brief gestanden?« »Das sage ich dir nicht«, antwortete B. Etwas erstaunt fragte A.: »Ja, von wem war er denn?« »Das geht dich nichts an«, erwiderte B. Sie stritten eine Weile hin und her, aber B. beharrte auf seinem Recht und verweigerte jede Auskunft über den gekauften Brief. A. wurde unruhig und versuchte B. während der nächsten Wochen auf alle möglichen Weisen zu überreden, daß er ihm den Brief zeigen möge. B. blieb unerbittlich. Schließlich nahm die Sorge und die Neugier in A. derartig zu, daß er es nicht mehr ertragen zu können glaubte; er ging zu B. und sagte: »Hör einmal, hier sind deine fünf Pfund, gib mir dafür den Brief zurück.« »Nicht für dein Leben«, antwortete B. »Ich habe ihn gekauft und bezahlt, der Brief gehört mir, und ich gebe ihn nicht mehr her.«

Das ist alles. Wenn ich einer der modernen Erzähler wäre, würde ich diese Geschichte vermutlich so aufschreiben, wie sie ist, und es dabei bewenden lassen. Aber mir widerstrebt ein solches Vorgehen. Ich lege Wert auf Form, und meines Erachtens ist eine Form nur zu erreichen, wenn man der Geschichte einen Abschluß geben kann, der keine berechtigten Fragen mehr offenläßt. Selbst wenn man es über sich bringen könnte, den Leser in der Luft hängen zu lassen, möchte man doch wenigstens als Erzählender nicht mit ihm zusammen in der Luft hängen.

Roland Topor

Memoiren eines alten Arschlochs

Ungefähr ein Jahr nach Beginn unserer Zusammenarbeit teilte mir Frantz mit, daß eine Stelle als Page frei sei und daß er mich bei der Hotelleitung für diesen Posten vorgeschlagen habe. Falls meine Kandidatur angenommen werde, bekäme ich eine Lohnerhöhung und ein komfortableres Zimmer. Ich schickte Gebete zum Himmel, um dieser unerwarteten Beförderung teilhaftig zu werden. Er muß mich wohl erhört haben, denn nach einer kurzen Unterredung mit dem stellvertretenden Direktor wurde ich plötzlich zur Empörung meiner Folterknechte aus der Küche auf den Posten eines Pagen berufen. Sehr schnell wurde ich von meinem neuen Beruf eingenommen. Ich mußte zwar laufen, gewiß, und Geschicklichkeit zeigen, aber ich war aufgeweckt und schlau.

Ich lernte das Hotel wie meine Hosentasche kennen, und wer ein Hotel kennt, kennt die weibliche Natur. Ich wurde der Liebling der Hotelgäste. Immer verlangten sie nach mir, und die andern Pagen warfen mir böse Blicke zu.

An einem Winterabend wurde ich dringend ins Zimmer Nummer 17 gerufen. Ich erinnere mich noch ganz genau an die Nummer, die ich danach zu einer meiner Glücksbringer-Zahlen gemacht habe. Als ich mich meldete, erblickte ich ein herrliches Geschöpf, eine Dunkelhaarige mit Samtaugen. Sie schien nackt zu sein unter ihrem purpurfarbenen Seidenkimono. Meine Knie fingen an zu zittern, und ich blieb dumm auf der Schwelle stehen, Opfer einer unsagbaren Verwirrung.

Mit einem bezaubernden Lächeln kam dieses göttliche Wesen zu mir und fragte mich, ob es stimme, daß ich eine Leidenschaft für die Schönen Künste habe. Frantz hatte ihr einige meiner Arbeiten gezeigt, die sehr gewürdigt worden waren. Ich gab stammelnd eine positive Antwort.

»Vielleicht haben Sie schon von mir gehört. Ich bin Sarah Bernhardt, und ich würde gern Modell für Sie stehen. Nackt. Finden Sie mich hübsch?«

Ruhig löste sie ihren Kimono, um mir in der Pracht ihrer ganzen Nacktheit zu erscheinen. Ein Elan warf mich auf den Teppich, zu ihren Füßen.

»Zu schön, Madame! Ich vermöchte Sie nur häßlicher zu machen! Und das würde ich mir nie verzeihen!«

Sie legte sich wollüstig neben mich.

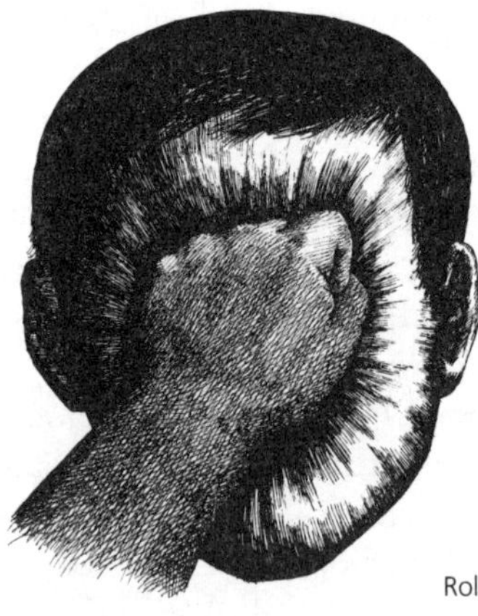

Roland Topor

»Sie haben recht«, seufzte sie mir ins Ohr. »Verzichten wir auf dieses Bildnis. Doch die Wege des schöpferischen Akts sind nicht immer undurchdringlich…«

Ich war fünfzehn Jahre alt.

Frantz verkaufte meine Produktion so, wie ich sie ihm anvertraute. Er hatte sogar einen erheblichen Vorsprung mir gegenüber, da es nicht selten vorkam, daß ein Werk bereits verkauft war, bevor ich es überhaupt begonnen hatte. Dieser Erfolg begann mir zu schmeicheln, und dann beunruhigte er mich. War es natürlich, daß man so leicht und einfach die Gunst des Publikums gewann? Rührte diese vollkommene Übereinstimmung, wie es schien, zwischen dem Publikum und mir nicht von einer Dürftigkeit der Konzeption her? War ich nur ein mondäner Maler? Ein geschickter Macher, dessen Ehrgeiz nicht weit genug ging?

Ich erzählte Frantz von meiner Besorgnis. Er wurde nachdenklich, dann antwortete er mit einer anderen Frage: »Weißt du, wer augenblicklich in Zimmer 104 wohnt?« Ich gestand meine Unwissenheit ein.

»Edgar Degas, der französische Meister.«

»Was? Der Impressionist? Der Freund Manets, Monets, Pissarros, Renoirs, Gauguins…«

Er unterbrach mich.

»Er selber. Du solltest ihm deine Werke zeigen, um seine Meinung zu hören.«

»Das werde ich nie wagen!«

»Dann gehe ich.«

Ich fiel ihm um den Hals. Wir wählten die Zeichnungen sorgfältig aus, dann klopfte er an der Tür von Zimmer 104 an, ein einziges Bild unterm Arm, das letzte, das noch nicht verkauft war.

»Herein!« rief eine mürrische Stimme.

Er gehorchte, und ich blieb mit klopfendem Herzen zurück, das Ohr an die geschlossene Tür gepreßt. Er erzählte mir später, wie sich die Unterhaltung abgespielt hat, aber das ist unwichtig. Ich vernahm nur das Geräusch der Wasserhahnen, denn das Wasserleitungsnetz des Hotels ließ zu wünschen übrig.

Plötzlich traf mich ein Geschrei wie eine Granate. Es war Degas. Er schrie: »Nach Paris? Warum nach Paris? Was habt ihr nur alle mit Paris? Warum nicht nach London, München oder Luxemburg? Van Gogh, Sisley, Jongkind, Cassatt, de Staël, alle in Paris! Aber zum Donnerwetter, können sie denn nicht zu Hause bleiben! Das würde die Dinge schließlich verdammt vereinfachen, wenn alle zu Hause blieben!!!«

Ich hatte genug gehört. Degas liebte meine Werke nicht! Er verachtete mich! In dieser Sekunde, das kann ich beschwören, wäre ich am liebsten gestorben. Ich floh laufend aus dem Hotel. Ich trat in die erste Spelunke, die ich fand, und bestellte ein Glas Schnaps. Dann noch eins und noch eins. Ich wurde abscheulich betrunken und geriet in Streit mit einem Betrunkenen. Die Diskussion wurde bösartig. Der Wirt rief die Polizei. Ich wurde wie ein Übeltäter abgeführt und in eine Zelle eingesperrt.

Als ich wieder bei vollem Verstand war, stellte ich fest, daß ich nicht allein war. Ein Bärtiger mit einem Zwicker auf seiner dicken Nase starrte mich lächelnd an. Er hatte sich hingekniet, um auf meiner Höhe zu sein.

»Wie fühlen Sie sich, junger Mann? Es sieht ganz so aus, als hätten Sie etwas über den Durst getrunken!«

Mit einem Schlag kam meine ganze Bitterkeit wieder an die Oberfläche. Ich sprang auf die Beine und rief:

»Ich kenne genau meinen Durst und weiß, wieviel ich trinken kann. Sie können ruhig wieder aufstehen!«

Er begann zu lachen.

»Nein, eben. Ich kann nicht.«

Ich merkte verblüfft, daß mein Gefährte gar nicht kniete. Seine Beine waren so kurz, daß es nur so aussah. Ich bat ihn um Entschuldigung, und um das Gespräch abzubrechen und meine Verlegenheit zu verbergen, drehte ich mich zur Wand und schuf mit Hilfe eines Schlüssels, der in meiner Tasche steckte, eine Allegorie. Allmählich den Ort vergessend, an dem ich mich befand, ritzte ich ein regelrechtes Bas-Relief in die Wand, das eine nackte Frau darstellte, und setzte diesen poetischen Bildtext darunter: »Die Schönheit wird funkelnd sein oder sie wird gar nicht sein.«

»Nicht schlecht«, machte die Stimme des Unbekannten, »gar nicht schlecht.«

»Was verstehen Sie schon davon?« gab ich unwirsch zur Antwort. »Ich bin nur ein gescheiterter Farbenkleckser! Ein

Bosc

Provinz-Daumier! Ein Schund-Lautrec! Vielleicht sind Sie in Sachen Mord ein guter Richter, falls Sie ihn als eine der Schönen Künste ansehen, aber ansonsten fehlt es Ihnen an kritischem Geist!«

»Zunächst einmal«, antwortete der Unbekannte, ohne die Fassung zu verlieren, »habe ich nur einen Verkehrspolizisten beleidigt, der mir verbieten wollte, über den Rasen zu gehen. Und außerdem heiße ich, falls Sie das interessiert, Henri de Toulouse-Lautrec!«

So war es mir gegeben, in dem Augenblick, in dem ich auf den Grund der Verzweiflung stieß, eine der größten Freuden meines Lebens zu erfahren! Lautrec erkannte mich als eine der sichersten Hoffnungen der jungen Generation. Er ermunterte mich, drängte mich, nach Paris zu kommen. Man darf die Leute nie nach ihrem Äußeren noch nach sonst was beurteilen. Man muß sie nach dem beurteilen, was sie nicht sind. Lautrec war nicht blind. Er umarmte mich.

»Sie werden einer der Größten sein«, behauptete er. »Vorausgesetzt, Sie vergessen dieses fundamentale Gesetz nicht: Die Intelligenz ist der Blindenstock des Talents. Ohne sie bricht es sich immer wieder den Hals!«

Als ich wieder zu Frantz kam, war er ganz aufgeregt.

»Wo, zum Teufel, bist du gewesen? Degas hat dich überall gesucht. Er fürchtet, du könntest ihm seinen Platz in Paris streitig machen, deshalb mußte ich ihm versprechen, daß du nie Tänzerinnen malen wirst!«

Marijane Meaker
Meine Jahre mit Pat

Das L's lag in einer Seitenstraße im Greenwich Village, eine schummrige, gemütliche Lesbenbar.

Damals war in der Szene eine Bar mit ein wenig Stil noch die Ausnahme. Und der Laden schien nicht einmal der Mafia zu gehören; keine Türsteher in protzigen Zweireihern, keine Siegelringe am kleinen Finger. Genauer gesagt gab es überhaupt keine Männer. Die Toiletten waren sauber. Man hatte nicht den Eindruck, daß alle Besucherinnen entweder *butch* oder *femme* waren. Die meisten sahen eher wie Collegemädchen aus, gut angezogen, nicht dick geschminkt wie manche Ältere.

Nutten gingen oft in die Schwulenkneipen; ihre Kerle warteten dort auf sie. So etwas gab es im L's nicht. Die Frauen an der Bar und hinter der Tür waren freundlich. Die Musik war sanft: Jeri Southern sang »You Better Go Now«, Frances Faye schnurrte »I'm Drunk with Love«.

Eine gutaussehende dunkelhaarige Frau im Trenchcoat stand an der Bar und trank Gin, und rundum wurde getuschelt: Das ist Claire Morgan!

In der Welt draußen kannte man sie besser unter dem Namen Patricia Highsmith, Verfasserin von *Zwei Fremde im Zug*; Alfred Hitchcock hatte den Thriller 1951 verfilmt.

Aber die Anerkennung, die Pat im L's bekam, galt ihrem Roman *Salz und sein Preis*, der 1952 unter dem Pseudonym Claire Morgan bei Coward-McCann herausgekommen war. Über Jahre hinweg war es, egal ob literarisch oder Trash, der einzige Lesbenroman mit glücklichem Ausgang.

Es stand in jeder Lesbenwohnung im Regal, neben Klassikern wie *The Well of Loneliness* von Radclyffe Hall oder *We, Too, Are Drifting* von Gale Wilhelm, neben *Diana* und *Olivia.*

Pat war achtunddreißig, sechs Jahre älter als ich, und immer auf Reisen. Vielleicht hatte ich sie deswegen nie kennengelernt, denn genau wie ich (und anders als meine Partnerin) ging sie gern in Homosexuellenbars.

An diesem Abend war ich allein, denn Kit hatte Arbeit aus dem Büro mit nach Hause gebracht. Die Bars waren eine Art Club. Man traf sich mit alten Freunden oder lernte neue kennen. Man fand immer ein bekanntes Gesicht dort, man kannte die Besitzer oder die Barkeeper. Man hatte immer jemanden, mit dem man reden konnte.

Pat war mein Idol. Zwar wurden wir beide in Anthony Bouchers Krimi-Kolumne in der *New York Times* besprochen, aber ihre Bücher erschienen als Hardcover bei Harper. Ich publizierte bei Gold Medal Books, wo ich als Vin Packer einer der *tough guys* in der Thriller-Paperbackreihe war, und auch meine Reportagen aus dem Lesbenmilieu, die ich unter dem Namen Ann Aldrich schrieb, schafften es nie zur gebundenen Ausgabe.

Irgendwie nahm ich meinen Mut zusammen, ging hin und stellte mich vor.

Pat war lang und dünn. Schwarzes, schulterlanges Haar und dunkelbraune Augen. Sie sah wie eine Mischung aus Prinz Eisenherz und Rudolf Nurejew aus.

Es war ein Unterschied wie Tag und Nacht zwischen ihr und den Frauen, die mich sonst anzogen, und ich glaube, das ging ihr mit mir nicht anders. Sonst waren eher feminine Frauen unser Typ, das, was man damals *girly girls* nannte. Aber wir schrieben beide und tranken beide. Es dauerte nicht lange, bis wir auf derselben Wellenlänge waren. Als ein Tisch frei wurde, setzten wir uns.

Pat rauchte Gauloises und trank ihren Gin pur.

In ihre Rede streute sie manchmal ein paar deutsche Worte; immer sagte sie »bitte« statt *please*, teils freundlich, teils ärgerlich im Tonfall. Ich fragte sie danach, und sie erzählte mir, daß sie sich Deutsch selbst beigebracht habe. Sie war Linkshänderin gewesen und vertrug sich nicht mit Lehrern, die versuchten, sie auf die rechte Hand umzugewöhnen. Damals in den Dreißigern galt es noch als Makel, wenn man mit der »falschen« Hand schrieb. Schließlich kam sie von sich aus auf eine Methode, wie sie es üben konnte, und schrieb mit der Rechten Sätze aus einem Deutsch-Lehrbuch ab, immer und immer wieder.

Deutsch, erklärte sie, habe sie genommen, weil sie schon ein wenig Französisch und Spanisch konnte. Aber als ich sie näher kennenlernte, ging mir auf, daß eine melancholische Sehnsucht nach dem Vater dahintersteckte, den sie nie wirklich kennengelernt hatte. Er hieß Jay Bernard Plangman und stammte aus einer deutschen Einwandererfamilie. An jenem ersten Abend fragte Pat mich, ob ich gern verreiste. Jahre später mußte ich daran zurückdenken, daß es die erste persönliche Frage war, die sie mir stellte, ein Vorzeichen auf alles, was kommen sollte. Am besten, sagte Pat, könne sie in Europa arbeiten; sie habe es in Mexiko versucht, aber lieber sei sie in Frankreich und Italien. Sie machte die Überfahrt auf einem Frachter und nahm immer die Plätze, die in letzter Minute zu haben waren. Das sei die billigste Möglichkeit, erklärte sie mir, und der einzige Nachteil sei, daß man es erst kurz vorher erfahre. Sie bekam einen Anruf, und dann mußte sie fünf oder sechs Stunden später mit gepacktem Seesack und mit ihrer Schreibmaschine am Hafen sein. Sie ließ sich dann zum Beispiel in Marseille nieder, wo sie sich in einem kleinen Hotel einrichtete und an ihrem neuesten Roman schrieb. Von dort unternahm sie Reisen nach Paris, Venedig, Florenz, Rom.

»Wieso gehst du nicht nach Deutschland?« fragte ich. »Die Sprache scheinst du doch zu mögen.«

»Sicher, aber die Sprache und das Land, das sind zwei verschiedene Dinge. Ich mag das deutsche Essen nicht, und das Leben dort ist zu teuer.«

Wir mußten brüllen, um uns zu verständigen; es war Freitag abend, und wie alle Gay- und Lesbenbars damals war es zum Bersten voll, denn es war der einzige Ort, an dem man sich treffen konnte.

Das L's war ganz anders als die üblichen Kneipen dieser Art, und auch wenn wir Mühe hatten, unsere eigenen Stimmen zu hören, blieben wir doch, bis sie zumachten.

Ich erzählte ihr, daß ich, als ich meinen eigenen Lesbenroman schrieb – *Springfire*, ein Taschenbuch bei Fawcett –, zu einem unglücklichen Ende gezwungen gewesen sei. Taschenbücher wurden von Clubs mit der Post verschickt und von der Postbehörde zensiert, und nichts, was ein »perverses« Leben guthieß, hätte eine Chance gehabt.

»Die Heldin hieß Leda«, erzählte ich. »Sie landet im Irrenhaus.«

»Leda die Irre!« Pat lachte.

Sie sei überrascht gewesen, erzählte sie, daß Leserinnen ihren Claire-Morgan-Roman für den glücklichen Ausgang gelobt hätten. Aber wenn das das Erfolgsgeheimnis sei, solle es ihr recht sein.

»Beim Schreiben habe ich mir darum keine Gedanken gemacht. Ich habe einfach nur die Geschichte erzählt.«

Sie erzählte, die Inspiration sei eine Frau gewesen, die sie, als sie als Verkäuferin bei Macy's arbeitete, bedient habe. Irgendwie hatte diese Frau sie fasziniert. Pat konnte sie nicht vergessen. Sie hatte sich ihre Adresse von der Quittung abgeschrieben. An ihrem freien Tag nahm sie den Bus nach New Jersey, ging zu dem Haus, in dem sie wohnte, und spazierte einfach nur vorbei. Das war alles. Am nächsten Tag mußte sie mit Windpocken ins Bett, und sobald sie sich wieder aufsetzen konnte, begann sie mit der Niederschrift von *Salz und sein Preis*.

Die Bar verkündete die letzte Runde, wir bestellten noch einmal, und dann war es Zeit zu gehen.

Pat war erst am Nachmittag aus Mexiko zurückgekehrt. Eine Freundin hatte ihr vom L's erzählt. Damals erfuhr man nur durch Mundpropaganda von den Gay- und Lesbenbars.

»Ich bin froh, daß ich hergekommen bin«, sagte sie. »Ich habe noch nicht ausgepackt, sonst würde ich dich jetzt auf ein Gläschen einladen.«

»Das hätte mir gerade noch gefehlt«, lachte ich. »*Noch* ein Gläschen.«

*

Ich vertrug längst nicht soviel wie Pat. Ich trank eine ganze Menge, aber immer nur am Wochenende und entweder Samstag oder Sonntag. Werktags trank ich nicht gern, denn es wurde jedesmal mehr, als gut für mich war, und am nächsten Tag konnte ich dann nicht schreiben. Früher hatte ich nie eine Nachrichtensendung ausgelassen, aber seit Pat da war, schaltete ich den Fernseher nur noch vormittags, wenn sie gegangen war, zur *Today Show* mit Dave Garroway ein. Ich hatte den neuesten Orson Welles verpaßt, war immer noch nicht in der neuen Broadwayshow *Süßer Vogel Jugend* gewesen, und auch die Bücher von Capote und James Jones blieben ungelesen. Fidel Castro hätte sich seine Goodwilltour durch die Vereinigten Staaten genausogut sparen können: Ich war nicht mehr auf dem laufenden.

Mein Buch kam überhaupt nicht mehr voran. Ich spürte es körperlich, wie der Alkohol mich schwächte. Um über die Runden zu kommen, erzählte ich Pat, die Zeit für die Arbeit sei knapp und ich könne mich am Mittag nicht mehr mit ihr treffen. In Wirklichkeit tat ich in der Zeit, von der sie glaubte, ich säße am Schreibtisch, nur das Allernotwendigste. Den größten Teil des Tages schlief ich, aß Salat, trank Milchshakes, nahm Vitamine, alles um mich für einen weiteren Abend mit Cocktails, Wein zum Essen und Brandy danach fit zu machen.

Pat schrieb derweil an einem Buch mit dem Titel *The Two Faces of Janus*. Es spielte in Athen, Iraklion, Charria, Paris und Marseille.

Anscheinend hinderten die abendlichen Besäufnisse sie überhaupt nicht am Schreiben.

Sie las mir Passagen aus ihrem Roman vor, und ihr finsterer schwarzer Kater Spider saß dabei und blickte zu ihr auf, als lausche er einem Vortrag.

Pat lag dabei auf ihrem Doppelbett am Fenster mit Blick auf den Irving Place. Über dem Bett hing ein großes, düsteres Ölporträt von Pat; die dunklen Augen funkelten, ihr Haar war länger, das Gesicht hagerer, der Mund grimmig. Es war 1944 entstanden, als Pat dreiundzwanzig war. Die Malerin war Allela Cornell, eine gute Freundin. 1947 hatte sie sich umgebracht.

Pat las die neuen Kapitel mit großem Schwung. Sie lachte laut über ihre eigenen Beschreibungen, über die Gestalten, die sie geschaffen hatte. Aber sie klagte, in Amerika könne sie nicht arbeiten.

Ihre besten Ideen kämen ihr im Ausland.

»Aber viele gute Titel finde ich hier. Tom Ripley habe ich mir in Italien ausgedacht, aber seinen Namen fand ich, als ich den West Side Drive entlangfuhr und das Schild eines Kleiderladens namens Ripley sah. Tom Ripley, dachte ich: *Der talentierte Mr. Ripley.*«

Viele Titel und Namen von Charakteren habe sie auf den Fahrten von Palisades, New York, nach Manhattan gefunden, über die George-Washington-Brücke und dann am Hudson entlang.

In Palisades hatte sie ein paar Jahre mit einer Frau namens Doris Sanders zusammengelebt. Doris stammte aus Indiana und war an die Ostküste gekommen, um an der Columbia-Universität zu studieren, und im Zweiten Weltkrieg hatte sie als Wirtschaftswissenschaftlerin im Amt für Preiskontrolle gearbeitet. Nach dem Krieg war sie in der Werbung und als Journalistin tätig. Gemeinsam hatten Pat und Doris ein Kinderbuch geschrieben, *Miranda the Panda Is on the Veranda*, und Pat hatte es mit Strichzeichnungen illustriert. Es war ein albernes Buch voller abstruser Reime, in der Art der Bücher von Polly Cameron, die damals schon *The Cat Who Thought He Was a Tiger* und *The Dog Who Grew Too Much* veröffentlicht hatte. Gewidmet hatte Pat es M. C. H. – ihrer Mutter Mary Coates Highsmith.

Pat und Doris hatten eine kleine ehemalige Scheune gemietet, im Wald bei Sneden's Landing, wo sie beide Freunde hatten. Als Pat und Doris sich trennten, zog Polly Cameron aus New York dorthin.

Als ich Polly später kennenlernte, erzählte sie mir, daß sie in Doris verliebt gewesen sei, als Doris mit Pat zusammen war. Einmal war sie für ein Wochenende eingeladen. Sie mühte sich, einen guten Eindruck zu machen.

Pat und Doris schliefen oben auf dem Heuboden, Polly auf der Couch in ihrem kleinen Wohnzimmer. Sie erwachte am Sonntagmorgen und sah eine Schnecke auf dem Boden, gleich neben ihren Schuhen.

Sie ekelte sich vor Schnecken, und bei dem Gedanken, sie anzufassen, grauste ihr; aber sie wollte nicht, daß sie noch da war, wenn Pat und Doris zum Frühstück herunterkamen. Also nahm sie ihren Mut zusammen, holte ein Stück Küchenpapier und warf die Schnecke zur Tür hinaus.

»Wo mag denn meine Schnecke sein?« fragte Pat, als sie nach unten kam. »Hast du eine kleine Schnecke gesehen, Polly?«

Das ganze Wochenende über beteuerte Polly, daß ihr keine Schnecke begegnet sei, und Pat suchte vergeblich das ganze Haus nach ihr ab. Es war eine Schnecke gewesen, die Pat sich als Haustier hielt.

In *Tiefe Wasser* von 1957 hatte Vic Van Allen, der Held und Mörder, Schnecken in einem Aquarium in der Garage, und in einem späteren Band hieß eine von Pats Erzählungen *Der Schneckenforscher*.

★

Ich hatte noch nie mit jemandem zusammengelebt, der die ganze Zeit zu Hause war. An unserem ersten echten Abend machte ich die Erfahrung, daß Pat den Rhythmus einer Beziehung weit besser beherrschte als ich. Wir hatten den ganzen Tag mit dem Aufstellen der Möbel verbracht (Arbeits- und Schlafzimmer zuerst), und sie hatte einen Eintopf gekocht, der auf dem Herd köchelte. Sie rief nach oben, es gebe Martinis zur Cocktailstunde. Anders als Pat kam ich herunter, wie ich war, in alten Jeans und Pullover. Sie hatte gebadet, ihre graue Flanellhose angezogen, eine weiße Bluse mit dunklem Halstuch, und die Schuhe geputzt.

Ich dachte, wir würden uns endlich in die Sessel fallen lassen, unser neues Wohnzimmer bewundern und reden: die erste ruhige Minute, seit am Abend zuvor die Mothertruckers unsere Besitztümer in die drei unteren Räume gestopft hatten. Ich bereute, daß ich nicht geduscht und mich frisch angezogen hatte. Anfangs glaubte ich, Pat habe meine Schlamperei bemerkt und nehme Anstoß daran.

Sie reichte mir mein Glas, sagte, daß sie mich ja gleich zum Essen sehe, ging in ihr Arbeitszimmer und machte die Tür hinter sich zu.

Ich merkte bald, daß diese Tageszeit für Wörterbuchlektüre reserviert war; sie tat es jeden Abend vor dem Essen und genoß dazu ihren zweiten Martini. Den ersten hatte sie bei den Vorbereitungen in der Küche getrunken.

Das Abendessen sollte ein fester Termin sein, den wir jeden Abend zusammen verbringen würden. Andere Begegnungen waren ungeplant, zufällig, ohne festes Muster. Manchmal sagte sie am frühen Abend: »Komm, wir mixen uns etwas für den Weg, und dann gehen wir spazieren.«

Damals stand bei diesen Spaziergängen der Mais auf den verpachteten Feldern so hoch, daß man nur noch den Himmel sah. Beide bereuten wir, daß wir so wenig über Naturkunde wußten. In der Schule hatte ich gelernt, daß die großen Flüsse Indiens Indus, Ganges, Mahanadi und Kistna heißen. Ich hatte gelernt, daß unser Zucker größtenteils aus Zuckerrohr hergestellt wird und der Stoff Saccharase heißt. Aber keiner hatte mir je die Vögel im Garten erklärt oder die Bäume im Wald. Meine Eltern interessierten sich nicht für die Natur. Und Pat, die ja größtenteils in New York aufgewachsen war, wußte genauso wenig wie ich. Als ich zur Bibliothek fuhr, bat sie mich, ihr Bücher über Vögel und Bäume und Blumen mitzubringen. Und es dauerte nicht lange, bis Pat, den »Spaziergangsdrink« in der Hand, mir erklärte, daß dies Seckelbirnen seien und jenes Holzäpfel, mir Zinnien und Ringelblumen und die Distelfinken zeigte, die sich Kerne aus den Sonnenblumen pickten. Sie führte mich zu Seidenpflanzen, deren Samenkapseln gleich platzen und kleine Schirmchen in die Luft schleudern würden. Beide lernten wir mit Begeisterung, aber Pat war die Eifrigere. Mir gefiel es, wie sie mit solchen Dingen mehr aus unserem Leben machte, nicht nur mit den Spaziergängen, auch mit kleinen Aufmerksamkeiten: dem frischgepreßten Orangensaft, den ich morgens an meinem Frühstücksplatz fand, der Zeit, die sie sich nahm, um meine Katzen zu bürsten, den kleinen Überraschungen, die sie mir neben die Schreibmaschine legte – ein Bonbon, einen Band mit Renée Viviens Gedichten, wo ein rotes Herbstblatt einen Vers markierte: »Du wirst kommen, die Augen voller Nacht und voller Gestern …«

Zum Abendessen tranken wir immer eine Flasche Wein, und so war ich jeden Abend betrunken, bis ich darauf kam, den Cocktail auszulassen. Der Wein zum Essen war genug für mich. Pat steckte den Gin und den Wein viel leichter weg, und manchmal noch Brandy nach dem Essen dazu, wenn sie die Seiten, die sie im Laufe des Tages geschrieben hatte, noch einmal durchlas. Anders als Pat schaute ich meine Arbeit nicht mehr an, wenn ich mein Tagwerk getan hatte.

*

Jeden Morgen, auch wochentags, schlief ich lange, während Pat sich schon allein ihr Frühstück machte. Später fuhr ich nach Doylestown, um die *New York Times* zu kaufen, und aß eine Kleinigkeit in einem Imbiß oder im Wohnzimmer eines kleinen Hauses an der Straße, wo Mennoniten Mahlzeiten anboten und nebenan eine Wäscherei betrieben. Das war mein Lieblingshalt, und außer Pats weißen Hemden, die sie selbst wusch und bügelte, brachte ich Wäsche und Bettzeug immer dorthin.

Unsere Gewohnheiten ergänzten sich gut. Ich arbeitete am Nachmittag, und genau wie in Manhattan aß ich in der Stadt zu Mittag. Pat tat ihre Arbeit am Vormittag und war meist schon mit dem Tagwerk fertig und hatte sich etwas zu essen gemacht, bis ich zurückkam. Sie arbeitete dann im Garten oder bastelte Möbel, und ich ging nach oben in mein Arbeitszimmer.

Wenn ich am Wochenende bei den Knappenburgers vorbeikam, sah ich manchmal die beiden Enkelkinder. Es waren zwei Mädchen, neun und elf Jahre alt, wie sie mir einmal verraten hatten, als ich ihnen ein Glas Limonade abkaufte. Sie winkten begeistert, wenn ich vorbeikam. Manchmal stellten die Mädchen vor dem Haus einen Tisch auf und verkauften Apfelwein, selbstgebackene Plätzchen, Pasteten oder Weidenkätzchen. Ich hielt dann und kaufte ihnen etwas zu trinken oder Süßigkeiten ab, und sie erzählten mir von ihren Lieblingsfächern auf der Quäkerschule.

Ich plauderte gern mit ihnen, und das Gebäck nahm ich als Dessert mit nach Hause.

Einmal, an einem warmen Sonntagmorgen im Herbst – der Sonntag war der einzige Tag, an dem Pat und ich nicht arbeiteten –, waren wir in der Küche bei einem späten Frühstück. Pat hatte nur ihre weiße Schlafanzughose an, ich, barfuß wie sie, ein knielanges Nachthemd. Wir hatten beim Abräumen innegehalten und küßten und streichelten uns.

Ich hörte das Kichern als erste, löste mich hastig aus Pats Armen, sah noch, wie die Sonne in den Brillengläsern der Älteren blitzte, dann waren nur noch ihre Rücken zu sehen, wie sie die Treppe hinunterstürmten, auf ihren Fahrrädern, so schnell sie konnten, unsere lange Auffahrt hinaufstrampelten, wobei die eine stürzte und die andere ihr aufhalf, und dann ging es wie der Blitz über die Old Ferry Road zurück nach da, von wo sie gekommen waren.

Vor der gläsernen Verandatür lag, in ein Stück Papier gewickelt, das frischgebackene Bananenbrot, das sie uns gebracht hatten.

Ich rief an und bedankte mich bei Mrs. Knappenburger für das Geschenk. Sie sagte: »Nichts zu danken«, und legte auf, bevor ich fragen konnte, wie es ihr und ihrem Mann ging.

Danach sah ich die Kinder nicht mehr oft. Anscheinend hatten sie ihren Straßenverkauf eingestellt. Da mein Auto immer schon aus der Ferne zu erkennen war, traten sie, wenn sie draußen waren, jedesmal eilig den Rückzug an, bevor ich bei ihnen war.

Pat machte noch lange ihre Bemerkungen darüber, was für ein Schock unsere Verruchtheit für »die armen Kleinen« gewesen sein mußte, und hatte sogar einen unanständigen Limerick gedichtet, der begann: »Einmal, da radelten wir, emsig wie Wespen / die Straße hinunter bis zu den Lesben…«

Ich lachte selbst über das abrupte Ende dieses Besuchs, aber ich war auch traurig und wütend. Ich mußte an zwei lesbische Frauen denken, von denen Pat mir erzählt hatte; sie waren zusammen in ein Haus in Sneden's Landing gezogen und hatten in einem der oberen Schlafzimmer eine

Schaltuhr angebracht, so daß die Nachbarn Licht in beiden Zimmern sahen und glaubten, sie schliefen in getrennten Betten. In der Stadt war es möglich, daß gleichgeschlechtliche Paare sich einfach nicht um ihre Nachbarn kümmerten, aber hier auf dem Land war es nicht leicht, das Privatleben auch privat zu halten.

Es war nur eine Frage der Zeit, bis Pat mir vorhalten würde, daß Kinder in Paris oder Rom nicht das geringste an einem solchen Anblick fänden.

Patricia Highsmith

Sherill Tippins

Carson McCullers in Brooklyn

Sosehr die Idee einer Wohngemeinschaft in Brooklyn George Davis und Carson McCullers auch begeisterte – das Haus in der Middagh Street 7 erforderte einen hohen Arbeitsaufwand. Wie die beiden Schriftsteller bei näherem Hinsehen feststellten, war der Heizkessel hinüber, die Treppengeländer wackelten, die Fußböden mußten abgeschmirgelt werden, die Wände schrieen nach Putz und Farbe, und die sanitären Einrichtungen waren in katastrophalem Zustand. Die abgeschlossenen Zwei-Zimmer-Suiten auf jedem Stockwerk boten zwar ein Stück Privatsphäre, aber die Türen hatten keine Schlösser, und den dünnen Zwischenwänden sah man an, daß sie Tag und Nacht jede Regung der Bewohner im ganzen Haus verbreiten würden.

Doch das waren aus ihrer Sicht kleinere Nachteile. Wichtiger waren die großen Fenster, durch die man wie in einem Rahmen vor dem Haus das üppige Grün des Viertels und hinter dem Haus die ferne Großstadt sah, waren die Stuckrosetten an den Decken der Repräsentationsräume und die holzgeschnitzten Zierleisten, war die mit diesen Räumen verbundene verlockende Aussicht auf persönliche Ungebundenheit und geistige Anregung. George erkundigte sich nach Stukkateuren, während Carson ihre wenigen Habseligkeiten in die Räume im dritten Stock schaffte.

Man war übereingekommen, daß George – zumindest solange die größeren Reparaturen andauerten – die vordere Hälfte des Obergeschosses übernehmen sollte, dessen großes Wohnzimmer und kleines Schlafzimmer auf die ruhige Middagh Street und den ummauerten Garten eines Brownstone-Hauses auf der anderen Seite der kleinen Straße hinausging. Auden sollte die beiden hinteren Zimmer mit Blick auf die Brooklyn Bridge und die Wolkenkratzer von Manhattan beziehen. Es war ein aufregendes Panorama, aber daß es den Dichter von der Arbeit abhalten würde, war nicht zu befürchten, da er wegen seiner empfindlichen Augen beim Schreiben die Vorhänge geschlossen halten mußte, wie er vor Jahren in seinem Gedicht *Brief an Lord Byron* geschrieben hatte:

> Zur Konzentration
> ist mir ein kleiner Raum der liebste,
> mit geschlossenen Vorhängen und Lampenlicht;
> dann kann ich von neun bis zur Teestunde
> arbeiten, ohne abzusetzen.

Carson dagegen rückte mit Vergnügen ihren Schreibtisch vor die großen Fenster ihrer Suite, die unmittelbar unter der von Auden lag. Sie genoß den Anblick des in der Sonne funkelnden East River, während sie die Schreibmaschine aufstellte und dafür sorgte, daß Notizbücher, Bleistifte, Aschenbecher, Feuerzeug und die Teetasse aus Porzellan in Griffweite waren. Das Haus kam ihr, so heruntergekommen es auch war, mit seinen hohen Räumen, die demnächst einen Anstrich in Empire-Grün und Samtvorhänge erhalten sollten, wie ein Palast vor. »Endlich, nach all den Jahren in elenden Quartieren, lebte ich in einem komfortablen, ja luxuriösen Haus«, schrieb sie später, und ihre neue Bleibe war ja nun wirklich etwas anderes als die Pension in North Carolina, in der sie mit Reeves gewohnt hatte und wo die Sperrholz-Zwischenwände so dünn waren, daß es für das junge Paar kein Entkommen vor den Jammerlauten des kranken Babys nebenan oder den Auseinandersetzungen, Schlägen und Tränen seiner Eltern gab.

Es war nicht leicht gewesen, Reeves die Zustimmung zum Umzug abzuringen. Er grollte ihr, weil sie ihn in dieser schwierigen Zeit ihrer Ehe allein ließ, und konnte nicht verstehen, warum man ihn nicht aufgefordert hatte, der Gruppe beizutreten. Schließlich kannte und mochte er sowohl George als auch Wystan Auden, und auch sie waren gern mit ihm zusammen. Er hoffte ebenfalls, einen Roman zustande zu bringen, und hätte von einem Hausstand, dessen Ziel es war, derlei Tätigkeiten zu erleichtern, profitieren können. Außerdem, so sein Argument, sei eine Wohngemeinschaft, wie Carson sie ihm beschrieben hatte – zumal eine von George Davis geleitete –, für eine körperlich so zarte Frau wie Carson vermutlich viel zu aufregend. Sie brauche Ruhe, betonte Reeves, und einen Menschen, der mit ihren Bedürfnissen vertraut sei.

Diese Art der Bevormundung war Carson unerträglich und bestärkte sie noch in ihrem Vorsatz, in der Middagh Street ein neues Leben anzufangen. Mit dem Hinweis auf ihre derzeit überaus gespannte Beziehung überzeugte sie ihn schließlich davon, daß eine Trennung auf Zeit ihnen beiden guttun würde. Allein würde Reeves vielleicht besser mit seiner schriftstellerischen Arbeit oder – falls ihm das lieber war – mit der Suche nach einem Job vorankommen, und Carson würde es leichter fallen, wieder die Rolle seiner Partnerin auf sich zu nehmen, wenn sie einen neuen Roman erfolgreich in Angriff genommen hatte. Schließlich half Reeves seiner Frau widerstrebend beim Packen und beim Transport der Koffer nach Brooklyn. An eine vollständige Trennung war nicht gedacht. Carson würde ihn in Manhatten besuchen, und er konnte zu ihnen zum Essen kommen, so oft er wollte.

Jetzt winkte Carson eine salzige Brise, die durch die Fenster wehte, und sie machte sich daran, ihre neue Umgebung zu erkunden. Das war nach einem Umzug immer ihre erste Tat. Die langen täglichen Spaziergänge gehörten nicht nur als therapeutischer Bestandteil zu ihrem Schaffensprozeß und halfen ihr dabei, ihre Gedanken zu ordnen, sondern das, was sie auf diesen Wegen sah und die Menschen, denen sie dort begegnete, lieferten immer wieder neue Ideen für ihre Arbeit.

Als am 1. Oktober Wystan Hugh Auden eintraf, fanden Carson und George, daß sie schon sehr viel dazu getan hatten, das Haus bewohnbar zu machen. Etliche Gefährten von George aus dessen buntgemischtem Bekanntenkreis, unter anderem der achtzehnjährige Victor Guarneri, der einen Teilzeitjob als Schauermann im Hafenviertel von Brookyln hatte, und Frankie Abbe, Georges frühere Sekretärin, die sich unlängst von ihrem Mann getrennt hatte und sich viel in der Middagh Street 7 aufhielt, hatten ihnen geholfen, Möbel zu schleppen, Handwerker aufzutreiben, die Küche auszustatten und auch sonst das Haus funktionsfähig zu machen. Trotzdem war Auden einigermaßen bestürzt über den chaotischen Zustand seines künftigen Heims. So hatte zwar George den Flügel und andere Möbel im Salon sorgsam aufgestellt, aber die Handwerker hatten dort noch zu tun, und überall waren Schutt und Staub. Auf dem Flügel oder wo immer sie schnell etwas gegessen hatten, lagen Essensreste, und schmutziges Geschirr türmte sich nicht nur in der Küchenspüle, sondern auch in der Badewanne im Erdgeschoß. Die Nippsachen von George hatten sämtliche Abstellflächen mit Beschlag belegt, überall waren Stühle und Tische gestapelt, und abgesehen von einem provisorisch an der Küchentür aufgestellten Tisch mit ein paar Sitzgelegenheiten war der Garten hinter dem Haus eine unberührte Wildnis aus Efeu und Unkraut. Schlimmer war, daß es im Haus, da der Heizkessel nach wie vor außer Betrieb war, weder Heizung noch warmes Wasser gab; auch die Toiletten funktionierten nicht immer.

Da er aber gerade jetzt hoffte, sich besonders intensiv auf seine Arbeit konzentrieren zu können, brauchte der Dichter dringend einen ruhigen Raum und einen berechenbaren Tagesablauf. In der Middagh Street 7 mußte er erleben, daß George um zehn gerade erst Kräfte für jene Tageszeit sammelte, die ihm die liebste war. Dann machte er sich auf den Weg nach Manhattan, sammelte Freunde aus dem Theater und den Restaurants in Midtown um sich, zog die Nacht über durch New Yorks Nightclubs, Bars und Bordelle und schwankte kurz vor Morgengrauen mit Freunden im Schlepptau nach Hause, um dort stundenlang alkoholselig-tiefsinnige Gespräche zu führen. Wenn seine Gäste gegangen oder in ihren Sesseln versackt waren, setzte sich George an seine klapprige Schreibmaschine und verfaßte jene langen, sich selbst dramatisierenden Beichtbriefe, die seinen Freunden so vertraut waren. Oft genug fand Wystan, wenn er morgens nach unten kam, George vollständig angezogen und kaum ansprechbar auf dem Sofa vor, das er während des Frühstücks und auch den größten Teil des Vormittags über nicht verließ. Kurz vor zwölf konnte man ihn dann nackt über den Klempner steigen sehen und hören, wie er auf dem Weg zum Badezimmer schlaftrunken »Quält seinen Geist nicht! Laßt ihn ziehen!« aus *König Lear* murmelte.

Tagsüber war es nicht besser, denn da drängten sich in der Küche häufig schnatternde Fotografen, Schauspieler, Künstler und andere absonderliche Besucher. Nachmittags telefonierte George mit seinen vielen Freunden in Manhattan, und man konnte mithören, wie er jedes Gespräch in seinem warmen, neckenden Tonfall mit der Frage »Was läuft bei euch?« einleitete, dann den Klatsch des Tages zum besten gab und bei jedem Anruf in den Beschreibungen der »Ruine«, die er gemietet hatte, weitere Feinheiten herausarbeitete – wie ein Regisseur bei den Proben eines Theaterstücks. Auch Carson fiel es offenbar schwer, sich zu konzentrieren. Mehrmals am Tag kam sie in die Küche heruntergepoltert, um ihre Thermosflasche mit einer Mischung aus heißem Tee und Sherry aufzufüllen, die sie liebevoll »Sonnie Boy« getauft hatte. Besonders beunruhigend fand Auden, daß auch die Mahlzeiten unberechenbar waren. Carson spielte zwar gern die Köchin, aber ihr Repertoire beschränkte sich auf Fleischklopse, Grüne-Erbsen-Suppe aus der Dose mit Wienern und ein Spezialrezept, das sie »Carson-Kartoffeln« nannte – Kartoffelbrei mit Zwiebeln, Käse oder was immer sich in der Speisekammer fand. Häufig kam dabei allerdings eine kohlschwarze Masse heraus, weil Carson wieder einmal weggegangen war und vergessen hatte, daß sie gerade beim Kochen war.

In der Middagh Street 7 sah Auden eine Möglichkeit, einen vernünftigen Kompromiß zwischen der hermetischen häuslichen Perfektion einer Privatwohnung und dem romantisch-bohemienhaften Chaos zu erreichen, das er bei seinem Einzug vorgefunden hatte. Statt als Einzelpersonen »in einer Menge verlorener Geschöpfe« zu leben, konnten sie eine echte Gemeinschaft schaffen – eine durch gemeinsame Werte und Neigungen vereinte rationale Gesellschaft, die war, die Raum für das Unerwartete ließ.

Zugegeben, auch Mitte Oktober waren sie noch weit von diesem Ziel entfernt. Audens Freund, der Schriftsteller James Stern, und seine Frau Tania fanden, als sie eines Nachmittags unangemeldet vorbeikamen, »George nackt am Flügel vor, mit einer Zigarette zwischen den Lippen, Carson auf dem Fußboden mit zwei Litern Sherry, als Wystan wie ein Schuldirektor hereinplatzte und verkündete: ›Auf jetzt, Essenszeit!‹« Selbst Britten und Pears hatten ihren Schock und ihre Enttäuschung nicht verbergen können, als sie etwa um die gleiche Zeit ihr künftiges Heim besichtigt und festgestellt hatten, daß die Handwerker noch bei der Arbeit und das Haus selbst unglaublich verdreckt war. »Sie sind unfaßbar langsam! Glaubt nur ja nicht an die so hochgelobte Effizienz in diesem Land!« schrieb Britten, auf die Handwerker gemünzt, nachdem er und Pears eilig in Elizabeth Mayers Haus zurückgekehrt waren und in Aussicht gestellt hatten, in etwa einem Monat eine zweite Inspektion vorzunehmen. Trotzdem glaubte Auden daran, daß ein gesundes Gemeinschaftsleben machbar war. Ganz ohne Regeln ging es allerdings nicht.

Auden machte sich gut gelaunt wie immer an die Lösung des Problems. Eine Wohngemeinschaft wie die ihre müsse, wie er George erklärte, mit fester Hand geführt werden, und er sei bereit, diese Aufgabe zu übernehmen. Er war mit den Erfordernissen gemeinschaftlichen Lebens bestens vertraut, hatte jahrlang Internate besucht und seinen Beruf als Lehrer an einer englischen Privatschule mit so viel Sachkenntnis und Begeisterung ausgeübt, daß ihm seine Schüler den Beinamen »Onkel Wiz« verliehen hatten. Seinen Platz am Kopfende der Tafel einnehmend, eröffnete er seinen Mitbewohnern genüßlich, daß mehrere Ziele erreicht werden müßten, ehe die Middagh Street 7 zu jenem Katalysator kreativer Produktivität werden könne, den sie sich alle wünschten. Erstens müßten sie sich auf einen festen Zeitplan für regelmäßige Arbeitsstunden und für das gesellige Beisammensein einigen, und während der Arbeitsstunden müsse Ruhe herrschen. Zweitens sei eine Liste der im Haus zu erledigenden Aufgaben zu erstellen und unter den Bewohnern je nach Begabung und Bedürfnissen aufzuteilen, und die festgelegten Aufgaben müßten dann auch erledigt werden. Drittens müßten sie nach Möglichkeiten suchen, Geld aufzutreiben, um notwendige Reparaturen auszuführen, und dann so schnell wie möglich weitere Mitbewohner finden, um die Last der Mietzahlungen zu mindern. Auden selbst wollte es übernehmen, die Miete zu kassieren, die Rechnungen zu bezahlen und Reparaturen zeitlich zu planen. Wenn sie sich früher oder später auch einen Koch leisten könnten, wäre das vortrefflich. Er und Isherwood hätten in ihrem Apartment in Manhattan als Köchin eine gewisse Elizabeth gehabt, sagte er, und er erinnere sich noch immer mit großem Vergnügen ihrer angenehmen Gesellschaft und der »kultivierten Mahlzeiten«.

Carson und George gingen begeistert auf Audens Bemühungen ein, das Heft in die Hand zu nehmen. Carson meldete sich freiwillig für den Abwasch und erbot sich, Wein zum Essen beizusteuern, sofern ihre Mittel es erlaubten, und

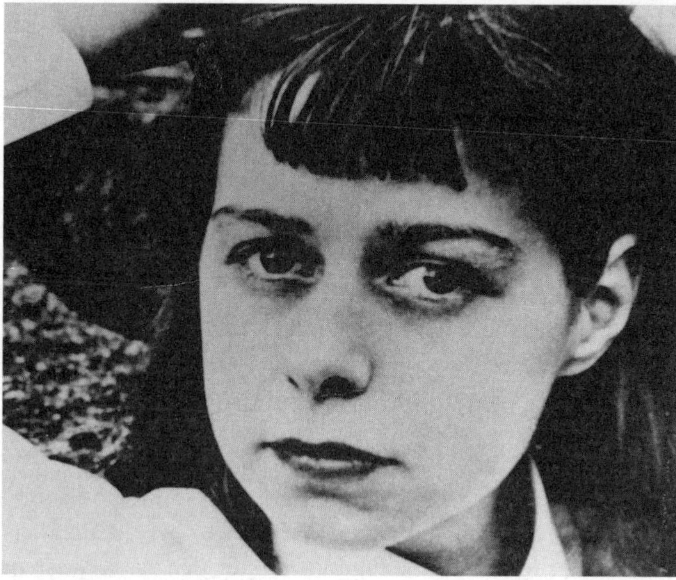

George hängte sich ans Telefon, um für sie alle Zeitschriftenaufträge an Land zu ziehen. Auden improvisierte für sich einen Zeitplan, der eine frühmorgendliche Arbeitssitzung in seinem Zimmer vorsah (ehe die Handwerker anrückten) und eine zweite Sitzung ab 10.30 Uhr am Ecktisch einer nahe gelegenen Cafeteria. Dem Begleitbrief, mit dem er Harrow Brown, einem beim *New Yorker* beschäftigten Dichterkollegen und Bewunderer, ein Gedicht schickte, fügte er die Bemerkung an: »Lieber Harry BITTE verkauf das dem New Yorker, denn ich bin SEHR SEHR arm... ICH HABE IMMER NOCH KEIN WARMES WASSER ICH HABE IMMER NOCH KEIN WARMES WASSER. Ich werde noch verrückt.«

Für George und Carson war es faszinierend zu beobachten, wie dieser intelligente, wißbegierige, kritische Dichter, dessen gebündelte Energie sich so sehr von der ihren unterschied, Ordnung in ihr häusliches Leben brachte. Für Auden gab es nichts Schöneres, als das Leben seiner Mitmenschen zu organisieren, und man konnte sich immer darauf verlassen, daß er, wie MacNeice es ausdrückte, »die Ärmel hochkrempelte und loslegte«. Ende des Monats zeichneten sich erste Erfolge ab. Dank der Beziehungen von George erhielten sowohl Carson als auch Auden Aufträge für Arbeiten, die in *Harper's Bazaar* und *Vogue* erscheinen sollten, und seine Freundin Louise Dahl-Wolfe erbot sich, Carson im Central Park zu fotografieren, wo sie zwei Jahre zuvor Aufnahmen von Auden und Isherwood gemacht hatte. Auden konnte in den nächsten Wochen sein Einkommen durch mehrere Essays und Buchbesprechungen für *Common Sense*, *The Nation* und andere Zeitschriften aufbessern, während George, der noch nicht dazu gekommen war, seinen Roman anzufangen, erwog, statt dessen einige Profile für den *New Yorker* zu schreiben. Bis die Schecks eintrafen, würden sie sich mit dem behelfen müssen, was sie noch an Geld hatten. Immerhin aber kamen jetzt Auden und Carson in den Genuß geregelter Arbeitszeiten, und George brachte mit Victors Hilfe hin und wieder ein unkompliziertes Essen zustande.

Oft mußte eine Mahlzeit für vier oder fünf Personen so gestreckt werden, daß sie für sechs, sieben oder mehr reichte, immer dann nämlich, wenn abends Freunde vorbeikamen – Reeves McCullers, Chester Kallman, Frankie Abbe, Fran und Tania Stern, Lincoln Kirstein, Klaus Mann, der aus Kalifornien zurück war, hin und wieder Annemarie Clara-Schwarzenbach und ein- oder zweimal sogar Carsons Freund von *Bread Loaf*, der Ur-Brooklyner Louis Untermeyer. Diese Gelage gestalteten sich, auch wenn sie unter primitiven Umständen stattfanden – mit einer unzureichend ausgestatteten Küche und Amateurköchen – durchaus anregend, wobei Audens Hausgenossen entdeckten, daß der Dichter nicht so konventionell war, wie er sich gern gab. Während er das Essen verschlang und kräftig billigen Chianti schluckte (»Ich habe bekanntlich einen Pferdemagen«, gab er zu), lieferte er ein Bonmot nach dem anderen, so daß seine Zuhörer kaum nachkamen. Er unterrichte nicht besonders gern am College, sagte er dann wohl, weil er der Meinung sei, daß junge Leute in diesem Alter sich eigentlich selbst unterrichten müßten. Oder er begann das Tischgespräch mit dem Satz: »Zweierlei mag ich nicht sehen: Frauen, die harte Schnäpse trinken, und Frauen, die ohne Partner an der Bar stehen.« Wenn ihm als Einstieg ins Gespräch etwas einfiel, was noch provokanter oder haarsträubender war, hielt er auch damit nicht hinter dem Berg. Und wenn er eine Replik von George oder Reeves oder Louis Untermeyer zu zahm fand, bedachte Auden den Betreffenden, wie der Dichter Joseph Brodsky später sagte, mit einem Blick »wie ein Arzt, der sich für deine Geschichte interessiert, obgleich er weiß, daß du krank bist«. Danach konnte er auf einen lebhaften Diskurs über Rilke umschwenken, auf ein Gesellschaftsspiel wie Fegefeuer, in dem zwei Menschen genannt werden mußten, die dort besonders ungern für alle Ewigkeit zusammensitzen würden, wie etwa Tolstoi und Oscar Wilde, oder auf den Vortrag eigener oder fremder Gedichte.

Fasziniert hörte sich Carson Wystans Erklärung an, Detektivgeschichten seien praktisch die einzigen Romane, die er gern zur Hand nähme. Die meisten anderen Romane, besonders amerikanische, seien eher uninteressant. Steinbecks Bücher mochte er nicht, weil seiner Meinung nach der Roman mit »Sprachlosen und Gescheiterten« nicht umgehen konnte. Außerdem war ihm die grenzenlose Einsamkeit der amerikanischen Literatur aufgefallen. Emerson, Hawthorne, Melville, James – die amerikanische Literatur sei eine »bemerkenswerte Literatur einsamer Menschen«. Das sei nicht unbedingt als Kritik gemeint. Es sei das Schicksal aller westlichen Nationen, daß ihnen im Zuge der Weiterentwicklung des Maschinenzeitalters ihre Traditionen, ihre Bindungen, ihre Loyalitäten abhanden kamen. Amerika sei der restlichen Welt nur insofern voraus, daß es mit seiner Literatur ein Schlaglicht auf die Einsamkeit des Menschen, auf seinen wahren Zustand gerichtet habe.

Generell aber spielte es kaum eine Rolle, ob man mit Auden einer Meinung war oder nicht. So oder so war man, wie MacNeice schrieb, »nach einem Zusammensein mit ihm immer bereichert; hier war endlich einmal ein Mensch, dem Ideen zutraulich entgegenkamen und ihm aus der Hand aßen, ein Mensch, der sich immer für die Welt interessieren und immer etwas zu sagen haben würde«. Carson empfand sein fehlendes Interesse am Roman durchaus nicht als kränkend, sondern nahm seine Bemerkungen über die amerikanische Literatur begierig auf und dachte viel darüber nach, sowohl beim gemeinsamen Essen als auch später in ihrem Zimmer. Inzwischen hatte sie den Versuch aufgegeben, über den Emigranten und seine Freundschaft mit einem Schwarzen aus dem Süden zu schreiben, und kam wieder auf *The Bride and Her Brother* (deutsch: *Frankie*) zurück, den Roman über eine Heranwachsende, mit dem sie schon fast ein Jahr kämpfte. Die zwölfjährige jungenhafte Protagonistin, die Carson Frankie genannt hatte (wohl ein Tribut an ihre neue Freundin Frankie Abbe) konnte als eben jener Typ der Sprachlosen gelten, der sich, wollte man Auden glauben, in der erzählenden Prosa nicht darstellen ließ. Ziellos und ungefestigt träumt Frankie von fernen Orten und sehnt sich in ihrer Heimat im

Süden nach Schnee. Sie ist in vielerlei Hinsicht die Verkörperung jener Einsamkeit, die Auden meinte, wenn er von Emerson und Hawthorne sprach, und auf das Wesen dieser unbestimmten Sehnsucht wollte sie sich in diesem Roman noch stärker konzentrieren als in ihrem vorhergehenden.

Obwohl Auden dazu neigte, das Gespräch zu beherrschen, kamen auch andere zu ihrem Recht. Carson, eine unübertreffliche Geschichtenerzählerin, begeisterte ihre Hausgenossen mit Schilderungen des Lebens in Georgia. So zählte sie etwa – in ihrem mit jedem Glas Wein stärker werdenden schleppenden Südstaatentonfall – die Spitznamen auf, mit denen die Menschen aus dem Süden ihre Angehörigen bedachten – *Brother Man*, *Little Bob*, Schwester, *Baby-child*, *Honeybunch* und *King the Beauty*, ihr Lieblingsname, den sie immer noch für ihren inzwischen erwachsenen Cousin benutzte. Sie konnte die absteigenden gesellschaftlichen Kategorien des Südens benennen, von »einfach« bis »gewöhnlich« zu »gewöhnlich wie Schweinefährten« oder von den heißen Sommernächten erzählen, die sie mit ihren fünf Cousinen auf den geräumigen Schlafveranden in der Heimat verbracht hatte, und von der Eiscreme, die sie jeden Sonntag selbst machten und verspeisten. Besonders gefielen ihren neuen Freunden die Redewendungen aus dem Süden, an die sie sich aus ihrer Kindheit erinnerte, etwa die Bemerkung ihres Vaters: »Hätte ich diese Coca-Cola-Aktien nicht verkauft, könnte ich jetzt dasitzen und mir pausenlos auf die Schulter klopfen.«

Als es auf den November zuging, wurden diese intimen Essen in der Middagh Street 7 zu einem fast jeden Abend stattfindenden »Fest des Schmausens und Schwatzens« und damit zu jenem ausgleichenden Element intellektueller Herausforderung, das sich Auden erhofft hatte.

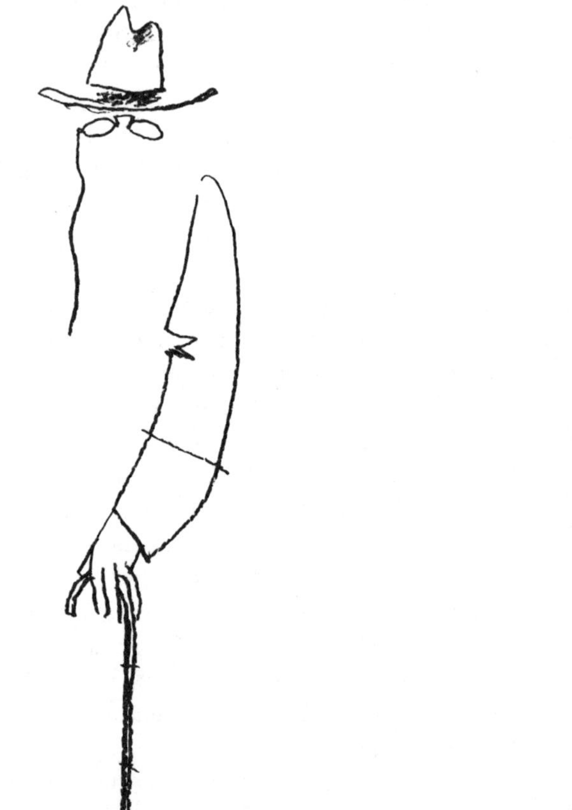

Alexander Borowskii

Lev L. Rabeneck

Čechovs letzte Minuten

Anton Pavlovič Čechov verschied bekanntlich am 2. Juli 1904, in Badenweiler, einem kleinen Sommerkurort des Schwarzwaldes, in Süddeutschland. Dorthin gelangte ich mit meinem Bruder – völlig zufällig und unverhofft. Zu jener Zeit waren wir beide Studenten der Moskauer Universität. Nachdem wir Ende Mai unsere Examina abgelegt hatten und glücklich ins nächste Studienjahr versetzt worden waren, begaben wir uns auf Betreiben unserer Mutter, der es sehr um unsere Allgemeinbildung zu tun war, in die Schweiz auf die Universität von Neuchâtel, um dort während des Sommersemesters Vorlesungen über französische Literatur zu hören. Doch als wir in Berlin ankamen, erkrankte mein Bruder, und der herbeigerufene deutsche Arzt stellte eine heftige allgemeine Erschöpfung bei ihm fest und riet ihm, wie auch mir, unsere sommerliche Studienreise in die Schweiz nicht fortzusetzen, sondern die Ferien zu nutzen und uns in der Schweiz zu erholen und Kräfte zu sammeln für die bevorstehende Wintersaison in Moskau. Der Arzt riet uns, uns nach Badenweiler zu begeben, in den Schwarzwald, in die Obhut eben jenes Dr. Schwoerer, in dessen Behandlung sich damals auch Čechov befand. In Badenweiler angekommen, stiegen wir zufällig im Hotel ›Sommer‹ ab, in dem damals die Čechovs wohnten.

Bei der Abreise aus Moskau wußten wir, wie viele andere auch, daß Anton Pavlovič und Olga Leonardovna ins Ausland gereist waren, aber wohin – wußten wir nicht und waren deshalb, als wir am Morgen nach unserer Ankunft im Speisesaal Olga Leonardovna begegneten (Anton Pavlovič kam zum morgendlichen Kaffee nicht herunter), angenehm überrascht, als wir erfuhren, daß sich die Čechovs hier befänden und im selben Hotel wohnten wie wir. Nachdem wir mit Olga Leonardovna gesprochen und ihr die letzten Moskauer Neuigkeiten mitgeteilt hatten, ließ sie uns allein, nicht ohne uns eingeladen zu haben, Anton Pavlovič zu besuchen, der sich im Ausland sehr nach Rußland und russischen Menschen sehnte.

Dazu muß ich sagen, daß wir Olga Leonardovna, wie auch die gesamte Familie Knipper, aus Moskau sehr gut kannten, und daß wir dem Künstlertheater ziemlich nahestanden, dank unserer großen Freundschaft zur Familie Alekseev, zu der auch Konstantin Sergeevic Alekseev gehörte – auf der Bühne Stanislavskij. Ich erinnere mich, wie wir im Sommer oft nach Ljubimovka ritten, auf die nahe Moskau gelegene Besitzung der Alekseevs, wie wir dort manchmal wochenlang die Zeit mit den gleichaltrigen Neffen Stanislavskijs verbrachten, wie wir dort Anton Pavlovič begegnet sind, der den Sommer des Jahres 1902 im alten Herrenhaus der Alekseevs wohnte, und ihn oft sahen, wie er im Hut, ein Stöckchen in der Hand und mit dem unvermeidlichen Pincenez auf der Nase in das nahegelegene Birkenwäldchen ging.

Višnevskij, Schauspieler am Moskauer Künstlertheater, hielt uns, die Jugend, immer wieder zurück. »Ihr belästigt Anton Pavlovič, er ist weggegangen, um sich das neue Stück für unser Theater auszudenken!« Dieses Stück war sein letztes – *Der Kirschgarten*, uraufgeführt mit so riesigem Erfolg im

Januar des Jahres 1904. Nach Beendigung der Vorstellung hatte das Theater Čechov geehrt, und im Frühjahr, nach Schließung des Theaters zur Sommerpause, waren Anton Pavlovič und Frau ins Ausland nach Badenweiler gefahren, »zur Behandlung«, von der es ihm nicht mehr beschieden war, lebend in die Heimat zurückzukehren.

Wenn ich heute an diese ferne Vergangenheit zurückdenke, stehen mir klar das kleine, freundliche Badenweiler vor Augen, an den sanften Hügeln des Schwarzwalds gelegen, und das Hotel ›Sommer‹, das mit seiner Fassade auf den schönen Badenweiler Park hinausgeht. Ich erinnere mich, der Sommer 1904 war sonnig und sehr heiß, in allem verspürte man Zufriedenheit, Ruhe und Freude.

Anton Pavlovič, der nicht lange vor uns nach Badenweiler gekommen war, hatte sich äußerlich, dem Scheine nach, sehr gut erholt und versicherte, wie mir später in Moskau Višnevskij sagte, dem Čechov aus Badenweiler in den Kaukasus schrieb – »daß die Gesundheit pudweise in ihn zurückkehre«. Doch diese Genesung war nur eine scheinbare, in Wirklichkeit nahm der Prozeß der Krankheit seinen Verlauf. Als ich am Tag nach meiner Ankunft Anton Pavlovič besuchen ging, erschütterte mich der Unterschied zwischen dieser scheinbaren Genesung und der Erschöpfung seiner ganzen Gestalt. Obgleich seine Gesichtsfarbe sehr gut, stark sonnenverbrannt war. Während ich bei ihm saß und mit ihm sprach, hustete er oft sehr und spie den Auswurf in einen kleinen dunkelblauen, dicht verschlossenen Spucknapf, den er in seiner Jackettasche bei sich trug. Diese vernünftige Vorsichtsmaßnahme, die Anton Pavlovič im Umgang mit anderen getroffen hatte, diente unter anderem dazu, daß die Direktion des ersten Hotels, in dem die Čechovs abgestiegen waren, es für nötig befunden hatte, ihnen die Gastfreundschaft zu versagen in der Annahme, die Anwesenheit eines so schwer Kranken könne viele der anderen Gäste vertreiben.

Nach dem Umzug ins Hotel Sommer nahmen die Čechovs ein Zimmer, das auf die ziemlich laute und unruhige Badenweiler Hauptstraße hinausging. Anton Pavlovič war darin sehr nervös und wollte unbedingt aus ihm umziehen. Doch die Saison war in vollem Gange, und man mußte warten, bis ein bequemeres und ruhigeres Zimmer frei wurde. Schließlich ergab sich die Gelegenheit – frei wurde ein großes, wunderbares Zimmer mit Balkon und Blick auf den schattigen Badenweiler Park. In dieses waren die Čechovs umgezogen.

Ich erinnere mich an Anton Pavlovičs Freude, als ich in dieses neue Zimmer zu ihm kam. Er beruhigte sich sofort und heiterte auf. Schon nach Čechovs Tod, als ich mit Olga Leonardovna an das jüngst Vergangene zurückdachte, sagte sie zu mir: »Erinnern Sie sich, wie nervös er war, so als habe es der Mensch vor seinem Tode eilig, den letzten Hafen für sich zu finden ...«

Ich ging beinahe täglich zu Anton Pavlovič, brachte ihm die russischen Zeitungen, las ihm oft daraus vor. Schrecklich interessierten ihn alle Ereignisse im Fernen Osten. Der Krieg mit Japan erregte ihn, und unsere Mißerfolge an der Front bekümmerten ihn zutiefst und schmerzten ihn in der Seele. Es schien damals, – als kündige nichts die baldige Peripetie an: Er machte Zukunftspläne, beschloß, auf die Krim zurückzukehren, zu sich nach Jalta, mit dem Schiff ab Neapel. Er bat Olga Leonardovna sogar, in die nächstgelegene Stadt Freiburg zu fahren und für ihn zwei Flanellanzüge zu bestellen – einen weißen mit dunkelblauem Streifen, und einen dunkelblauen mit weißem Streifen. Olga Leonardovna beschloß, nach Freiburg zu fahren, und schlug mir vor, sie zu begleiten.

So machten wir uns eines schönen Morgens auf den Weg, nahmen Anton Pavlovičs alten Anzug für den Schneider zum Maßnehmen mit. Als wir in Freiburg die beiden Anzüge bestellt hatten, beschlossen wir, den wunderbaren Tag zu nutzen und diese alte deutsche Stadt und ihre Umgebung zu besichtigen. Nach Hause zurückgekehrt, trafen wir Anton Pavlovič gegen sechs Uhr abends friedlich in Gesellschaft meines Bruders im Garten unseres Hotels spazierend. Im Garten saß eine große Gesellschaft von Deutschen, sehr lauten, verschwitzten, die Unmengen Bier tranken. Anton Pavlovič, der uns heiter und freudig zurückkehren sah, kam auf uns zu und sagte, mich über das Pincenez hinweg ansehend: »Sie haben wohl den ganzen Tag meiner Frau den Hof gemacht«, womit er mich in große Verwirrung stürzte. Dann, ohne meine Antwort abzuwarten, wandte er sich an Olga Leonardovna: – »Und mir, Herzchen, kam es die ganze Zeit so vor, als würden mich diese Deutschen zu Tode prügeln.«

An diesem Abend wäre es niemandem in den Sinn gekommen, daß Anton Pavlovič einige Tage später im Sarg liegen würde und man ihn auf den weiten und letzten Weg nach Moskau bringen würde. Nach dem Tode Anton Pavlovičs, als ich mit Dr. Schwoerer über ihn sprach, sagte letzterer zu mir, Čechov sei sehr schwer krank gewesen, und er habe sich gewundert über den Leichtsinn der Ärzte, die ihm in diesem schwerkranken Zustand geraten hätten, Rußland zu verlassen und sich auf eine so weite und ermüdende Reise zu begeben.

Einige Worte über diesen deutschen Arzt, in dessen Armen Anton Pavlovič gestorben ist. Dr. Schwoerer war ein vergleichsweise junger, schöner und im Umgang angenehmer Arzt. Sein Gesicht zeigte, daß er in seinen Studienjahren zu einer studentischen Verbindung gehört hatte: die Spuren eines jener studentischen Duelle standen ihm auf der Wange. Da er auch meinen Bruder behandelte, hatte ich die Möglichkeit, mich davon zu überzeugen, daß er ein seriöser und kenntnisreicher Arzt sei. Bemerkenswert ist, daß er mit einer Russin verheiratet war, mit unserer Moskauerin Elizaveta Vasiljevna Živago. Doch noch erstaunlicher war, daß ein guter Freund, ein anderer deutscher Arzt, der in einem anderen, nicht weit von Badenweiler gelegenen Kurort praktizierte, Dr. Determan, später Professor, ebenfalls mit einer Russsin verheiratet war, nämlich mit der Schwester von Elizaveta Vasiljevna Živago. Diese beiden deutschen Ärzte kamen, dank ihren russischen Frauen, oft nach Moskau, liebten alles, was russisch war, vor allem, wenn sie im Winter in Rußland waren, die Bärenjagd. An Dr. Schwoerer und Prof. Determan, den ich erst später kennenlernte, bewahre ich die besten Erinnerungen.

Juli 1904, Überführung des Sarges nach Moskau und letztes Geleit.

In der Nacht auf den 2. Juli lagen mein Bruder und ich im tiefsten Schlaf, da wir erst am späten Abend von einer großen Bergtour zurückgekehrt waren. Im Schlaf hörte ich plötzlich ein heftiges Klopfen an die Tür und Olga Leonardovnas Stimme, die nach mir rief. Vom Bett aufgesprungen und an die Tür gelaufen, sah ich ihr erregtes Gesicht. Sie war im Morgenrock. »Ich bitte Sie sehr, mein Lieber, sich so schnell wie möglich anzuziehen und den Arzt zu holen – Anton geht es schlecht.«

Ich zog mich auf die Schnelle an und lief zum Arzt, der zehn Minuten Fußwegs zum Hotel wohnte. Die Nacht war warm, milde, im Haus des Arztes schliefen alle bei offenem Fenster. Der Arzt, der das Klingeln an der Gartenpforte gehört hatte, fragte: – »Wer ist da?« Ich rief ihm zu, ich käme im Auftrag von »Frau Čechov«, ihrem Mann gehe es schlecht. Der Arzt machte sofort Licht in seinem Zimmer, trat ans Fenster und sagte zu mir, er sei in wenigen Minuten im Hotel, und bat mich, auf dem Rückweg ins Hotel in der Apotheke ein Gefäß mit Sauerstoff mitzunehmen. Ich lief vom Arzt zum Apotheker, weckte auch ihn und erhielt von ihm den verlangten Sauerstoff. Als ich ins Hotel zurückkehrte, war der Arzt bereits bei Anton Pavlovič im Zimmer. Anton Pavlovič saß auf dem Bett; er atmete schwer, unter Mühen. Der Arzt gab ihm Sauerstoff. Einige Minuten später flüsterte mir der Arzt zu, ich sollte nach unten zum Portier gehen und eine Flasche Champagner und ein Glas heraufbringen. Ich verschwand wieder und kehrte einige Zeit später mit der Flasche Champagner zurück. Der Arzt schenkte das Glas fast voll und gab es Anton Pavlovič zu trinken. Anton Pavlovič nahm freudig das Glas Champagner, lächelte sein liebes Lächeln und sagte: »Ich habe so lange keinen Champagner mehr getrunken«, und leerte wacker das Glas. Der Arzt nahm das leere Glas entgegen, gab es mir, ich stellte es auf den Tisch, neben die Flasche.

In eben diesem Augenblick, als ich, Anton Pavlovič den Rücken zugekehrt, das Glas auf den Tisch stellte, war ein seltsamer Laut zu hören, der sich seiner Kehle entrang, ähnlich einem Wasserhahn, in den Luft geraten ist, etwas brodelte. Als ich mich umdrehte, sah ich, daß Anton Pavlovič, von Olga Leonardovna gestützt, sich zur Seite neigte und still auf seine Kissen sank. Mir schien, er wolle sich hinlegen nach dem schweren Asthmaanfall.

Im Zimmer war es still, niemand sprach, und das abgedunkelte Licht verlieh der Umgebung einen unheimlichen Eindruck. Der Arzt wich nicht von Anton Pavlovičs Seite und hielt schweigend dessen Hand. Mir kam nicht in den Sinn, daß er die ganze Zeit den Puls verfolgte. Es vergingen einige Minuten in völligem Schweigen, und mir schien (ich war dem Gedanken an den möglichen Tod Čechovs so fern), als habe sich jetzt, Gott sei Dank, alles beruhigt und als gehörten die durchlebten Aufregungen der Vergangenheit an.

In diesem Moment ließ der Arzt Anton Pavlovičs Hand sinken, trat beiseite, näherte sich mir (ich stand am Fußende des Bettes), führte mich in die Tiefe des Zimmers und sagte halblaut zu mir: »Es ist zu Ende. Herr Čechov ist gestorben, seien Sie so gut, sagen Sie es Frau Čechova...«

Ich war bestürzt und konnte nur stammeln: »Ist das wirklich so, Herr Doktor?...«

»Leider ja«, antwortete er, selber sichtlich die Erregung niederringend und zutiefst leidend unter dem Geschehenen.

Unser ganzes Gespräch wurde im Flüsterton geführt. Olga Leonardovna schenkte uns keine Beachtung und lag weiter quer über dem Bett, noch immer Anton Pavlovič stützend, ohne zu vermuten, daß alles zu Ende war. Ich trat still auf sie zu, berühte sie an der Schulter und machte ihr ein Zeichen, sich zu erheben. Sie zog vorsichtig die Hände unter Anton Pavlovičs Rücken hervor, erhob sich und kam auf mich zu. Ich sagte, mühsam meine Erregung niederringend, halb flüsternd zu ihr: »Olga Leonardovna, meine Liebe, der Doktor hat gesagt, Anton Pavlovič sei gestorben.«

Die arme Olga Leonardovna war im ersten Augenblick wie versteinert, so schrecklich und unverhofft wirkte der Schlag, dann, in einer Art Außer-sich-Seins, stürzte sie auf den Arzt zu, packte ihn am Jackettkragen, fing an ihn zu schütteln, mit ganzer Kraft, und wiederholte unter Tränen auf deutsch: »Doktor, das ist nicht wahr, Doktor, sagen Sie, daß das nicht wahr ist!...«

Mit großer Mühe gelang es dem Arzt und mir, sie allmählich zu beruhigen und zur Besinnung zu bringen. Der Arzt blieb noch eine Zeitlang im Zimmer, dann, als er ging und erkannte, wie schwer Olga Leonardovna am Tod ihres Mannes trug, bat er mich, alle scharfen Gegenstände vom Tisch zu räumen, wie Messer und andere, und sie nicht allein zu lassen, sondern bis zum Morgen bei ihr zu bleiben. Früh am Morgen versprach er, mit seiner Frau zurückzukommen und Olga Leonardovna zu sich nach Hause zu bringen, bis der Verstorbene gewaschen und angekleidet sei.

Ich muß sagen, daß der Tod Anton Pavlovičs einen tiefen Eindruck auf mich gemacht hatte. Ich war damals sehr jung, und in diesem Alter beeindrucken einen solche Ereignisse sehr stark, – für das ganze Leben. Viel stärker als später im Leben. Es war der erste Tod, dem ich beiwohnte und den ich sehr durchlitt und beweinte. Man hätte den auf der Seite liegenden Körper Anton Pavlovičs auf den Rücken drehen müssen. Ich tat dies nicht, und es kostete den Arzt und mich am Morgen große Anstrengungen, den in der falschen Stellung erstarrten Körper geradezurichten Dies gelang uns nicht ganz, so daß der Kopf des Vertorbenen leicht zur Seite geneigt blieb. Später, im Lauf des Tages, machten mein Bruder und ich fotografische Aufnahmen des Verstorbenen, wie er in seinem Zimmer auf dem Bett lag, und diese erschienen dann auf den Seiten aller russischen Zeitungen, ich erinnere mich, daß der leicht zur Seite geneigte Kopf des Verstorbenen bei vielen Befremden hervorrief.

Nachdem der Arzt gegangen war, überredete ich Olga Leonardovna, auf den Balkon hinauszugehen und uns dort zu setzen. Ich trug zwei Sessel aus dem Zimmer. Wir setzten uns. Die Nacht war warm, angenehm. Das Morgengrauen hatte bereits eingesetzt, die Vögel im Park begannen einander zu rufen. Ein wunderbarer Sonnenaufgang begann, dann der frühe Morgen. Wir saßen schweigend, erschüttert vom Ge-

Čechovs Grab, auf dem Friedhof des Jungfernklosters in Moskau.

schehenen, nur dann und wann warfen wir einander unsere Erinnerungen an die letzten Tage Anton Pavlovičs zu. Olga Leonardovna bemerkte plötzlich: »Sie wissen ja, Lëvuška, wir haben für Anton keine Anzüge, sondern Totenkittel bestellt.«

Am frühen Morgen kamen der Arzt und seine Frau, um Olga Leonardovna zu sich nach Hause zu holen. Nur mit Mühe war sie zu bewegen, das Zimmer des Verstorbenen zu verlassen. Ich versprach ihr, mich um alles zu kümmern und sie holen zu kommen, wenn alles beendet sei.

Etwa gegen fünf Uhr abends ging ich zum Arzt, um Olga Leonardovna abzuholen, und wir gingen gemeinsam ins Hotel. Wir betraten das Zimmer des Verstorbenen. Das abendliche Sonnenlicht drang durch die an den Fenstern und der Balkontür herabgelassenen Jalousien kaum herein. Der Verstorbene lag auf dem Bett, schon von Blumen umgeben, mit über der Brust gekreuzten Armen und dem Ausdruck völliger Ruhe im Gesicht. Ich ließ Olga Leonardovna allein, um von Anton Pavlovič Abschied zu nehmen. Spätabends kam sie aus dem Zimmer, ganz erleuchtet und beruhigt. Ich begleitete sie wieder zu dem Arzt, bei dem sie für diese Nacht bleiben sollte.

Den ganzen Tag des 2. Juli hatte ich mit Laufereien und Scherereien zugebracht. Auf Bitte von Olga Leonardovna schickte ich eine ganze Reihe von Telegrammen über den Tod Anton Pavlovičs. In der Nacht auf den 3. Juli mußte der Körper Anton Pavlovičs aus dem Hotel in die dortige kleine Kapelle gebracht werden, wobei dies spät nachts geschehen mußte, wenn alle im Hotel bereits schliefen. Der Nachtportier kam, um mich und meinen Bruder zu benachrichtigen, daß die Träger gekommen seien. Wir gingen in das Zimmer Anton Pavlovičs. In unserem Beisein brachten diese Leute, statt einer gewöhnlicher Bahre, einen großen, langen Wäschekorb herein. Ich erinnere mich, wie meinen Bruder und mich diese Art der Überführung zutiefst kränkte. Wir mußten wortlos mit ansehen, wie die sterblichen Überreste unseres russischen Lieblingsschriftstellers in einem Wäschekorb davongetragen wurden. Die Träger hoben den Körper vorsichtig an und begannen, ihn in den Wäschekorb zu legen, doch zu ihrer Verwunderung erwies sich die Länge des Korbs als unzureichend, um den Körper völlig in die Horizontale zu legen, weshalb man ihn in halbliegender Stellung befördern mußte.

Während ich die Träger beobachtete, wie sie den Körper des Verstorbenen zu betten versuchten, schien mir einen Augenblick lang, als sähe ich auf Anton Pavlovičs Gesicht ein kaum spürbares spöttisches Lächeln, und mir war, als lächle er darüber, daß das Schicksal ihn auch dieses Mal nicht vom Humor trennen konnte, da es die Überführung seines Körpers nicht auf die gewohnte Weise geschehen ließ, sondern in einem Wäschekorb. Wir trugen den Korb mit dem Körper Anton Pavlovičs auf die Straße hinaus. Die Nacht war dunkel. Die Träger bewegten sich über die Straße in Richtung der Kapelle. Den Weg erhellten zwei zu beiden Seiten gehende Fackelträger. In der Kapelle angekommen, legten mein Bruder und ich den Körper Anton Pavlovičs an die für Verstorbene vorgesehenen Stelle, umlegten ihn mit Blumen, nahmen betend Abschied von ihm und gingen nach Hause.

Soweit ich mich erinnere, erzählte mir Olga Leonardovna später, bereits in Moskau, daß das Schicksal noch zu einem letzten Mal mit Čechovs Lachen gespottet hätte, als nämlich bei der Überführung des Sargs auf dem Grenzbahnhof, aus dem deutschen in den russischen, auf diesem Waggon die Aufschrift prangte: »Für Austern«.

J. M. Coetzee
The Making of William Faulkner

Tullio Pericoli

Und jetzt erkenne ich zum erstenmal«, schrieb William Faulkner, als Mittfünfziger auf sein bisheriges Schaffen zurückblickend, an eine Freundin, »was für eine erstaunliche Begabung ich hatte: ohne Bildung in jedem üblichen Sinn, sogar ohne sehr belesene Gefährten, ganz zu schweigen von literarischen, und doch die Sachen geschrieben zu haben, die ich schrieb. Ich weiß nicht, woher es kam. Ich weiß nicht, warum Gott oder die Götter oder wer immer es war, mich als Gefäß ausersehen hat.«

Das ungläubige Staunen, das Faulkner zu spüren behauptet, ist etwas unaufrichtig. Für den Schriftstellertyp, der er sein wollte, hatte er ausreichend Bildung, war er sogar ausreichend belesen. Und was den gesellschaftlichen Umgang betrifft, so sollte er mehr von geschwätzigen Alten mit knotigen Händen und einem langen Gedächtnis profitieren als von saft- und kraftlosen Literaten. Trotzdem ist ein gewisses Maß an Erstaunen berechtigt. Wer hätte vermutet, daß ein intellektuell nicht besonders auffälliger Junge aus einer kleinen Stadt im Staat Mississippi nicht nur ein berühmter Schriftsteller werden würde, den man daheim und im Ausland feierte, sondern auch der *Typ* von Schriftsteller, der er tatsächlich wurde: der radikalste Erneuerer in der Geschichte der amerikanischen Prosaliteratur, ein Schriftsteller, bei dem die Avantgarde Europas und Lateinamerikas in die Schule gehen würde?

An herkömmlicher Schulbildung hatte Faulkner gewiß nur ein Minimum. Er ging schon in der Mittelstufe von der Schule ab (seine Eltern schienen kein Aufhebens davon gemacht zu haben), und obwohl er kurz die Universität von Mississippi besuchte, geschah das nur auf Grund eines Sondererlasses für heimgekehrte Soldaten (über Faulkners Kriegsdienst später mehr). Seine universitären Leistungen waren mittelmäßig: ein Semester Englisch (Note: Ausreichend), zwei Semester Französisch und Spanisch. Keine Geschichtskurse für diesen Erforscher der geistigen Verfassung des Südens nach dem Bürgerkrieg; keine philosophischen oder psychologischen Studien für den Romancier, der Bergsons Zeitbegriff mit der Syntax der Erinnerung verwob.

Statt einer weitergehenden Schulbildung gönnte sich der ziemlich verträumte Billy Faulkner eine eingeschränkte, aber intensive Lektüre der englischen *fin-de-siècle*-Lyrik, vor allem Swinburne und Housman, und der drei Romanciers, die fiktionale Welten geschaffen hatten, die lebendig und schlüssig genug waren, um die reale Welt zu ersetzen: Balzac, Dickens und Conrad. Wenn man dann noch eine

Vertrautheit mit der Sprachmelodie des Alten Testaments, Shakespeares und *Moby Dicks* hinzufügt, und ein paar Jahre später ein schnelles Studium dessen, was seine älteren Zeitgenossen T.S. Eliot und James Joyce im Schilde führten, war er damit vollständig ausgerüstet. Und im Hinblick auf den Stoff war das, was er um sich herum in Oxford, Mississippi, hörte, wie sich herausstellte, mehr als genug: das Epos des Südens, erzählt und unaufhörlich nacherzählt, eine Geschichte von Grausamkeit und Ungerechtigkeit, von Hoffnung und Enttäuschung, von Schikanierung und Widerstand.

Billy Faulkner war kaum von der Schule abgegangen, als der Erste Weltkrieg ausbrach. Die Idee, Pilot zu werden und Angriffe gegen die Hunnen zu fliegen, hatte ihn gepackt, weshalb er sich 1918 um Aufnahme in die Royal Air Force bewarb. Die RAF, die dringend neue Soldaten brauchte, sandte ihn zur Ausbildung nach Kanada. Bevor er jedoch seinen ersten Alleinflug absolvieren konnte, war der Krieg zu Ende.

Er kehrte in der Uniform eines RAF-Offiziers nach Oxford zurück, befleißigte sich eines britischen Akzents und hinkte, was von einem Flugunfall herrührte, wie er behauptete. Freunden teilte er auch vertraulich mit, er habe eine Stahlplatte im Kopf.

Er hielt die Fliegerlegende jahrelang aufrecht; erst als er zur nationalen Persönlichkeit wurde und das Risiko einer Enthüllung zu groß wurde, begann er sie herunterzuspielen. Seinen Traum vom Fliegen gab er jedoch nicht auf. Sobald er das Geld erübrigen konnte, nahm er 1933 Flugunterricht, kaufte sich ein Flugzeug und betrieb für kurze Zeit einen fliegenden Zirkus: »WILLIAM FAULKNERS (Berühmter Autor) LUFTZIRKUS«, lautete die Werbung.

Faulkners Biographen haben in seine Kriegsgeschichten viel hineininterpretiert und sie behandelt, als wären sie mehr als bloße Erfindungen eines zu klein geratenen und wenig attraktiven jungen Mannes, der unbedingt bewundert werden wollte. Frederick R. Karl glaubt, daß »der Krieg Faulkner zu einem Geschichtenerzähler, einem Fabulierer machte, was möglicherweise die entscheidende Wendung seines Lebens war«. Die Leichtigkeit, mit der er die guten Leute von Oxford hinters Licht führte, sagt Karl, bewies Faulkner, daß eine Lüge, wenn sie kunstvoll ersonnen und überzeugend entwickelt wurde, die Wahrheit besiegen kann, und daß man daher seinen Lebensunterhalt mit Phantasieren verdienen könne.

Nach seiner Heimkehr führte Faulkner ein zielloses Leben. Er verfaßte Gedichte über »Zwitterfrauen« (womit er anscheinend schmalhüftige Frauen meinte) und sein unerfülltes Sehnen nach ihnen, Gedichte, die auch beim allerbesten Willen nicht vielversprechend genannt werden können; er fing an, nicht mit seinem Geburtsnamen »Falkner« zu unterschreiben, sondern mit »Faulkner«; und nach dem Vorbild der männlichen Falkners wurde er zum Trinker. Einige Jahre lang, bis er wegen ungenügender Leistung entlassen wurde, hatte er einen geruhsamen Posten als Postmeister einer kleinen Post, wo er die Öffnungszeiten mit Lesen und Schreiben verbrachte.

Es ist seltsam, daß einer, der so entschlossen seinen eigenen Neigungen folgte, anstatt seinen Koffer zu packen und den hellen Lichtern der Hauptstadt zuzustreben, sich entschloß, in seiner Geburtsstadt zu bleiben, wo man seine Ambitionen mit süffisanter Belustigung betrachtete. Jay Parini, sein jüngster Biograph, vermutet, daß es ihm schwerfiel, sich allzu weit von seiner Mutter zu entfernen, einer recht sensiblen Frau, die offenbar ein engeres Verhältnis zu ihrem ältesten Sohn hatte als zu einem langweiligen und rückgratlosen Ehemann.

Bei Streifzügen nach New Orleans schuf Faulkner sich einen bohemehaften Freundeskreis und machte die Bekanntschaft Sherwood Andersons, des Chronisten von Winesburg, Ohio, dessen Einfluß auf ihn er später kleinzureden versuchte. Er veröffentlichte erste kurze Artikel in der Presse von New Orleans; sogar mit Literaturtheorie beschäftigte er sich flüchtig. Williard Huntington Wright, ein Schüler Walter Paters, beeindruckte ihn ganz besonders. In Wrights *The Creative Will* (1916) las er, daß der wahre Künstler von Natur aus einsam ist, »ein allmächtiger Gott, der das Schicksal einer neuen Welt formt und gestaltet und sie zu einer unvermeidlichen Vollendung führt, wo sie allein existieren und sich entwikkeln kann und unabhängig ist« und ihren Schöpfer hochgestimmt sein läßt. Der Typ des Künstler-Demiurgen sei Honoré de Balzac, meint Wright, und dieser sei Émile Zola, einem bloßen Kopisten einer schon existierenden Realität, unbedingt vorzuziehen.

1925 unternahm Faulkner seine erste Auslandsreise. Er blieb zwei Monate in Paris, wo es ihm gefiel: Er kaufte sich eine Baskenmütze, ließ sich einen Bart wachsen und begann an einem Roman zu arbeiten – den er bald wieder aufgab –, einen Roman über einen kriegsversehrten Maler, der nach Paris geht, um sich künstlerisch weiterzuentwickeln. Er frequentierte das Lieblingscafé von James Joyce, wo er den großen Mann zu Gesicht bekam, sich ihm aber nicht näherte.

Alles in allem weist nichts an dem Bericht auf mehr als einen Möchtegern-Schriftsteller von ungewöhnlicher Beharrlichkeit, aber ohne große Begabung hin. Doch bald nach seiner Rückkehr in die Vereinigten Staaten sollte er sich hinsetzen und eine Skizze von 14 000 Wörtern schreiben, die vor Ideen und Charakteren überquoll – die Grundlage für seine großen Romane zwischen 1929 und 1942. Das Manuskript enthielt im Keim die fiktive Provinz Yoknapatawpha.

Als Junge war Faulkner unzertrennlich von einer etwas älteren Freundin gewesen, die Estelle Oldham hieß. Die beiden waren einander gewissermaßen versprochen. Als es soweit war, verheirateten die Eltern Oldham, denen der unbeholfene junge Mann nicht gefiel, Estelle an einen Rechtsanwalt, der mehr zu bieten hatte. Als Estelle in ihr Elternhaus zurückkehrte, war sie eine geschiedene Frau von zweiunddreißig Jahren mit zwei kleinen Kindern.

Faulkner hatte anscheinend seine Zweifel, ob es klug sei, die Beziehung anzustreben. »Es ist eine Situation, die ich geschaffen habe und deren Zuspitzung ich zugelassen habe, die inzwischen unerträglich geworden ist«, gestand er in einem Brief. Aber aus Ehrgefühl konnte er sich nicht zurückziehen. Die Heirat zwischen ihm und Estelle fand demzufolge statt.

Auch Estelle mußte ihre Zweifel gehabt haben. Während der Flitterwochen hat sie vielleicht versucht, ins Wasser zu gehen – vielleicht auch nicht. Die Ehe stellte sich als unglücklich heraus, schlimmer als unglücklich. »Sie paßten einfach überhaupt nicht zueinander«, erzählte ihre Tochter, Jill, Parini. »Bei ihrer Ehe stimmte gar nichts.« Estelle war eine intelligente Frau, aber sie war daran gewöhnt, mit Geld sehr freizügig umzugehen, und jeden ihrer Wünsche von Dienern erfüllt zu bekommen. Das Leben in einem verfallenen alten Haus mit einem Gatten, der seine Vormittage mit

Schreiben zubrachte und seine Nachmittage damit, verfaulte Bretter zu ersetzen und Wasserrohre zu verlegen, muß für sie ein Schock gewesen sein. Ein Kind wurde geboren, starb aber schon mit zwei Wochen. Jill kam 1933 zur Welt. Danach scheint es keine sexuellen Beziehungen mehr zwischen den Faulkners gegeben zu haben.

Gemeinsam und jeder für sich tranken William und Estelle exzessiv. Als sie die mittleren Jahre hinter sich hatte, riß sich Estelle zusammen und rührte keinen Tropfen mehr an; William schaffte das nie. Er hatte Affären mit jüngeren Frauen, die er aus Ungeschick oder Unachtsamkeit nicht geheimhielt; von Szenen rasender Eifersucht entwickelte sich die Ehe nach und nach zu einem »sporadischen häuslichen Guerillakrieg« – so drückt es Faulkners erster Biograph, Joseph Blotner, aus.

Dennoch bestand die Ehe dreiunddreißig Jahre lang, bis zu Faulkners Tod im Jahre 1962. Warum? Die banalste Erklärung dafür ist, daß Faulkner sich bis weit in die 1950er Jahre hinein eine Scheidung nicht leisten konnte – das heißt, er konnte es sich nicht leisten, zusätzlich zu den Horden von Faulkners oder Falkners, von den Oldhams ganz zu schweigen, die von seinem Einkommen abhängig waren, Estelle und die drei Kinder in dem Stil zu versorgen, den sie gefordert hätte, und sich gleichzeitig wieder einen anständigen Platz in der Gesellschaft zu sichern. Weniger leicht nachzuweisen ist Karls Behauptung, daß Faulkner Estelle im tiefsten Grund brauchte. »Estelle war nicht aus den tiefsten Schichten seiner Vorstellungskraft zu lösen«, schreibt Karl. »Ohne Estelle ... hätte er nicht weiterschreiben können.« Sie war seine »*Belle Dame Sans Merci*« – »jenes Ideal, das ein Mann aus der Ferne verehrt, das auch ... zerstörerisch ist«. Mit seiner Entscheidung, Estelle zu heiraten und sich in Oxford inmitten der Falkner-Sippschaft niederzulassen, nahm er eine ziemliche Herausforderung an: Patron und Ernährer und Pater familias »eines ganzen Stammes…, der wie ein Bussardschwarm über jedem Penny, den ich verdiene, schwebt« (so nannte er das bei sich) zu sein, während er gleichzeitig seinem schöpferischen Dämon diente. Trotz einer apollinischen Fähigkeit, sich in seine Arbeit zu versenken – Parini nennt ihn »ein Ungeheuer an Tüchtigkeit« –, erschöpfte ihn das Vorhaben. Um die Bussarde zu füttern, mußte das einsam leuchtende Genie der amerikanischen Literatur in den 1930er Jahren die Arbeit an seinen Romanen beiseite legen, das einzige, was ihm wichtig war, um zunächst am laufenden Band Stories für volkstümliche Zeitschriften zu produzieren und später Drehbücher für Hollywood zu schreiben.

Das Problem war nicht so sehr, daß Faulkner von der literarischen Welt nicht gewürdigt wurde, sondern vielmehr, daß es in der Wirtschaft der 1930er Jahre keinen Raum für den Beruf eines avantgardistischen Romanciers gab (heute wäre Faulkner *der* Kandidat für ein bedeutendes Stipendium). Faulkners Verleger, Herausgeber und Agenten handelten – mit einer elenden Ausnahme – ganz in seinem Interesse und taten das Bestmögliche für ihn, aber es war nicht genug. Erst nach dem Erscheinen von *The Portable Faulkner*, einer 1945 von Malcolm Cowley geschickt zusammengestellten Auswahl, wurde den amerikanischen Lesern bewußt, wen sie in ihrer Mitte hatten.

Die mit dem Schreiben von Erzählungen verbrachte Zeit war nicht ganz und gar vergeudet. Faulkner war ein außerordentlich zäher Bearbeiter seines eigenen Werks (in Hollywood beeindruckte er mit seinem Vermögen, miese Drehbücher von anderen Schriftstellern aufzupolieren). Material, das zuerst in *The Saturday Evening Post* oder *The Woman's Home Companion* erschienen war, tauchte zum zweiten Mal, neu konzipiert und bearbeitet, in *Die Unbesiegten* (1938), *Das Dorf* (1940) und *Go down, Moses* (1942) auf, in Büchern, die eine Brücke bilden zwischen gesammelten Erzählungen und einem richtigen Roman.

Das gleiche verborgene Potential kann seinen Drehbüchern nicht zugeschrieben werden. Als Faulkner 1932 in Hollywood ankam, getragen von einer vorübergehenden Berühmtheit, die er als Autor von *Die Freistatt* (1931) genoß, hatte er keine Ahnung von der Filmindustrie (privat verachtete er Filme genauso, wie er laute Musik verabscheute). Zündende Dialoge lagen ihm nicht. Außerdem geriet er bald in den Ruf, ein unzuverlässiger Säufer zu sein. Vom Höchststand von 1000 Dollar pro Woche war sein Gehalt bis 1942 auf 300 Dollar gesunken. Im Laufe einer dreizehnjährigen Karriere arbeitete er mit wohlgesonnenen Regisseuren wie Howard Hawks, pflegte freundschaftlichen Umgang mit berühmten Schauspielern wie Clark Gable und Humphrey Bogart, gewann eine attraktive und aufmerksame Geliebte für sich; doch nichts von dem, was er für das Kino schrieb, lohnte es, wiederausgegraben zu werden.

Und schlimmer noch: Seine Filmarbeit schadete seiner Prosa. Während der Kriegsjahre arbeitete Faulkner an einer Reihe von Drehbüchern von ermahnendem, erhebendem, patriotischem Charakter. Es wäre falsch, die ganze Schuld für die schwülstigen Phrasen, die seine späte Prosa verunstalten, auf diese Projekte zu schieben, doch er erkannte schließlich selbst den Schaden, den ihm Hollywood zugefügt hatte. »In letzter Zeit habe ich festgestellt, wieviel Schund und Plunder aus meinen Texten für das Kino in mein sonstiges Schreiben eingedrungen ist und es verdorben hat«, gestand er 1947.

An der Geschichte von Faulkners Kampf mit den Finanzen ist nichts Außergewöhnliches. Von Anfang an hielt er sich für einen *poète maudit*, und es ist das Los des *poète maudit*, mißachtet und unterbezahlt zu sein. Das einzige, was überrascht, ist, daß die Bürden, die er auf sich nahm – die verschwenderische Frau, die mittellosen Angehörigen, die ungünstigen Verträge mit den Filmstudios –, so zäh ertragen wurden (obwohl mit viel Murren im geheimen), sogar zu Lasten seiner Kunst. Loyalität ist ein genauso wichtiges Thema in Faulkners Leben wie in seinem Werk, doch es gibt so etwas wie verrückte Loyalität, verrückte Treue (der konföderierte Süden war voll davon).

Tatsächlich verbrachte Faulkner seine mittleren Jahre als Wanderarbeiter, der seine Lohntüte ins heimatliche Mississippi schickte; der biographische Bericht ist größtenteils ein Bericht über Dollars und Cents. In den Sorgen, die sich Faulkner um Geld machte, entdeckt Parini zu Recht etwas Verrücktes. »Geld ist selten einfach Geld«, schreibt Parini. »Die Besessenheit von Geld, die Faulkner sein ganzes Leben lang verfolgt zu haben scheint, muß meiner Meinung nach als Gradmesser für seine ab- und zunehmenden Gefühle der Stabilität, des Werts, der Position in der Welt betrachtet werden, … als Mittel, seinen Ruf, seine Macht, seine Wirklichkeit einzuschätzen.«

Ein Posten als *Writer in Residence* in einem ruhigen Universitätscampus des Südens hätte William Faulkner retten können, indem er ihm ein festes Einkommen verschafft und im Gegenzug nicht viel dafür verlangt hätte, ihm somit Zeit für seine eigene Arbeit gestattet hätte. Ein schlauer Robert Frost hatte seit 1917 vorgemacht, daß man die Aura eines Barden nutzen konnte, um sich akademische Pfründe zu sichern. Aber da Faulkner kein höheres Schulzeugnis hatte und einer zu »literarischen« oder »intellektuellen« Redeweise nicht traute, kehrte er erst 1946 in akademische Gefilde zurück, als man ihn überredete, vor Studenten der Universität von Mississippi zu sprechen. Das war keine so schlimme Erfahrung, wie er befürchtet hatte; mit sechzig ging er, mit einem mehr oder weniger symbolischen Gehalt, als *Writer in Residence* an die Universität von Virginia und hatte diesen Posten bis zu seinem Tod inne.

Das Leben dieses akademischen Nachzüglers barg durchaus Ironien: Er hatte vermutlich mehr gelesen, wenn auch weniger systematisch, als die meisten Universitätsprofessoren. In Hollywood hatte er, obwohl er kein besonders talentierter Drehbuchschreiber war, »einen erstaunlichen Ruf als Intellektueller«, sagte der Schauspieler Anthony Quinn. Außerdem wurde Faulkner von den Vertretern des *New Criticism* zu den Autoren gezählt, deren Prosa man den Studenten als lohnende Analyseaufgabe geben konnte. Cleanth Brooks, der Nestor des *New Criticism*, berichtet, daß Faulkner »höchst geeignet für den Unterricht war … Es gab … soviel zu entdecken, was vom Autor sorgfältig und genial versteckt worden war.« So wurde Faulkner zum Liebling der New-Haven-Formalisten, wie er schon der Liebling der französischen Existentialisten war, ohne ganz sicher zu wissen, was Formalismus oder Existentialismus eigentlich war.

⋆

Der Nobelpreis für Literatur, verliehen für das Jahr 1949, überreicht 1950, machte Faulkner berühmt, sogar in Amerika. Touristen kamen aus allen Weltgegenden, um sein Haus in Oxford zu begaffen, was ihn außerordentlich verstörte. Zögernd trat er aus dem Schatten heraus und fing an, sich wie eine Persönlichkeit des öffentlichen Lebens zu benehmen. Das Außenministerium lud ihn ein, als Kulturbotschafter ins Ausland zu reisen, was er von Zweifeln geplagt annahm. Da ihm bange vor dem Mikrophon war, und noch mehr bange davor, »literarische« Fragen abwehren zu müssen, bereitete er sich auf Auftritte vor, indem er ausgiebig trank. Aber nachdem er sich Sprüche angeeignet hatte, um mit den Journalisten fertig zu werden, gewöhnte er sich allmählich an die Rolle. Von auswärtigen Angelegenheiten hatte er wenig Ahnung – er las keine Zeitungen –, doch das paßte dem Außenministerium gut. Sein Japanbesuch war ein umwerfender *Public-Relations*-Erfolg; in Frankreich und Italien brachte ihm die Presse große Aufmerksamkeit entgegen. Und er bemerkte sarkastisch: »Wenn man in Amerika genauso an meine Welt glauben würde, wie sie das im Ausland tun, könnte ich wahrscheinlich eine meiner Figuren in den Präsidentschaftswahlkampf schicken ... vielleicht Flem Snopes.«

Weniger beeindruckend waren Faulkners Vermittlungsversuche, als er wieder daheim war. Der Süden und seine von Rassentrennung geprägten Institutionen gerieten immer mehr unter Druck. In Briefen an Zeitungsherausgeber wandte er sich gegen Mißstände und beschwor seine weißen Mitbürger im Süden, den Schwarzen als gesellschaftlich Ebenbürtigen anzunehmen.

Es gab Gegenreaktionen. *Weeping Willie Faulkner* wurde als Schachfigur der Liberalen im Norden, als Sympathisant der Kommunisten diffamiert. Obwohl er nie in Lebensgefahr war, sah er voraus, wie er einer schwedischen Freundin anvertraute, daß er möglicherweise außer Landes fliehen müsse, »wie etwa der Jude während der Hitler-Zeit aus Deutschland fliehen mußte«.

Er übertrieb natürlich. Seine Ansichten in Rassenfragen waren nie radikal, und als die politische Atmosphäre sich immer mehr auflud und die Rechte der einzelnen Bundesstaaten dabei eine Rolle spielten, wurden sie regelrecht konfus. Rassentrennung sei ein Übel, sagte er; wenn man jedoch dem Süden die Integration aufzwänge, würde er Widerstand leisten (in einem unbesonnenen Moment äußerte er sogar, daß er zu den Waffen greifen würde). Ende der 1950er Jahre war seine Position so überholt, daß sie regelrecht kurios wirkte. Er sagte, die Bürgerrechtsbewegung solle sich Bescheidenheit, Ruhe, Höflichkeit und Würde auf die Fahnen schreiben; und der Schwarze solle lernen, sich Gleichheit zu verdienen.

Es ist leicht genug, Faulkners Exkurse in den Bereich der Rassenbeziehungen herabzusetzen. In seinem Privatleben scheint sein Verhalten gegenüber Afroamerikanern großzügig und freundlich, doch unvermeidlich herablassend gewesen zu sein – er gehörte schließlich einer Herrenklasse an. Seiner politischen Philosophie nach war er ein Jeffersonscher Individualist; und dieser Umstand war es, der ihn mißtrauisch gegenüber schwarzen Massenbewegungen machte, nicht etwa ein rassistischer Bodensatz. Wenn seine Skrupel und doppelsinnigen Äußerungen ihn auch bald für den Kampf um Bürgerrechte bedeutungslos werden ließen, so sollte man den Mut, den er damit bewies, überhaupt Stellung zu beziehen, zumal zu dieser Zeit, nicht vergessen. Seine öffentlichen Äußerungen machten ihn in seiner Heimatstadt fast zum Außenseiter, und das beeinflußte in nicht geringem Maß seine Entscheidung, 1960 nach dem Tod seiner Mutter

Mississippi zu verlassen und nach Virginia zu gehen. (Gleichzeitig muß gesagt werden, daß die Aussicht, bei der Albermarle-County-Jagd mit der Meute auf Fuchsjagd gehen zu können, ein zugkräftiges Argument war: Faulkner betrachtete sich in seinen letzten Jahren als so ziemlich ausgeschrieben, und die Fuchsjagd wurde zur neuen Leidenschaft seines Lebens.)

Faulkners Vermittlungsversuche waren erfolglos, nicht weil er so törichte politische Ansichten hatte, sondern weil das entsprechende Medium für seine politischen Anschauungen nicht das Essay war und noch viel weniger der Brief an den Herausgeber, sondern der Roman, und besonders die Art von Roman, die er erfand, mit ihren beispiellosen Mitteln, Vergangenheit und Gegenwart, Erinnerung und Verlangen zu verweben.

Das Gebiet, auf dem der Romancier Faulkner seine besten Einfälle entfaltete, war ein Süden, der dem wirklichen Süden seiner Zeit stark gleicht – oder zumindest dem Süden seiner Jugend –, der aber nicht den ganzen Süden umfaßt. Faulkners Süden ist ein weißer Süden, beunruhigt durch die Anwesenheit der Schwarzen. Sogar *Licht im August*, das deutlicher Rasse und Rassismus zum Thema hat als seine anderen Bücher, stellt keinen schwarzen Mann in den Mittelpunkt, sondern einen Mann, dessen Schicksal es ist, sich mit der Frage, ob schwarzes Blut in seinen Adern fließt, auseinanderzusetzen oder damit konfrontiert zu werden – in Form einer Anfrage, einer Anschuldigung, die von außen kommt.

Faulkners bleibende Leistung als Historiker des modernen Südens ist die Snopes-Trilogie (*Das Dorf*, 1940; *Die Stadt*, 1957; *Das Haus*, 1959), in der er die Übernahme der politischen Macht durch eine aufstrebende arme weiße Klasse in einer Revolution verfolgt, die so leise, unerbittlich und unmoralisch ist wie eine Termiteninvasion. Seine Chronik vom Aufstieg des proletenhaften Unternehmers ist gleichzeitig beißend und elegisch und verzweifelt; beißend, weil er das, was er sieht, genauso verabscheut, wie es ihn fasziniert; elegisch, weil er die alte Welt, die vor seinen Augen zerfressen wird, liebt; und verzweifelt aus vielen Gründen, von denen die nicht unbedeutendsten sind: erstens, daß der Süden, den er liebt, auf die Zwillingsverbrechen von Enteignung und Sklaverei gegründet wurde, wie er besser als jeder andere weiß; zweitens, daß die Snopes nur eine andere Verkörperung der Falkners sind, zu ihrer Zeit Diebe und Vergewaltiger des Landes; und drittens, daß er, William »Faulkner«, daher als Kritiker und Richter keinen festen Boden unter den Füßen hat.

Keinen festen Boden, wenn er sich nicht auf die ewigen Wahrheiten beruft. »Mut und Ehre und Stolz, und Mitleid und Liebe zur Gerechtigkeit und zur Freiheit« ist die Litanei der Tugenden, die Ike McCaslin in *Go down, Moses* aufzählt. Dieser Ike McCaslin ist weitgehend der Sprecher für Faulkners erwünschtes, ideales Selbst, ein Mann, der, nachdem er Bilanz aus seiner Geschichte und aus der geschwundenen und schnell verschwindenden Welt um sich her gezogen hat, auf sein väterliches Erbe verzichtet, der Vaterschaft abschwört (und damit der Abfolge von Generationen ein Ende bereitet) und zum einfachen Tischler wird.

Mut und Ehre und Stolz: Seiner Litanei hätte Ike noch Ausdauer hinzufügen können, wie er das an anderer Stelle in derselben Geschichte tut: »Ausdauer... und Mitgefühl und Duldsamkeit und Nachsicht und Treue und Liebe zu Kindern...« In Faulkners Spätwerk ist ein starker moralistischer

Zug, ein auf das Wesentliche reduzierter christlicher Humanismus, an den man sich klammert in einer Welt, aus der sich Gott zurückgezogen hat. Wenn sich dieser Moralismus als nicht überzeugend erweist, wie das oft der Fall ist, dann gewöhnlich deshalb, weil es Faulkner nicht gelungen ist, ein passendes fiktionales Medium dafür zu finden. Was ihn bei der Konstruktion von *Eine Legende* (geschrieben 1944–1953, veröffentlicht 1954), die sein *opus magnum* sein sollte, so frustrierte, war eben die Schwierigkeit, eine Methode zu finden, um sein Antikriegsthema zu verkörpern. Die exemplarische Gestalt in *Eine Legende* ist Jesus, der in dem unbekannten Soldaten wiedergeboren und wieder geopfert wird; an anderer Stelle in seinem Spätwerk ist es der einfache, leidende schwarze Mann, oder häufiger, die schwarze Frau, die oder der durch das Ertragen einer unerträglichen Gegenwart den Keim einer Zukunft am Leben erhält.

*

Für einen Mann, der ein ereignisarmes und im großen und ganzen seßhaftes Leben führte, hat William Faulkner erstaunliche biographische Energien freigesetzt. Das erste große biographische Monument wurde 1974 von Joseph Blotner errichtet, einem jüngeren Kollegen an der Universität von Virginia, den er eindeutig mochte und dem er vertraute und dessen zweibändiger *Faulkner: A Biography* Faulkners äußeres Leben umfaßt und fair behandelt. Doch sogar Blotners einbändige, 400 000-Wörter-Kurzfassung (1984) könnte für die meisten Leser zu detailreich sein.

Frederick R. Karls gewaltiger Band *William Faulkner: American Writer* (1989) hat sich zum Ziel gesetzt, Faulkners »Leben psychologisch, emotional und literarisch zu verstehen und zu interpretieren«. An Karls Werk kann man viel bewundern, darunter auch den unerschrockenen Versuch, in das Labyrinth der Faulknerschen Kompositionsmethoden vorzudringen, die unter anderem das Arbeiten an mehreren Projekten gleichzeitig beinhalteten, wobei er Material hin- und herschob.

Wie Karl zu Recht bemerkt, ist Faulkner »der historischste unter Amerikas bedeutenden Schriftstellern«. Er behandelt Faulkner als einen Amerikaner, der kreativ auf die historischen und gesellschaftlichen Kräfte reagiert, in die er verstrickt ist. Was er als *literarischer* Biograph zu verstehen versucht, ist, wie ein Mann, der der Modernisation und was sie dem Süden antat, so mißtrauisch gegenüberstand, in seinem Romanschaffen der radikalste Modernist seiner Generation sein konnte.

Karls Faulkner tritt auf als Gestalt voll Größe und auch voll Pathos, ein Mann, der – vielleicht im Bann des romantischen Bildes vom verdammten Künstler – willens war, sich für das Vorhaben, ein Schicksal zu durchleben, vor dem jeder rational Denkende zurückgeschreckt wäre, aufzuopfern. Doch Karls Buch leidet unter ständigem reduktiven Psychologisieren. So muß, um einige kleine Beispiele zu geben, Faulkners saubere Handschrift – der Traum jedes Herausgebers – als Beleg für eine anale Persönlichkeit herhalten, seine albernen Lügen über seine Zeit bei der RAF als Zeichen für eine schizoide Persönlichkeit, seine Detailbesessenheit als Beweis für Zwanghaftigkeit, seine Affäre mit einer jungen Frau als Hinweis auf inzestuöses Verlangen nach seiner eigenen Tochter.

»Oft kann ein unbedeutenderer Roman scharfsinnigere biographische Einblicke liefern als ein großer Roman«, sagt Karl. Wenn das so ist – und wenige zeitgenössische Biographen würden das leugnen –, dann sehen wir uns mit einem generellen Problem bei der literarischen Biographie und dem Stellenwert der sogenannten biographischen Einblicke konfrontiert. Wenn das Nebenwerk anscheinend mehr offenbart als das Hauptwerk, kann es dann nicht sein, daß das Offenbarte auch nur einen geringeren Stellenwert hat? Vielleicht war Faulkner – für den John Keats' Oden poetische Prüfsteine waren – tatsächlich, wofür er sich hielt: ein Wesen mit negativer Begabung, einer, der in seine tiefsten Schöpfungen hinein verschwand, sich in ihnen verlor. »Es ist mein ganzer Ehrgeiz, als Privatmann aus der Zeitgeschichte getilgt und für nichtig erklärt zu werden und sie ohne Spur zu verlassen«, schrieb er an Cowley: »Es ist meine Absicht, ... daß Summe und Werdegang meines Lebens ... dies beides sein soll: Er hat Bücher geschrieben und ist gestorben.«

Jay Parini ist der Autor von Biographien John Steinbecks (1994) und Robert Frosts (1999) und von zwei Romanen mit stark biographischem Inhalt: *The Last Station* (1990), über die letzten Tage Leo Tolstois, und *Benjamin's Crossing* (1997), über die letzten Tage Walter Benjamins. Parinis *Leben Steinbecks* ist solide, doch wenig bemerkenswert. Das Buch über Frost ist von einer selbstkritischeren Haltung geprägt: Die Biographie gleicht vielleicht weniger als wir meinen der Geschichtsschreibung und mehr dem Romanschreiben, reflektiert Parini. Von den biographischen Romanen ist der über Tolstoi der erfolgreichere, vielleicht weil Parini sich auf eine Vielzahl von Berichten über das Leben auf Jasnaja Poljana stützen kann. Im Buch über Benjamin verbringt er zuviel Zeit damit zu erklären, wer sein mit sich selbst beschäftigter Held ist und warum wir uns für ihn interessieren sollten.

In *One Matchless Time* versucht Parini nun etwas, was weder Blotner noch Karl bieten: eine kritische Biographie, eine ziemlich vollständige Darstellung von Faulkners Leben zusammen mit einer Beurteilung seiner Werke. Es spricht viel für das, was er geschaffen hat. Obwohl er sich stark auf Blotner stützt, was die Fakten angeht, ist er über Blotner hinausgegangen, indem er Interviews mit der letzten Generation von Leuten, die Faulkner persönlich gekannt haben, geführt hat, und einige von ihnen haben interessante Dinge zu sagen. Er empfindet die Wertschätzung eines Schriftstellerkollegen für Faulkners Sprache und äußert diese Wertschätzung lebhaft. Die Prosa von *Der Bär* schreitet also »mit einer Art unerbittlicher Wildheit« voran, »als hätte Faulkner sie in erregten Träumen komponiert«. Obwohl das Buch keineswegs eine Heiligengeschichte ist, zollt es doch seinem Gegenstand beredten Tribut: »Was an Faulkner als Schriftsteller am meisten beeindruckt, ist die pure Hartnäckigkeit, die Willenskraft, die ihn jeden Tag, Jahr um Jahr, an den Schreibtisch zurückbrachte ... Sein Mut war... genauso körperlich wie geistig; er kämpfte sich wie ein Ochse durch den Schlamm und zog eine ganze Welt hinter sich her.«

Bei einem Buch wie diesem, das kein Fachbuch ist, muß ganz früh entschieden werden, ob es die allgemeine Meinung der Literaturkritik widerspiegeln oder eine stark individuelle Richtung einschlagen sollte. Im großen und ganzen schließt sich Parini mit seiner Darstellung einer Spielart der allgemeinen Meinung an. Sein Plan ist, dem Leben Faulkners chronologisch zu folgen und die Erzählung mit kurzen kritischen Essays, die in einzelne Werke einführen sollen, zu unterbrechen. In den rechten Händen könnte solch ein Plan exemplarische Proben der Kritikerkunst hervorbringen. Aber Parinis Essays erreichen ein solches Niveau nicht. Die Texte über die bekanntesten Bücher sind oft seine besten; bei den übrigen bestehen zu viele aus einer nicht besonders geschickten Zusammenfassung und einem Überblick über die kritische Debatte, wobei das, was als Debatte zählt, oft ziemlich stumpfsinnige akademische Untersuchungen sind. Wie in Karls Buch finden wir auch hier ein gewisses Maß an fragwürdigem Psychologisieren. So bietet Parini eine ziemlich kühne Interpretation von *Als ich im Sterben lag* – einem kurzen Roman, in dessen Mittelpunkt die groteske Reise der Bundren-Kinder mit dem Leichnam der Mutter zum Grab steht – als einem symbolischen Aggressionsakt von Faulkner gegen seine eigene Mutter und auch als »perverses« Hochzeitsgeschenk für seine Frau. »Verdrängt Estelle Miss Maud [seine Mutter] in Faulkners Geist?« fragt Parini. »Solche Fragen können nicht beantwortet werden, doch es fällt in den Bereich der Biographie, sie zu stellen, ihnen zu erlauben, mit dem Text zu spielen und ihn zu stören.« Vielleicht fällt es wirklich in den Bereich des Biographen, den Text mit aus der Luft gegriffenen Phantasien zu stören; vielleicht auch nicht. Wichtiger ist, ob entweder Faulkners Mutter oder seine Frau den Roman als persönlichen Angriff interpretierten. Es wird nirgends berichtet, daß eine von beiden es tat.

Parinis Erkundungen von Faulkners Geist sind verbunden mit viel Gerede von Teilen des Ichs oder von Ichs innerhalb des Ichs. Verurteilt Faulkner die ehebrecherischen Liebhaber in *Wilde Palmen*? Antwort: Während »ein Teil seines Romanciergeistes« sie verurteilt, tut das ein anderer Teil nicht. Warum entschließt sich Faulkner in den späten 1930er Jahren, sich auf Flem Snopes, den knopfäugigen, kaltherzigen Emporkömmling der Trilogie zu konzentrieren? »Ich vermute, es hat etwas mit dem Erkunden seines eigenen aggressiven Ichs zu tun«, schreibt Parini. Da er »mehr Erfolg hatte, als er sich je erträumt hatte, ... wollte Faulkner über diesen Erfolg nachdenken und die Triebkräfte verstehen, die ihn dahin gebracht haben könnten«.

War es wirklich Faulkners »aggressives Ich«, das die großen Romane der 1930er Jahre hervorbrachte, Errungenschaften, die Flem verspottet hätte, so wenig Geld brachten sie dem Autor ein? Ähnelt Flems verbrecherisches Genie wirklich Faulkners rätselhaftem Verhältnis zum Geld, einschließlich seiner Naivität, die ihn einen Vertrag mit Warner Brothers, dem schwerfällig-einfallslosesten der Studios, unterschreiben ließ, der ihn sieben Jahre lang zu ihrem Sklaven machte?

Insgesamt ist Parinis Buch ein eigenartiges Gemisch: einerseits echtes Gefühl für Faulkner als Schriftsteller; andererseits die Bereitschaft, ihn zu vulgarisieren. Das schlimmste Beispiel dafür sind Bemerkungen über Rowan Oak, das vier Morgen große Grundstück, das Faulkner in heruntergekommenem Zustand 1929 kaufte und bis zu seinem Tod bewohnte. Faulkner war bereit, Geld auszugeben, das er nicht besaß, um Rowan Oak zu renovieren, schreibt Parini, weil »er eine Vision vom Luxus und von der Großartigkeit der Zeit vor dem Bürgerkrieg hatte, die er, mehr als alles andere, in seinem täglichen Leben wiedererschaffen wollte ... Der Film *Vom Winde verweht* kam [1939] heraus und riß die Nation im Sturm mit. Faulkner brauchte ihn sich nicht anzusehen. Es war die Geschichte seines Lebens.« Jeder, der gelesen hat, was Blotner über das tägliche Leben auf Rowan Oak geschrieben hat, wird wissen, wie weit es von dem Phantasiegebilde Tara entfernt war.

»Ein Buch legt das Innerste seines Autors bloß, es ist der dunkle Zwilling des Schreibers: du kannst die beiden nicht auf einen Nenner bringen«, sagt einer der Charaktere in *Moskitos* (1927). Den Schriftsteller mit seinen Büchern zu versöhnen ist eine Herausforderung, der sich Blotner klugerweise nicht stellt. Ob entweder Karl oder Parini – auf ihre verschiedene Weise – den Mann, der mit »William Faulkner« unterschrieb, mit seinem dunklen Zwilling zusammenbringt, ist eine offene Frage.

Die Feuerprobe ist, was Faulkners Biographen über seinen Alkoholismus zu sagen haben. Man sollte hier das Kind beim Namen nennen und nicht wie die Katze um den heißen Brei herumschleichen. Die Notiz in der Patientenkartei der psychiatrischen Klinik in Memphis, wohin man Faulkner regelmäßig im Vollrausch brachte, lautete: »Ein akuter und chronischer Alkoholiker.« Obwohl Faulkner in seinen Fünfzigern ansehnlich und rüstig wirkte, war das nur äußerer Schein. Lebenslanger Alkoholmißbrauch hatte seine geistigen Kräfte zu beeinträchtigen begonnen. »Das ist mehr als ein Fall von akutem Alkoholismus«, schrieb sein Verleger Saxe Commins 1952. »Die Auflösung eines Mannes mitzuerleben ist tragisch.« Parini fügt das beunruhigende Zeugnis von Faulkners Tochter hinzu: Wenn ihr Vater betrunken war, konnte er so gewalttätig sein, daß »ein paar Männer« sich bereithalten mußten, um sie und ihre Mutter zu schützen.

Blotner versucht nicht, Faulkners Sucht zu verstehen, er zeichnet nur ihre verheerenden Auswirkungen auf, beschreibt ihren Verlauf und zitiert die Krankenhausaufzeichnungen. Nach Karls Lesart war das Trinken eine Form der Rebellion bei Faulkner, es war die Art und Weise, wie er seine Kunst verteidigte gegen den Druck, der von Familie und Tradition auf ihn ausgeübt wurde. »Man nehme den Alkohol weg, und es gäbe keinen Schriftsteller; und vielleicht keine scharf umrissene Person.« Parini erhebt keinen Einspruch, sieht aber auch einen therapeutischen Sinn in Faulkners Alkoholkonsum. Seine Besäufnisse waren »Ausfallzeiten für den schöpferischen Geist«. Sie waren »auf eigenartige Weise nützlich. Sie beseitigten Spinnweben, korrigierten die innere Uhr, gestatteten dem Unbewußten, sich wie ein Brunnen langsam zu füllen.« Wenn er aus einem Rausch auftauchte, war das, »als hätte er einen langen, angenehmen Schlaf getan«.

Es liegt in der Natur der Sucht, daß sie für nicht davon Betroffene unverständlich ist. Faulkner selbst ist da keine Hilfe: Er schreibt nicht über seine Sucht, schreibt auch nicht – soweit wir wissen – aus ihr heraus (er war meist nüchtern, wenn er sich an seinen Schreibtisch setzte). Kein Biograph hat das bisher vernünftig erklärt; aber vielleicht wird der Versuch, eine Sucht vernünftig zu erklären, die rechten erklärenden Worte für sie zu finden, ihr einen Platz in der Ökonomie des Ichs zu geben, immer ein Unterfangen sein, das von einer falschen Voraussetzung ausgeht.

Bosc

Friedrich Schiller

»Ein Egoist in ungewöhnlichem Grade«

Schiller über Goethe

Paul Flora

Endlich kann ich Dir von Goethe erzählen, worauf Du, wie ich weiß, sehr begierig wartetest. Sein erster Anblick stimmte die hohe Meinung ziemlich tief herunter, die man mir von dieser anziehenden und schönen Figur beigebracht hatte. Er ist von mittlerer Größe, trägt sich steif und geht auch so; sein Gesicht ist verschlossen, aber sein Auge sehr ausdrucksvoll, lebhaft, und man hängt mit Vergnügen an seinem Blicke. Bei vielem Ernst hat seine Miene doch viel Wohlwollendes und Gutes. Er ist brünett und schien mir älter auszusehen, als er meiner Berechnung nach wirklich sein kann. Seine Stimme ist überaus angenehm, seine Erzählung fließend, geistvoll und belebt; man hört ihn mit überaus viel Vergnügen; und wenn er bei gutem Humor ist, welches diesmal so ziemlich der Fall war, spricht er gern und mit Interesse. Unsere Bekanntschaft war bald gemacht und ohne den mindesten Zwang; freilich war die Gesellschaft zu groß und alles auf seinen Umgang zu eifersüchtig, als daß ich viel allein mit ihm hätte sein oder etwas anders als allgemeine Dinge mit ihm sprechen können.

Im ganzen genommen ist meine in der Tat große Idee von ihm nach dieser persönlichen Bekanntschaft nicht vermindert worden; aber ich zweifle, ob wir einander je sehr naherücken werden. Vieles, was mir jetzt noch interessant ist, was ich noch zu wünschen und zu hoffen habe, hat seine Epoche bei ihm durchlebt; er ist mir (an Jahren weniger als an Lebenserfahrungen und Selbstentwickelung) so weit voraus, daß wir unterwegs nie mehr zusammenkommen werden; und sein ganzes Wesen ist schon von Anfang her anders angelegt als das meinige, seine Welt ist nicht die meinige, unsere Vorstellungsarten scheinen wesentlich verschieden. Indessen schließt sich's aus einer solchen Zusammenkunft nicht sicher und gründlich. Die Zeit wird das Weitere lehren.

Friedrich Schiller an Christian Gottfried Körner
Rudolstadt, 12. September 1788

Öfters um Goethe zu sein würde mich unglücklich machen: er hat auch gegen seine nächsten Freunde kein Moment der Ergießung, er ist an nichts zu fassen; ich glaube in der Tat, er ist ein Egoist in ungewöhnlichem Grade. Er besitzt das Talent, die Menschen zu fesseln und durch kleine sowohl als große Attentionen sich verbindlich zu machen; aber sich selbst weiß er immer frei zu behalten. Er macht seine Existenz wohltätig kund, aber nur wie ein Gott, ohne sich selbst zu geben – dies scheint mir eine konsequente und planmäßige Handlungsart, die ganz auf den höchsten Genuß der

Eigenliebe kalkuliert ist. Ein solches Wesen sollten die Menschen nicht um sich herum aufkommen lassen. Mir ist er dadurch verhaßt, ob ich gleich seinen Geist von ganzem Herzen liebe und groß von ihm denke. Ich betrachte ihn wie eine stolze Prüde, der man ein Kind machen muß, um sie vor der Welt zu demütigen. Einige ganz sonderbare Mischung von Haß und Liebe ist es, die er in mir erweckt hat, eine Empfindung, die derjenigen nicht ganz unähnlich ist, die Brutus und Cassius gegen Cäsar gehabt haben müssen; ich könnte seinen Geist umbringen und ihn wieder von Herzen lieben. Goethe hat auch viel Einfluß darauf, daß ich mein Gedicht gern recht vollendet wünsche. An seinem Urteil liegt mir überaus viel. Die *Götter Griechenlands* hat er sehr günstig beurteilt; nur zu lang hat er sie gefunden, worin er auch nicht unrecht haben mag. Sein Kopf ist reif und sein Urteil über mich wenigstens eher *gegen* mich als *für* mich parteiisch. Weil mir nun überhaupt nur daran liegt, Wahres von mir zu hören, so ist dies gerade der Mensch unter allen, die ich kenne, der mir diesen Dienst tun kann. Ich will ihn auch mit Lauschern umgeben, denn ich selbst werde ihn nie über mich befragen.

Friedrich Schiller an Christian Gottfried Körner
Weimar, 2. Februar 1789

Ich muß lachen, wenn ich nachdenke, was ich Dir von und über Goethen geschrieben habe. Du wirst mich wohl recht in meiner Schwäche gesehen und im Herzen über mich gelacht haben, aber mag es immer. Ich will mich gerne von Dir kennen lassen, wie ich bin. Dieser Mensch, dieser Goethe, ist mir einmal im Wege, und er erinnert mich so oft, daß das Schicksal mich hart behandelt hat. Wie leicht ward *sein* Genie von seinem Schicksal getragen, und wie muß ich bis auf diese Minute noch kämpfen! Einholen läßt sich alles Verlorene für mich nun nicht mehr – nach dem 30. bildet man sich nicht mehr um –, und ich könnte ja selbst diese Umbildung vor den nächsten 3 oder 4 Jahren nicht mit mir anfangen, weil ich vier Jahre wenigstens meinem Schicksale noch opfern muß. Aber ich habe noch guten Mut und glaube an eine glückliche Revolution für die Zukunft. Könntest Du mir innerhalb eines Jahrs eine Frau von 12 000 Talern verschaffen, mit der ich leben, an die ich mich attachieren könnte, so wollte ich Dir in 5 Jahren – eine Friederiziade, eine klassische Tragödie und, weil Du doch so darauf versessen bist, ein halb Dutzend schöner Oden liefern – und die Akademie in Jena möchte mich dann im Arsch lecken.

Friedrich Schiller an Christian Gottfried Körner
Weimar, 9. März 1789

Er war gestern bei uns, und das Gespräch kam bald auf Kant. Interessant ist's, wie er alles in seine eigene Art und Manier kleidet und überraschend zurückgibt, was er las; aber ich möchte doch nicht über Dinge, die mich sehr nahe interessieren, mit ihm streiten. Es fehlt ihm ganz an der herzlichen Art, sich zu irgend etwas zu *bekennen*. Ihm ist die ganze Philosophie subjektivistisch, und da hört denn Überzeugung und Streit zugleich auf. Seine Philosophie mag ich auch nicht ganz: sie holt zuviel aus der Sinnenwelt, wo ich aus der Seele hole. Überhaupt ist seine Vorstellungsart zu sinnlich und *betastet* mir zuviel. Aber sein Geist wirkt und forscht nach allen Direktionen und strebt, sich ein Ganzes zu erbauen – und das macht ihn mir zum großen Mann.

Übrigens ergeht's ihm närrisch genug. Er fängt an, alt zu werden, und die so oft von ihm gelästerte Weiberliebe scheint sich an ihm rächen zu wollen. Er wird, wie ich fürchte, eine Torheit begehen und das gewöhnliche Schicksal eines alten Hagestolzen haben. Sein Mädchen ist eine Mamsell Vulpius, die ein Kind von ihm hat und sich nun in seinem Hause fast so gut als etabliert hat. Es ist sehr wahrscheinlich, daß er sie in wenigen Jahren heiratet. Sein Kind soll er sehr lieb haben, und er wird sich bereden, daß, wenn er das Mädchen heiratet, es dem Kinde zuliebe geschehe und daß dieses wenigstens das Lächerliche dabei vermindern könnte.

Es könnte mich doch verdrießen, wenn er mit einem solchen *Geniestreich* aufhörte, denn man würde nicht ermangeln, es dafür anzusehen.

Friedrich Schiller an Christian Gottfried Körner
Jena, 1. November 1790

Paul Flora

Johann Wolfgang Goethe

»Ein kraftvolles, aber unreifes Talent«

Goethe über Schiller

Alle meine Wünsche und Hoffnungen übertrafen das auf einmal sich entwickelnde Verhältnis zu Schiller, das ich zu den höchsten zählen kann, die mir das Glück in späteren Jahren bereitete. Und zwar hatte ich dieses günstige Ereignis meinen Bemühungen um die Metamorphose der Pflanzen zu verdanken, wodurch ein Umstand herbeigeführt wurde, der die Mißverhältnisse beseitigte, die mich lange Zeit von ihm entfernt hielten.

Nach meiner Rückkunft aus Italien, wo ich mich zu größerer Bestimmtheit und Reinheit in allen Kunstfächern auszubilden gesucht hatte, unbekümmert, was während der Zeit in Deutschland vorgegangen, fand ich neuere und ältere Dichterwerke in großem Ansehen, von ausgebreiteter Wirkung, leider solche, die mich äußerst anwiderten, ich nenne nur Heinses *Ardinghello* und Schillers *Räuber*. Jener war mir verhaßt, weil er Sinnlichkeit und abstruse Denkweisen durch bildende Kunst zu veredeln und aufzustutzen unternahm, dieser, weil ein kraftvolles, aber unreifes Talent gerade die ethischen und theatralischen Paradoxen, von denen ich mich zu reinigen gestrebt, recht im vollen, hinreißenden Strome über das Vaterland ausgegossen hatte.

Beiden Männern von Talent verargte ich nicht, was sie unternommen und geleistet: denn der Mensch kann sich nicht versagen, nach seiner Art wirken zu wollen, er versucht es erst unbewußt, ungebildet, dann auf jeder Stufe der Bildung immer bewußter; daher denn so viel Treffliches und Albernes sich über die Welt verbreitet und Verwirrung aus Verwirrung sich entwickelt.

Das Rumoren aber, das im Vaterland dadurch erregt, der Beifall, der jenen wunderlichen Ausgeburten allgemein, so von wilden Studenten als von der gebildeten Hofdame, gezollt ward, der erschreckte mich, denn ich glaubte, all mein Bemühen völlig verloren zu sehen; die Gegenstände, zu welchen, die Art und Weise, wie ich mich gebildet hatte, schienen mir beseitigt und gelähmt. Und was mich am meisten schmerzte, alle mit mir verbundenen Freunde, Heinrich Meyer und Moritz, sowie die im gleichen Sinne fortwaltenden Künstler Tischbein und Bury, schienen mir gleichfalls gefährdet, ich war sehr betroffen. Die Betrachtung der bildenden Kunst, die Ausübung der Dichtkunst hätte ich gerne völlig aufgegeben, wenn es möglich gewesen wäre; denn wo war eine Aussicht, jene Produktionen von genialem Wert und wilder Form zu überbieten? Man denke sich meinen Zustand! Die reinsten Anschauungen suchte ich zu nähren und mitzuteilen, und nun fand ich mich zwischen Ardinghello und Franz Moor eingeklemmt.

Moritz, der aus Italien gleichfalls zurückkam und eine Zeitlang bei mir verweilte, bestärkte sich mit mir leidenschaftlich in diesen Gesinnungen; ich vermied Schillern, der, sich in Weimar aufhaltend, in meiner Nachbarschaft wohnte. Die Erscheinung des *Don Carlos* war nicht geeignet, mich ihm näher zu führen, alle Versuche von Personen, die ihm und mir gleich nahe standen, lehnte ich ab, und so lebten wir eine Zeitlang nebeneinander fort.

Sein Aufsatz *Über Anmut und Würde* war ebensowenig ein Mittel, mich zu versöhnen. Gewisse harte Stellen sogar konnte ich direkt auf mich deuten, sie zeigten mein Glaubensbekenntnis in einem falschen Lichte; dabei fühlte ich, es sei noch schlimmer, wenn es ohne Beziehung auf mich gesagt worden; denn die ungeheure Kluft zwischen unsern Denkweisen klaffte nur desto entschiedener.

An keine Vereinigung war zu denken. Selbst das milde Zureden eines Dalberg, der Schillern nach Würden zu ehren verstand, blieb fruchtlos; ja meine Gründe, die ich jeder Vereinigung entgegensetzte, waren schwer zu widerlegen. Niemand konnte leugnen, daß zwischen zwei Geistesantipoden mehr als ein Erddiameter die Scheidung mache, da sie denn beiderseits als Pole gelten mögen, aber eben deswegen in eins nicht zusammenfallen können. Daß aber doch ein Bezug unter ihnen stattfinde, erhellt aus Folgendem.

Schiller zog nach Jena, wo ich ihn ebenfalls nicht sah. Zu gleicher Zeit hatte Batsch durch unglaubliche Regsamkeit eine naturforschende Gesellschaft in Tätigkeit gesetzt, auf schöne Sammlungen, auf bedeutenden Apparat gegründet. Ihren periodischen Sitzungen wohnte ich gewöhnlich bei; einstmals fand ich Schillern daselbst, wir gingen zufällig beide zugleich heraus, ein Gespräch knüpfte sich an, er schien an dem Vorgetragenen teil zu nehmen, bemerkte aber sehr verständig und einsichtig und mir sehr willkommen, wie eine so zerstückelte Art, die Natur zu behandeln, den Laien, der sich gern darauf einließe, keineswegs anmuten könne.

Ich erwiderte darauf: daß sie den Eingeweihten selbst vielleicht unheimlich bleibe und daß es doch wohl noch eine andere Weise geben könne, die Natur nicht gesondert und vereinzelt vorzunehmen, sondern sie wirkend und lebendig, aus dem Ganzen in die Teile strebend, darzustellen. Er wünschte, hierüber aufgeklärt zu sein, verbarg aber seine Zweifel nicht; er konnte nicht eingestehen, daß ein solches, wie ich behauptete, schon aus der Erfahrung hervorgehe.

Wir gelangten zu seinem Hause, das Gespräch lockte mich hinein; da trug ich die Metamorphose der Pflanzen lebhaft vor und ließ, mit manchen charakteristischen Federstrichen, eine symbolische Pflanze vor seinen Augen entstehen. Er vernahm und schaute das alles mit großer Teilnahme, mit entschiedener Fassungskraft; als ich aber geendet, schüttelte er den Kopf und sagte: das ist keine Erfahrung, das ist eine Idee. Ich stutzte, verdrießlich einigermaßen: denn der Punkt, der uns trennte, war dadurch aufs strengste bezeichnet. Die Behauptung aus *Anmut und Würde* fiel mir wieder ein, der alte Groll wollte sich regen, ich nahm mich aber zusammen und versetzte: das kann mir sehr lieb sein, daß ich Ideen habe, ohne es zu wissen, und sie sogar mit Augen sehe.

Schiller, der viel mehr Lebensklugheit und Lebensart hatte als ich und mich auch wegen der *Horen*, die er herauszugeben im Begriff stand, mehr anzuziehen als abzustoßen gedachte, erwiderte darauf als ein gebildeter Kantianer; und als aus meinem hartnäckigen Realismus mancher Anlaß zu lebhaftem Widerspruch entstand, so ward viel gekämpft und dann Stillstand gemacht; keiner von beiden konnte sich für den Sieger halten, beide hielten sich für unüberwindlich. Sätze wie folgender machten mich ganz unglücklich: »Wie kann jemals Erfahrung gegeben werden, die einer Idee angemessen sein sollte? Denn darin besteht eben das Eigentümliche der letztern, daß ihr niemals eine Erfahrung kongruieren könne.« Wenn er das für eine Idee hielt, was ich als Erfahrung aussprach, so mußte doch zwischen beiden irgend etwas Vermittelndes, Bezügliches obwalten! Der erste Schritt war jedoch getan. Schillers Anziehungskraft war groß, er hielt alle fest, die sich ihm näherten; ich nahm teil an seinen Absichten und versprach zu den *Horen* manches, was bei mir verborgen lag, herzugeben; seine Gattin, die ich von ihrer Kindheit auf zu lieben und zu schätzen gewohnt war, trug das Ihrige bei zu dauerndem Verständnis, alle beiderseitigen Freunde waren froh, und so besiegelten wir, durch den größten, vielleicht nie ganz zu schlichtenden Wettkampf zwischen Objekt und Subjekt, einen Bund, der ununterbrochen gedauert und für uns und andere manches Gute gewirkt hat.

Für mich insbesondere war es ein neuer Frühling, in welchem alles froh nebeneinander keimte und aus aufgeschlossenen Samen und Zweigen hervorging. Unsere beiderseitigen Briefe geben davon das unmittelbarste, reinste und vollständigste Zeugnis.

Paul Flora

Loriot

Irren und Wirren

Hochverehrter Herr Präsident, hochverehrter Herr Dekan, sehr verehrte Spektabilitäten, sehr verehrte Gäste, liebe Studenten und Studentinnen, meine Damen und Herren, durch mutwilliges Ignorieren meines ohnehin seit fünfzehn Jahren behinderten Ruhestandes und mit der in Künstlerkreisen verbreiteten Bedenkenlosigkeit ist es heute der Universität der Künste Berlin gelungen, im Rahmen einer Feierstunde das Durchschnittsalter ihrer Professoren bedrohlich anzuheben.

Diese Maßnahme dient wohl nicht nur dem sozialen Bemühen, einen bejahrten Herumstreuner wieder zu sinnvoller Tätigkeit anzuleiten. Man profitiert auch von Senioren, da sie zwischen dem achten und neunten Lebensjahrzehnt zu interessanten Gedächtnislücken neigen. Plötzlich liegen Namen bekannter Schauspieler und Politiker, Titel von Opern, Dramen und ähnliches weder auf der Zunge noch sonstwo. Dann belebt die gemeinsame intensive Suche und das seltene Auffinden der fraglichen Begriffe den Hörsaal, aktiviert das restliche Bildungsgut und festigt so den Zusammenhalt von Lehrendem und Lernenden.

Ein weiterer Vorzug des alten Menschen beruht auf seiner Überzeugungstreue. Diese auch als Altersstarrsinn geschätzte Eigenschaft beendet unergiebigen Gedankenaustausch. Ein in höherem Alter willkommener Zeitgewinn.

Damit ist die Gelegenheit, meine Altersgruppe akademisch aufzuwerten, ausreichend genutzt und ich beeile mich, Rechenschaft darüber abzulegen, welchen Weg ich ging, bevor man mich so ehrenvoll in diesem Haus willkommen hieß.

Ich kam vom Savignyplatz, folgte der Carmerstraße, überquerte unfallfrei die Hardenbergstraße und war eigentlich schon da. Aber ich sollte vielleicht etwas weiter ausholen: Meine Vorfahren waren ansässig im Mecklenburgischen und vermutlich seriöse, fleißige Raubritter. Ihr Repertoire anspruchsvoller Unterhaltung mag begrenzt gewesen sein.

Ob man nach dem Abendessen zur Laute griff, um mittelhochdeutsches Liedgut vorzutragen oder im Arrangieren lebender Bilder Zerstreuung fand, ist nicht überliefert.

Verbürgt ist jedoch eine langjährige Erfahrung in der Aufzucht brauchbarer Soldaten, Landwirte und Staatsdiener, deren Wissensdurst sich auf die Heeresdienstvorschrift, die Bibel und den Kalender *Wild und Hund* bezog.

Nur zögernd verweise ich in diesem Zusammenhang auf eine gefährliche, nur im engsten Kreise der Familie vererbte Schwäche: den Hang zur Bühne. Die Tagebucheintragung vom 13. April 1821 meines Berliner Ururgroßvaters, eines Majors der Kavallerie, zeugt immerhin von militärischer Eindeutigkeit und hohem künstlerischem Anspruch: »In der Oper gewesen, *Iphigenie in Aulis* gehört, große Langeweile gehabt…«

Zwei Generationen danach suchte und fand mein späterer Großvater, seinerzeit Berufsoffizier in einem preußischen Regiment, musische Erfüllung auf dem Gebiet der darstellenden Kunst. Er liebte es, bei gesellschaftlichen Anlässen deutsche Balladen vorzutragen und in Fällen nachlassender Aufmerksamkeit Weingläser zu zertrümmern.

Die Lust zu deklamieren überkam auch seinen Sohn, meinen Vater. Ebenfalls ein Offizier, nur vergriff sich dieser nicht an Gegenständen, sondern verschreckte die Teilnehmer festlicher Abendessen durch spontanen Vortrag dramatischer Poesie, deren Wirkung er in eigenwilliger Betonung beängstigend zu steigern wußte.

Die darstellende Kunst erhob drohend ihr Haupt, und es lag die Befürchtung nahe, dieses unheilvolle Treiben könne sich auf mich übertragen und meine geordnete militärische Zukunft gefährden.

Aber der Achtjährige war noch nicht so weit. Ich schämte mich der ungebremsten väterlichen Leidenschaft und erlag einer pubertären Schüchternheit, die mich nie verlassen hat und mir jetzt rät, mein Inneres nicht weiter auszubreiten.

Nur soviel sei gesagt: Es ist mir in achtzig Jahren nicht geglückt, mich dauerhaft auf eine Tätigkeit zu konzentrieren, die man als Beruf bezeichnet. Die traditionsbeschwingte Militärkarriere hatte sich von selbst erledigt, eine Stellung als Holzfäller führte zu gesellschaftlicher Entwurzelung, und nach abgeschlossenem Studium der Malerei umspielten mich nur Tausende von kleinen Männchen, die allerdings dann längere Zeit meinen Lebensunterhalt bestritten.

Doch auch dieser Abschnitt blieb Fragment. Zur Lebensmitte hin erlag ich dem Lockruf des Fernsehens, gedachte meiner Vorväter und folgte ihrem Trieb, anderen etwas vorzumachen.

Aus Gründen, die nicht hierhergehören, fesselte mich über acht Fernsehjahre das Thema der Kommunikationsstörung zwischen Mann und Frau. Ein dankbares Thema, das nach meinem Verlassen der TV-Studios zwei Kinofilme bestritt.

Aber der Gedanke, nun aus der Tätigkeit des Regisseurs oder Bühnenbildners, Schauspielers oder Autors einen ehrlichen Beruf zu machen, ist mir nie gekommen. Statt dessen warf ich mich, trotz schwacher Begabung, auf meine große Liebe, die Musik.

Meine Kenntnisse auf diesem Gebiet beruhen auf dem Grammophon meines Vaters und einer Sammlung von etwa acht überanstrengten Schellack-Platten aus den zwanziger Jahren.

Dieser Aufwand war nötig, denn fünfzig Jahre später musizierten die Berliner Philharmoniker unter meiner Leitung. Auch das so liebenswürdige Orchester der Deutschen Oper Berlin, dem anzugehören ich die Freude habe, gewährte eine fruchtbare Zusammenarbeit, als ich versprach, weder zu singen noch zu geigen.

Das galt auch für diverse andere Opernhäuser. Aber der Gedanke, beruflich nun doch eine feste Bindung einzugehen, war ungewohnt und ließ mich zögern. In diesem Moment der Wehrlosigkeit traf mich der Pfeil der Universität der Künste: ein Lehrauftrag.

Ich unterdrückte einen Anfall spontaner Freude und gab zu bedenken, daß nichts von mir zu lernen sei, außer einigen altmodischen Umgangsformen. Meine Warnung drang jedoch nicht durch, ich gab klein bei und suche nun zwischen den Irrungen und Wirrungen meines Berufs- und Lebenswandels nach Erfahrungen, die vielleicht, wie Möbel, durch Alterung gewinnen.

Ich danke der Universität der Künste für das große Vertrauen, für die ehrenvolle Berufung und die so schöne Aufgabe meiner späten Jahre ... noch Fragen?

Guten Tag!

Friedrich Dürrenmatt

Totenrede für Varlin

Lieber Willi,

nun ist es soweit. Als ich am Montag letzter Woche an deinem Bette saß, wolltest du mich noch einmal zeichnen, aber ich sagte, du hättest genug gezeichnet in deinem Leben, und dann hast du mich nicht gezeichnet. Du hast gewußt, daß du mich nicht mehr sehen würdest, und ich habe gewußt, daß ich dich nicht mehr sehen würde, aber wir haben Abschied voneinander genommen, nicht anders, als wir immer Abschied voneinander nahmen, und jetzt malst und zeichnest du überhaupt nicht mehr, und ich stehe an deinem Grab.

Aber nicht allein. Deine Frau steht hier, dein Kind und deine Schwester, alle dankbar dem Doktor Persenico, der mit dir redete und es möglich machte, daß du in deinem Hause bleiben durftest, getragen von der Tapferkeit deiner Frau, umgeben von Patricias Zeichnungen, umspielt von deinem Hund und an den Wänden überall deine Bilder. Und dann stehen deine Verwandten hier und die Verwandten deiner Frau und Männer und Frauen deines Dorfes, und deine Freunde, die jetzt nicht hier sein können, denken an dich, denn, wenn zuerst nur deine Mutter, die dir das Leben gab, an dich glaubte, so glauben nun viele an dich, hast du doch dem Leben mehr zurückgegeben, als es dir gegeben hat. Aber es ist kein eigentliches Abschiednehmen, denn wie

sollten wir alle von dir Abschied nehmen können, wenn es dir so gar nicht gelingt, unter uns, unter denen du gelebt hast, nicht mehr weiterzuleben, lebst du doch in deinen Bildern weiter, sind doch deine Bilder nicht deine Konstruktion, sondern deine Erlebnisse. Sie zwingen uns, indem wir sie betrachten, zu dir und dich zu uns. Wenn es heißt, am Anfang sei das Wort gewesen, so wird wohl am Ende das Bild sein, und wenn es heißt, daß Gott diese Welt erschaffen habe, alle seine unermeßliche Kraft in einen ungeheuren Urbefehl legend, so wird darauf Gott, weil nun seine Kraft in seine Schöpfung übergegangen war, in einen tiefen Schlaf gefallen sein, um, nach Abermillionen Jahren erwachend, das, was er einst erschaffen und was sich nun daraus entwickelt hat, verwundert zu betrachten. Er wird lange schweigen, einen Augenblick könnte man glauben, er würde etwas zornig, aber dann wird er lächeln und seine Geschöpfe, und sei es nur eine sterbende Hündin, eine wacklige Leinwand an eine Wolkenwand lehnend, zuerst mit etwas Kohle, dann mit etwas Farbe etwa so malen, wie du seine Geschöpfe gemalt hast: mit viel Güte, mit viel Humor über das nicht so ganz vollkommen Gelungene und mit leisem Bedauern: Den Urbefehl hätte er vielleicht doch nicht aussprechen sollen, das Urwort war vielleicht doch vorwitzig gewesen. Und damit, Willi, habe ich dir meine letzte Geschichte erzählt, das, weil du gern Geschichten gehört und selber gern Geschichten erzählt hast, und weil wir schließlich deinetwegen hier sind, aber auch, weil diese Geschichte zu dir paßt, hast du doch einmal, schon niedergestreckt, gelacht und die Urdefinition deiner selbst ausgesprochen: »Ich bin«, sagtest du voll heiteren Staunens, »ein Guggenheim und nenne mich Varlin.«

Friedrich Dürrenmatt

Hugo Loetscher
Ich bin ein Secondo

Mein Vater wanderte aus Escholzmatt nach Zürich aus. Weg aus einer ländlichen Gesellschaft in eine städtische. Fort aus einer katholischen Region in die Stadt des Reformators Zwingli – was das Ende der zwanziger Jahre bedeutete, kann man sich heute schwer vorstellen.

Es war für meinen Vater mehr als nur ein Ortswechsel. Zurückgelassen hatte er eine Schmiede; er konnte sich zur Zeit der Arbeitslosigkeit als Fabrikarbeiter durchschlagen, war zwischendurch dank einer eigenen Werkstatt selbständig. Gegen Ende seines Lebens hatte er die Möglichkeit, ein Bauernhaus mit einer Schmiede zu erwerben, sogar mit einem Stierenstand. Und dies im Zürcher Oberland, einiges abseits vom Großverkehr. Ich habe erst spät erkannt, daß er heimkehrte, in die alpine Hügellandschaft des Entlebuchs, ganz heim mochte er nicht.

Er hatte auf seine Weise einen Schlußstrich gezogen. Er brachte dies auf den Punkt, genau auf zwei Punkte. Er löschte die beiden Zeichen auf dem ›o‹, er machte aus einem Lötscher mit ›ö‹ einen Loetscher mit ›oe‹.

Ich bin also ein schweizerisch-interner Secondo. Nicht nur dies. Bei uns in Zürich lebte die Mutter meiner Mutter. Und diese Großmutter mütterlicherseits stammte aus Schwaben. Von ihr erfuhr ich, daß es neben der Limmat und der Sihl einen Fluß wie den Neckar gibt. Auch sie hatte eine

Herkunft. Sie hat mir einmal davon gesprochen: »Wir habe auch Berge. Aber bei uns sind die Berge obe ebe.« Es irritierte mich, daß es Berge gab, die oben eben sind. In der Schule mußte ich Berge zeichnen, die einen Spitz hatten; perfekt waren die Berge erst, wenn ich auf den jeweiligen Spitz noch eine Schweizer Fahne setzte. Eines Tages habe ich mit der Hochebene der Schwäbischen Alb Berge kennengelernt, die oben eben sind.

Diese schwäbische Großmutter prägte auch meinen Wortschatz. In meinem Vokabular gab es nicht nur das luzernische ›rüdig‹ von meinem Vater, sondern auch das Sodele dieser Großmutter. So habe ich eine rüdige Sodele-Kindheit verbracht. Doch fürs Familienbuch zählte die andere Großmutter. Die aus Escholzmatt. Der Vater bestimmte die Staatszugehörigkeit von seinem Halbblut.

Aber wie mich die ebenen Berge meiner schwäbischen Großmutter irritierten, irritierte mich etwas anderes bei der Herkunft meines Vaters. Er sang wenige Lieder, aber eines, wenigstens dessen Anfang, blieb mir im Ohr: »Dort tief im Böhmer Wald, wo meine Wiege stand.« Ich wußte, daß mein Vater in Escholzmatt geboren worden war, wie kommt es da, daß seine Wiege tief im Böhmerwald stand, das mußte für meine Großmutter furchtbar kompliziert gewesen sein. Ich war damals eben noch nicht Schriftsteller, der weiß, daß man das, was einer singt, nicht wörtlich zu nehmen hat, was ja nicht nur für die Kunst gilt, sondern auch für die Politik.

Nun lernte ich diese Herkunft persönlich erst 1940 kennen, als man alles ins Reduit schickte, was rettungswürdig war, somit auch mich. Und wohin, wenn nicht ins Land der Väter, nach Escholzmatt. Und da ich mit elf schulpflichtig war, lernte ich einen neuen Schulbetrieb kennen: verschiedene Klassen im gleichen Raum, und beim ersten

Morgengebet wurde für mich gebetet, da ich aus einem Sündenbabel kam, obwohl ich nicht recht wußte, was das war. Ich war nicht nur physisch im Reduit gerettet, sondern auch seelisch; ich turnte katholisch, es gab neben einem weltlichen Turnverein einen katholischen, und dort war der Hochsprung vatikanisch himmelgerecht.

Es war ein Sommer, der vergnügt verlief, dank Cousinen und Cousins. Nur, als Einzelkind konfrontiert mit neun oder zehn Cousinen und Cousins innerhalb einer einzigen Familie, wie sollte ich mich da verhalten angesichts der väterlichen Nachlässigkeit? Spielgefährten von damals haben mir später erzählt, meine Lieblingsrolle sei Pfarrer gewesen, das habe mir erlaubt, den andern vom Stuhl herunter missionarisch die Leviten zu lesen und beim Beichtabnehmen in Confiteors zu wühlen, die einer beginnenden Pubertät interessant schienen.

Ich hatte gemeint, ich sei diesen Sommer ins Land der Väter gekommen, dorthin, woher mein Vater und damit auch ich stammte. Aber ich machte die Erfahrung, daß ich noch eine andere Herkunft hatte, meine Geburtsstadt Zürich. Alle wollten sie wissen, wie das ist, woher ich komme, und nicht nur, was das Sündenbabel betraf.

Eine Erinnerung hatte ich mitgenommen von diesem Kriegssommer 1940, nämlich daß es zum Frühstück Rösti gab, was ich liebte. Das blieb für mich ein Markenzeichen, dort, von wo ich herkam, aß man am Morgen gebratene Kartoffeln, und das schien mir außergewöhnlich – einmalig – heimatlich zu sein. Aber dann wurde diese Vorstellung erschüttert – nicht, weil man auch an andern Schweizer Orten mit Rösti den Tag begann, das paßte noch durchaus ins Bild der Heimatkunde. Doch dann, als Student in Chicago, fragte man mich, ob ich zum Frühstück *hash brown* wolle, und das war nichts anderes als gebratene Kartoffeln, nicht ganz richtige Rösti, die gab es nur in Entlebuch, aber immerhin etwas, das der Rösti sehr nahe kam. Das war ein Schock. Da aßen die in Chicago wie die in Escholzmatt Rösti zum Frühstück – was hatten diese Cowboys mit meinen Entlebuchern gemein? Sollte es eine geheime Verbindung geben von Kuhreigen und Lasso?

Um zur Kartoffel zurückzukehren. Was, wenn die Spanier nicht Südamerika erobert und was, wenn sie nicht die Kartoffel nach Europa gebracht hätten? Heißt es nicht, was der Bauer nicht kennt, frißt er nicht? Angesprochen sind damit die Kartoffeln; es brauchte Aufklärungsarbeit, bis man die Kartoffel nicht länger dem botanischen Garten überließ und Bauern wie Städter begriffen, daß es die Knollen sind, die eßbar sind. Was aber hatten meine Vorvorfahren vorher gegessen? Was, wenn meine Großmutter mir zum Frühstück Hirsebrei vorgesetzt hätte? Hätte mir dies auch geschmeckt?

Sempé

Diese einheimischen Rösti hingegen, die waren vertraut – ihre Kartoffeln haben auch eine Herkunft. Die liegt in Südamerika, in den Anden. Ich teile mit der Kartoffel ein gemeinsames Schicksal: Wir wachsen nicht dort auf, wo wir herkommen. Der Secondo – Loetscher liebt die – Secondo Kartoffel.

Nun hätte ich jederzeit die Möglichkeit gehabt, Stadtzürcher zu werden: meine Heimatgemeinde wechseln oder Doppelbürger zu werden. Was aber, wenn ich mich dazu entschlossen hätte und der zuständige Beamte mich gefragt hätte, wie dies bei der Einbürgerung von Asylanten geschah: Haben Sie noch Beziehungen zu Ihrem Herkunftsort? Ich hätte meine Einbürgerung verspielt, da ich meine Herkunft, schon wegen der Verwandtschaft, nicht verleugnet hätte.

Aber ich habe mich nie zu einem Bürgerortswechsel entschlossen. Vielleicht einfach schon deswegen nicht, weil meine luzernische Herkunft Teil einer Kollektivgeschichte ist, die ich nicht streichen mag. Vielleicht gehört zu dieser Erbschaft auch jener sture Grind, für den die Entlebucher berühmt sein sollten: starrköpfig sein, erneut säen, auch wenn es einem die letzte Ernte verhagelt hat. Wobei dieser Schicksalsschlag heute dank einer Hagelversicherung nicht mehr so schlimm ist. Bei aller Bereitschaft, trotzig weiter zu schreiben, hätte ich mir manchmal dennoch gerne eine Hagelversicherung gegen Literaturkritik gewünscht.

Nun ist die Tatsache, einen Heimatort und einen Geburtsort zu haben, weltweit ein solches Unikum, daß ich auf solche Exklusivität nicht verzichten wollte. Allerdings habe ich andererseits überraschende Kenntnisse von möglicher Herkunft gewonnen.

In den sechziger und siebziger Jahren erhielt man in den USA von Schwarzen erstaunliche Antworten, fragte man sie, woher sie kommen – aus Dahomé oder Mali oder Senegal lauteten die Antworten, aber die Angesprochenen wohnten an der 56. oder an der 108. Straße oder in Brooklyn und waren nie in den Ländern gewesen, die sie als Herkunftsländer angaben. Herkunft war ein historischer Hinweis auf die Vorfahren, die nach Amerika als Sklaven verschleppt worden waren; aber es war zugleich mehr als eine historische Situierung, nämlich ein Bekenntnis, Herkunft stand für das Selbstbewußtsein der schwarzen Emanzipation.

Überraschend war auch, was für Landkarten ich in chinesischen Tempeln außerhalb Chinas oder Taiwans sah; ich konnte mir ihren Grenzverlauf nicht erklären, bis ich realisierte, sie zeigten nicht China, sondern die Provinz, aus der die Angehörigen dieser Tempelgemeinschaft stammten. Herkunft, das war der Ort, wo die Ahnen lagen. Nicht nur ein unabdingbarer Ort des Bewußtseins auf einer Landkarte, sondern ein konkreter Ort, der Friedhof, wo man die Ahnen aufsucht, um sie zu informieren, was sich tut, und um sich mit ihnen zu besprechen.

Verglichen damit, war mein Doppelleben von Heimatgemeinde und Geburtsort einfach, auch wenn es manchmal im Ausland Unstimmigkeiten gab, wenn ich auf dem Formular nicht Zürich angab, wie erwartet wurde, sondern Escholzmatt, was Paß-konform war.

Nun hatte ich eine Heimatgemeinde, die aufzusuchen ein leichtes war. Nun gab die Bahnlinie Luzern–Bern oder Bern–Luzern, an der Escholzmatt liegt, im Gespräch mit Friedrich Dürrenmatt ein Scherzmoment ab. Fährt man von Luzern nach Bern, bin ich mit Escholzmatt der erste, fährt man von Bern nach Luzern, ist es mit Konolfingen Dürrenmatt. Eine Situation jedenfalls, bei der jeder den andern überholen konnte. Entscheidend war, daß wir an der gleichen Bahnlinie beheimatet waren, das konnte man auch li-

Sempé

terarisch-ideologisch verstehen. Dürrenmatt hatte allerdings den Vorsprung, daß in Konolfingen die Schnellzüge halten, während ich in Escholzmatt wie seine Alte Dame für einen Besuch bei den Schnellzügen die Notbremse ziehen mußte.

Eine der Einsichten, die ich als Kind über meine Heimatgemeinde erhielt, war beruhigend: Wenn du armengenössig wirst, kannst du nach Escholzmatt, in irgendein Asyl, die müssen dich aufnehmen, ob sie dich mögen oder nicht, ob sie dich, wie ich heute beifügen würde, gelesen haben oder nicht.

Nun ja, ich hatte nie den Ehrgeiz gehabt, als Secondo armengenössig in meine Heimatgemeinde zu kommen. Das tue ich lieber als Ehrenbürger.

Anton Čechov

Je kultivierter, desto unglücklicher

In seinen Notizbüchern, seiner literarischen Vorratskammer, hielt Anton Čechov Beobachtungen, Aphorismen, Skizzen zu Figuren und Geschichten fest, immer unter dem Gesichtspunkt: Irgendwo in einem der nächsten Texte muß ich das verwenden.

Briefwechsel. Ein junger Mann träumt davon, sich der Literatur zu widmen, schreibt darüber ständig seinem Vater, quittiert schließlich den Dienst, fährt nach Petersburg und widmet sich der Literatur – er wird Zensor.

Und vor Freude darüber, daß die Gäste endlich gingen, sagte die Frau des Hauses: Bleiben Sie doch noch ein wenig.

Liebe, Freundschaft, Achtung können nicht so verbinden wie der gemeinsame Haß auf etwas.

– Woran ist Ihr Onkel gestorben?
– Er nahm statt der 15 Tropfen Botkin, wie der Doktor verschrieben hatte, immer 16.

Tote kennen keine Scham, aber sie stinken fürchterlich.

Schrecklich, jeden Tag mit einem Menschen zu essen, der stottert und dummes Zeug redet.

Sarcasmus senilis.

Mit 20 Jahren liebte sie Z., mit 24 heiratete sie N. nicht aus Liebe, sondern aus Berechnung, in der Annahme, er sei ein guter, kluger Mensch mit Idealen. Die Gatten N. leben gut, alle beneiden sie, und in der Tat verläuft ihr Leben glatt, gleichmäßig, sie ist zufrieden, und wenn das Gespräch auf die Liebe kommt, äußert sie die Meinung, für das Familienleben brauche man keine Liebe, keine Leidenschaft, sondern Anhänglichkeit. Aber einmal plötzlich spielte die Musik auf, in ihrer Brust geriet plötzlich alles in Bewegung, wie das Eis im Frühling, sie erinnerte sich an Z., an ihre Liebe zu ihm und dachte auf einmal voller Verzweiflung, ihr Leben sei ruiniert, verdorben für immer und ewig, sie sei unglücklich; dann ging es vorüber. Ein Jahr später hatte sie wieder so einen Anfall, als sie das neue Jahr begingen, sich zum neuen Jahr Glück wünschten, da hatte sie in der Tat Verlangen nach neuem Glück.

Mädchen ständig: wundervoll!

Ein Schreiber schickt seiner Frau aus der Stadt ein Pfund Kaviar mit einem Zettel: »Schicke Ihnen ein Pfund Kaviar zur Befriedigung Ihres physischen Bedürfnisses.«

Eine Dame bildete sich ein, sie habe einen besonderen, außergewöhnlichen Organismus, der auf besondere Weise krank sei – er verträgt keine normalen Arzneien. Sie findet, sie habe einen Sohn, der anders sei als bei anderen, sie müsse ihn auf besondere Weise erziehen. Sie glaubt an Prinzipien, ist aber der Meinung, diese seien für alle verbindlich, nur nicht für sie, da sie unter außergewöhnlichen Bedingungen lebe. Der Sohn wird erwachsen, und sie sucht für ihn eine ganz besondere

Braut. Ihre Umgebung leidet Qualen. Der Sohn wurde ein Taugenichts.

Speiseeis aus Milch, in der man angeblich Kranke gebadet hatte.

Nachdem er geheiratet hatte, wurde ihm alles – Politik, Literatur, Gesellschaft – uninteressant, im Gegensatz zu früher; dafür wuchs sich jede Lappalie, die Frau und Kind betraf, zu einer sehr ernsten Angelegenheit aus.

Das Publikum liebt an der Kunst am meisten das, was banal und ihm längst bekannt, woran es gewöhnt ist.

Wenn du Optimist werden und das Leben begreifen willst, dann hör auf daran zu glauben, was gesagt und geschrieben wird, sondern beobachte und forsche selbst.

Die Universität entwickelt alle Fähigkeiten, unter anderem auch – die Dummheit.

Ein junger Mann, der sich von einer Frau aushalten läßt, hält sich dadurch bei Kräften, indem er ständig scharfe Saucen ißt.

Eine untreue Ehefrau ist ein großes kaltes Kotelett, das man ungern anfaßt, weil es schon ein anderer in der Hand gehabt hat.

In einem Liebesbrief: »Briefmarke für die Rückantwort lege ich bei.«

Sie entkleideten die Leiche, bekamen aber die Handschuhe nicht herunter; ein Leichnam in Handschuhen.

Die Liebe. Entweder sie ist ein Überrest von etwas, das entartet ist und früher einmal etwas Großes war, oder sie ist ein Teil dessen, das sich in der Zukunft zu etwas Großem entwickeln wird, in der Gegenwart jedoch befriedigt sie nicht, gibt einem weit weniger, als man erwartet.

N. machte Z. lange den Hof. Sie war sehr religiös, und als er ihr den Antrag machte, legte sie die gepreßte Blume, die er ihr einmal geschenkt hatte, in ihr Gebetbuch.

Wenn du wenig Zeit haben willst, dann tue nichts.

Man sagt: am Ende triumphiere die Wahrheit, aber das ist nicht wahr.

Wenn der Schauspieler Geld hat, schickt er keine Briefe, sondern Telegramme.

Bei den Insekten wird aus der Raupe ein Schmetterling, bei den Menschen ist es umgekehrt: aus dem Schmetterling eine Raupe.

Die Hunde im Haus hingen nicht an den Herren, die sie fütterten und streichelten, sondern an der Köchin, einem fremden Weib, das sie schlug.

Wenn wir Kinder bekommen, rechtfertigen wir alle unsere Schwächen wie: Neigung zu Kompromissen, zur Spießigkeit – so: »Es ist wegen der Kinder.«

Lieber von Dummköpfen umgebracht als von ihnen gelobt werden.

Das Leben erscheint einem groß, riesig, weit, dabei sitzt man auf einem Fünfkopekenstück.

Er schlief mit einer 45jährigen Frau, danach fing er an, Schauergeschichten zu schreiben.

Ein 80jähriger Greis sagt zu einem anderen, 60jährigen: Schämen Sie sich, junger Mann.

Wenn Sie die Einsamkeit fürchten, heiraten Sie nicht.

Ein sehr vorsichtiger kleiner Herr: Er schickt selbst Glückwunschbriefe per Einschreiben gegen Quittung.

Ich werde ihr nie verzeihen, daß ich sie geliebt habe.

Sie, ein kluges Mädchen: – ich kann mich nicht verstellen ... ich lüge nie ... ich habe meine Prinzipien ... – und immer nur ich ... ich ... ich ...

Wenn du Lust hast zu trinken und dir scheint, du würdest ein ganzes Meer austrinken – das ist Glaube; und wenn du anfängst zu trinken und trinkst im ganzen ein, zwei Gläser – das ist Wissenschaft.

Ein hübsches Kind weint häßlich, so erkennt man manchmal hinter schlechten Gedichten den guten Autor und Menschen.

Wenn du willst, daß man dich liebt, sei originell; ich kenne jemanden, der Sommer und Winter in Filzstiefeln ging, und man verliebte sich in ihn.

Womit beschäftigt sich Ihr Mann? – Er nimmt Rizinus.

Liebe? Verliebt? Niemals, ich bin Kollegienassessor.

Er war Souffleur, dann hatte er es satt, gab es auf; 15 Jahre ging er nicht ins Theater, dann ging er wieder einmal hin, sah ein Stück, weinte vor Rührung, ihm wurde schwer ums Herz, und als ihn zu Hause die Frau fragte, wie es ihm im Theater gefallen habe, antwortete er: »Überhaupt nicht!«

Wie angenehm, zu Hause zu sitzen, wenn der Regen aufs Dach pladdert und du weißt, daß keine schweren langweiligen Menschen im Haus sind.

Wir plagen uns ab, das Leben zu verändern, damit unsere Nachfahren glücklich werden, und die werden aus Gewohnheit sagen: Früher war es besser, das Leben heute ist schlechter als früher.

Er träumte davon, 2mal hintereinander 200 Tausend zu gewinnen, 200 Tausend allein waren ihm zu wenig.

Ich wünschte mir, ich könnte im Jenseits von diesem Leben denken: Es waren schöne Visionen.

Sie nennt ihren Liebhaber zärtlich: mein Geier.

Stück: Wenn du doch einmal etwas Komisches erzählen würdest, seit 20 Jahren leben wir zusammen – und reden dauernd über ernste Dinge; ich hasse diese ernsten Dinge.

Junger Mensch hatte eine Million Mark beisammen, legte sich darauf und erschoß sich.

Im Theater: Ein Herr bittet eine Dame, den Hut abzunehmen, der ihn stört. Murren, Ärger, Bitten. Schließlich das Geständnis: »Gnädige Frau, ich bin der Autor!« Antwort: – Ist mir doch egal.

Um klug zu handeln, ist Klugheit allein zu wenig.

Gespräch auf einem anderen Planeten über die Erde in 1000 Jahren: Erinnerst du dich an diesen weißen Baum (die Birke).

N., die mit ihrem Körper Handel treibt, sagt zu jedem: ich liebe dich, weil du nicht so bist wie die anderen.

Lop.: Ich habe mir ein kleines Gut gekauft, habe es schön herrichten wollen und mir nichts anderes einfallen lassen als das Schild: Unbefugten Zutritt strengstens verboten.

Daß seine Tante litt, ohne mit der Wimper zu zucken, machte auf ihn den Eindruck eines Zauberkunststücks.

Sie ist schön, daß einem geradezu angst wird; schwarze Augenbrauen; kluge Reden.

Das Schlimme ist, daß wir die einfachsten Fragen mit Tricks zu lösen versuchen, darum machen wir sie auch so ungewöhnlich kompliziert. Man muß nach einfachen Lösungen suchen.

W. Somerset Maugham

Das Normale ist das Seltenste auf Erden

Sein Leben lang hat Maugham in seinem Notizbuch aufgezeichnet, was er sah, dachte und erlebte – und worüber er vielleicht schreiben wollte. Ein Einblick in die Schreibwerkstatt eines großen Schriftstellers.

Ende eines Lebens. Es ist, als ob man gegen Abend ein Buch liest und das schwächer werdende Tageslicht nicht beachtet; dann hält man inne und bemerkt plötzlich, daß das Licht verschwunden ist. Es ist dunkel, und wenn man wieder ins Buch schaut, kann man nichts entziffern und die Seite hat keinen Sinn mehr.

In den meisten Biographien ist der Tod des dargestellten Menschen das Interessanteste. Der letzte, unvermeidliche Schritt ist faszinierender und sogar praktisch lehrreicher als alle vorhergehenden Ereignisse. Ich verstehe nicht, weshalb ein Biograph, der sämtliche Einzelheiten aus dem Leben einer berühmten Persönlichkeit zusammentrug, sich davor scheuen sollte – wie es so oft geschieht –, auch den Tod eingehend zu beschreiben. Das wichtigste ist der Charakter des betreffenden Menschen, seine Stärken und Schwächen, sein Mut und seine Verzagtheit, und das alles tritt nirgends deutlicher zutage als auf dem Totenbett. Wie bedeutende Menschen gestorben sind, ist für uns genauso wichtig wie der Einblick in ihr Leben. Äußere Umstände bestimmen unser

Leben, aber der Tod betrifft uns allein. Zu erfahren, wie andere die letzte Reise antraten, ist die einzige Hilfe für uns, wenn unsere eigene Stunde schlägt.

Nachmittag in den Tropen. Man hat zu schlafen versucht und es als hoffnungslos aufgegeben; man tritt schwer und benommen auf die Veranda hinaus. Es ist heiß und drükkend, kein Lufthauch. Man fühlt sich rastlos, aber ohne Ziel. Die Stunden schleppen sich bleiern. Der Tag will kein Ende nehmen. Man sucht Abkühlung in einem Bad; es nutzt nur wenig. Es ist zu heiß, um auf der Veranda zu sitzen; man wirft sich wieder auf das Bett. Die Luft unter dem Moskitonetz scheint stillzustehen; man kann nichts lesen, man kann nichts denken, man kann nicht ausruhen.

Die D.s luden mich zum Essen ein, um mich mit einem befreundeten Ehepaar zusammenzubringen, das sich einige Tage in Singapur aufhielt. Der Mann war irgendwo in Britisch-Nordborneo Resident. Mrs. D. erzählte mir, daß er ein furchtbarer Trinker gewesen sei und jeden Abend eine Flasche Whisky mit ins Schlafzimmer genommen und bis zum Morgen geleert habe. Er wurde so unerträglich, daß der Gouverneur ihn auf Urlaub nach England schickte und ihm mitteilte, er würde ihn entlassen müssen, wenn er sich bis zu seiner Rückkehr nicht gebessert habe. Der Mann war Junggeselle, und der Gouverneur riet ihm, in England ein nettes Mädchen zu suchen und zu heiraten, sie werde ihn sicher in Ordnung bringen. Nach dem Urlaub kehrte er verheiratet und völlig verwandelt zurück. Er rührte nie mehr einen Tropfen Alkohol an.

Die beiden kamen zum Essen. Er war ein großer, beleibter Mann mit auffallend nacktem Gesicht, ziemlich kahl, langweilig und von betont imposantem Benehmen; sie war eher klein, dunkel, weder jung noch hübsch, aber lebhaft und offensichtlich tüchtig. Sie benahm sich sehr damenhaft. Ihren Typ findet man dutzendweise in Turnbridge Wells, Cheltenham oder Bath – geborene alte Jungfern, die nie jung gewesen zu sein scheinen und von denen man den Eindruck hat, daß sie nie alt werden. Sie waren seit fünf Jahren verheiratet und offenbar sehr glücklich. Ich nehme an, daß sie ihn nur geheiratet hatte, um verheiratet zu sein.

Ich sah sie nicht mehr, und sie erfuhren nie, welche Folgen ihr Besuch hatte. Sie gaben mir die Idee zu meiner Erzählung ›Vor der Party‹ ein.

Mein erstes Buch, das 1897 erschien, hatte beträchtlichen Erfolg. Edmund Gosse bewunderte und lobte es. Danach veröffentlichte ich andere Bücher und wurde als Dramatiker bekannt. Ich schrieb *Der Menschen Hörigkeit* und *Silbermond und Kupfermünze.* Ich pflegte Gosse ein- oder zweimal im Jahr zu treffen und behielt diese Gewohnheit während zwanzig Jahren bei, aber wir sahen uns kein einziges Mal, ohne daß er in seiner salbungsvollen Art sagte: »Ach, mein lieber Maugham, Ihre *Liza von Lambeth* hat mir so gut gefallen. Wie klug von Ihnen, daß Sie nie etwas anderes geschrieben haben.«

Der sterbende Dichter. Er war so krank, daß der für ihn sorgende Freund sich veranlaßt sah, der Frau des Dichters zu telegraphieren. Sie war eine erfolgreiche Malerin und hatte sich nach London begeben, um in einer kleinen Galerie auszustellen. Als der Kranke von dem Telegramm erfuhr, machte er dem Freund Vorwürfe. »Warum kannst du mich nicht in Frieden sterben lassen?« rief er. Jemand hatte ihm einen Korb

Pfirsiche geschickt. Er sagte: »Nach ihrer Ankunft wird sie als erstes den besten Pfirsich heraussuchen, und während sie ihn ißt, wird sie von sich und ihrem Erfolg in London sprechen.«

Der Freund holte sie vom Bahnhof ab und brachte sie in die Wohnung.

»Ach, Francesco, Francesco«, rief sie, als sie in das Zimmer stürzte. Er hieß Francis, aber sie nannte ihn immer Francesco. »Das ist ja furchtbar! Oh, was für herrliche Pfirsiche! Wer hat sie dir geschickt?« Sie suchte sich einen heraus und grub ihre Zähne in das saftige Fleisch. »Auf der Privatausstellung sind alle erschienen, die einen Namen haben. Ein riesiger Erfolg. Alle waren begeistert. Die Leute haben mich nur so belagert. Alle sagten, ich hätte großes Talent.«

Sie redete und redete. Schließlich sagte der Freund zu ihr, es sei schon spät und sie müsse ihren Mann schlafen lassen.

»Ich bin völlig erschöpft«, rief sie. »Eine endlose Reise. Ich mußte die ganze Nacht sitzen. Es war fürchterlich.«

Sie trat ans Bett, um den Kranken zu küssen. Er drehte das Gesicht weg.

Vieles von Henry James würden die Franzosen, die er so sehr bewunderte, achselzuckend als *littérature* abtun. Er lebte nicht wirklich, sondern er betrachtete das Leben durch ein Fenster, und nur zu oft begnügte er sich sogar mit dem, was seine Freunde ihm von *ihren* Beobachtungen durch ein Fenster erzählten. Aber was kann man über das Leben wissen, wenn man es nicht selbst gelebt hat? Irgend etwas muß dem Blick entgehen, solange man nicht als Schauspieler in der Tragikomödie mitwirkte. Letzten Endes besteht James' Wert weder in seinem kunstvollen Stil noch in seinem Ernst, sondern in seiner seltsamen, charmanten und etwas absurden Persönlichkeit.

In der Halle eines Hotels in Worthing sprachen zwei Männer über einen Mord, von dem die Zeitungen voll waren. Ein in ihrer Nähe sitzender Mann hörte dem Gespräch zu und fragte, ob er sich zu ihnen setzen dürfe. Er nahm an ihrem Tisch Platz und bestellte für alle etwas zu trinken. Er teilte ihnen seine Ansicht über den betreffenden Mord mit. »Man muß nach dem Motiv suchen«, sagte er. »Sobald man das Motiv gefunden hat, ist es nur noch eine Frage der Zeit, bis der Mörder entdeckt wird.« Dann fuhr er ohne Vorwarnung fort, als sagte er etwas ganz Gewöhnliches: »Ich will Ihnen gerne gestehen, daß ich selbst einmal einen Mord begangen habe.« Er erzählte, daß er sich nur zum Vergnügen dazu entschlossen habe, und beschrieb die Spannung, die er dabei empfunden hatte. Da kein Motiv dahintersteckte, wußte er, daß er nie entdeckt werden könne. »Es war jemand, den ich nie zuvor gesehen hatte«, sagte er. Er leerte sein Glas, stand auf, nickte ihnen zu und entfernte sich durch die Schwingtüre. Die beiden blieben entgeistert sitzen.

Sie sagte schwärmerisch zu mir: »Was für ein Gefühl hat man, wenn man berühmt ist?«

Ich bin sicher schon zwanzigmal dasselbe gefragt worden, und ich wußte nie, was ich darauf sagen sollte; erst heute, da es zu spät ist, fiel mir plötzlich eine Antwort ein.

»Es ist so, als ob man eine Perlenkette geschenkt bekommen hätte. Man freut sich darüber, aber nach einer Weile, falls man überhaupt noch daran denkt, fragt man sich nur, ob es echte oder gezüchtete Perlen sind.«

Und da ich nun diese Antwort bereit habe, wird wohl niemand mehr die Frage an mich stellen.

F. Scott Fitzgerald

So sinnlos wie die Wiederholung eines Traums

Von 1932 bis zu seinem Tod führte F. Scott Fitzgerald ein Notizbuch, dessen Einträge er in 23 Kategorien klassifizierte, darunter: »Anekdoten«, »Beschreibungen von Frauen«, »Momente (was Menschen tun)« oder »Gespräche und Mitgehörtes«.

Ägyptisches Sprichwort: Das Schlimmste:
Im Bett zu liegen und nicht zu schlafen,
Sich nach jemandem sehnen, der nicht kommt,
Zu gefallen versuchen und nicht gefallen.

Du haßt die Menschen, nicht?

Ja, und du auch.

Ich hasse sie wie die Pest.

Was willst du dagegen machen?

Weiß nicht. Aber eins bestimmt nicht: Wenn sie mich schon kalt lassen, werde ich zumindest nicht versuchen, ihnen ihre Geheimnisse zu entlocken, sobald sie arglos und verletzlich sind. Und ich werde auch nicht überall verkünden, daß ich die Menschen liebe, wenn ich damit in Wirklichkeit meine, daß ich ohne ihre gewohnte Reaktion auf meinen persönlichen Charme nicht mehr auskomme. Leerer und leerer werde. Liebe ist scheu. Ich dachte mir gleich, daß niemand mit deiner Einstellung zur Liebe je geliebt hat.

Sein Leben war eine Art Traum – wie die meisten Leben, denen die Triebfeder fehlt.

Bin nicht gerade hellwach, aber ich merke zumindest, daß ich auf der Welt bin, und als ich zum erstenmal wach wurde, hätte ich nicht mal das mit Sicherheit sagen können.

Bei langen Verlobungen muß man entweder heiraten oder streiten, folglich entschied ich mich fürs Streiten.

Jetzt ist alles so sinnlos wie die Wiederholung eines Traums.

Francis sagt, er will weg und seine Persönlichkeit an vielen neuen Leuten ausprobieren.

Als die Sterne hell genug waren, um in Konkurrenz mit den hellen Lampen zu treten.

Zeig mir einen Helden, und ich schreibe dir eine Tragödie.

Schließlich hängt das Bildnis eines alten Schuhs, gemalt von Van Gogh, im Louvre, aber wo ist ein Bildnis Van Goghs, gemalt von einem alten Schuh?

Einem jungen Mädchen am Muttertag Blumen geschickt.

Die Schweiz ist ein Land, in dem kaum etwas anfängt, aber vieles endet.

Ein Wort wie Cannes gibt es im Englischen nicht.

Noch nie wurde eine glorreiche Idee in einer Konferenz geboren, aber viele törichte Ideen haben dort das Zeitliche gesegnet.

Wenn jemand dir eröffnet, wie wenig er trinkt, kannst du sicher sein, daß er gerade mit einer Kur angefangen hat.

Jeder Weg durch einen Park, der zwischen einer doppelten Reihe schütterer Bäume verläuft und dreist an der Damentoilette vorbeiführt, nennt sich unweigerlich »Straße der Liebenden«.

Selten stirbt ein Mensch an der Sünde, häufig aber an ihren Komplikationen.

Knallhart gesagt: Er ist reich, hat Kaviar zwischen den Zähnen.

Debüt: Wenn ein junges Mädchen zum erstenmal betrunken in der Öffentlichkeit gesehen wird.

Wenn deine Sachen alle gleich abgetragen sind, sieht man daran, daß du zuviel ausgehst.

Wir stellten einen Aschenbecher ins Fenster (statt Lampe).

Ich bin so streng auf Diät, daß sie mich nicht mal eine Briefmarke ablecken lassen.

Das unvermeidlich Seichte, das Menschen eigen ist, die nur aus Erfahrung schlau geworden sind.

»Wir sind hier nicht im Süden, sondern im Zentrum des Landes. Wir sind nur die halbe Zeit höflich.«

Ein Mädchen mit solchen Fesseln hat keine Privilegien.

Ich gehe durch die Krisen meines Lebens wie über Eisenbahnschwellen.

Im Leben der Amerikaner gibt es keine zweiten Akte.

»Ich kann Ihnen nicht viel zahlen«, sagte der Redakteur zum Autor, »aber ich kann Ihnen schöne Publicity verschaffen.«

»Ich kann Ihnen nicht viel zahlen«, sagte der Anzeigenkunde zum Redakteur, »aber ich kann Ihnen ein paar schöne Anzeigen verschaffen.«

Früher konnte ich dich in eine nervöse Erregung hineinsteigern, die man fast für Intelligenz hätte halten können.

Langeweile ist kein Endprodukt, sondern eher einer Frühphase im Leben und in der Kunst vergleichbar. Man muß durch die Langeweile durch wie durch einen Filter, erst dann erhält man das geklärte Produkt.

Schlechte Partys, die wir gegeben haben.

EIN AUTOR GIBT ALLES PREIS

Ausbruch, ergo eine Ausbruchs-Autobiographie
Jugend, reiche Herkunft
Fußball
Krieg (Ausbruch aus Deutschland, Gefangennahme Kaiser) und Revolution
Hollywood
Geldverdienen. Haussestimmung

Flug über den Pazifik
Ehen. Gibt Mary, Gretta usw. auf
Mord und der Fall Dot King
Aufbrechen von Gangs
Schriftstellerischer Erfolg. Pseudonyme
In die Südsee und zurück
Bezauberndes Refugium in … usw.
Rettung aus Seenot, Feuer.
All das, was ich hätte tun wollen. Und beeilen Sie sich mit dem Scheck für diesen Text, sonst kann ich meine Wochenrechnung im Hotel nicht bezahlen.

Liste von Beschwerden
Sodbrennen
Ekzeme
Hämorrhoiden
Influenza
Nachtschweiß
Alkoholismus
Naseninfekt
Schlaflosigkeit
Kaputte Nerven
Chronischer Husten
Zahnschmerzen
Kurzatmigkeit
Haarausfall
Fußkrämpfe
Fußkribbeln
Verstopfung
Leberzirrhose
Magengeschwüre
Depression und Schwermut.

Alle Mädchen kennen eine Möglichkeit, die Zeit totzuschlagen, aber Scottie kennt sie alle.

Bücher sind wie Brüder. Ich bin ein einziges Kind. Gatsby mein eingebildeter ältester, Amory mein jüngerer Bruder, Anthony meine Sorge, Dick mein vergleichsweise braver Bruder, aber alle fern der Heimat. Wenn ich den Mut habe, den guten alten Scheinwerfer auf die Heimat meines Herzens zu richten, dann...

Ich erinnere mich nie an die Zeiten, in denen ich geschrieben habe – die *Diesseits vom Paradies*-Zeit etwa oder *Die Schönen und Verdammten*-Zeit oder die *Gatsby*-Zeit. Ich habe immer in der jeweiligen Geschichte gelebt.

Es hat noch nie eine gute Biographie über einen guten Romanschriftsteller gegeben, und die wird es auch nie geben. Er ist, wenn er gut ist, zu viele Menschen auf einmal.

Er erledigte eine Mücke auf dem Papier und beseitigte die Leiche mit dem Radiergummi.

Betrunken mit 20, ruiniert mit 30, tot mit 40. Betrunken mit 21, menschlich mit 31, abgeklärt mit 41, tot mit 51.

Wie alle Menschen, die im Grunde zu einer Gruppe, einer Herde gehören, war er unfähig, mit der damit unvermeidlich einhergehenden Einsamkeit umzugehen.

Wenn wir in den Dreißigern sind, brauchen wir Freunde. In den Vierzigern wissen wir, daß sie uns ebensowenig retten werden, wie es die Liebe tat.

Voller Jammer und Verzweiflung, ohne daß sie wußten, wozu das gut sein sollte – wie Menschen, die bei einem Feuer Dinge retten, die sie nicht brauchen und die ihnen schon lange zuwider sind.

Manchmal suche ich in meinen eigenen Büchern nach einem Rat. Wie viel ich manchmal weiß, und dann wieder wie wenig!

Dann holte er tief Atem und hielt ihn für seine Verhältnisse unverhältnismäßig lange an. Dann starb er – rasch und ohne Aufhebens davon zu machen.

Wenn er ein halbes Jahr nüchtern wird und keinen von denen ausstehen kann, die er mochte, als er betrunken war.

»Bist du schon erfroren?«

»Noch nicht, aber bald. Ich gedenke deshalb im Frühjahr zu heiraten, wenn der Wind warm über Long Island weht und ich jemanden mit einem Kabrio finden kann.«

»Klingt gut«, sagte er nachdenklich, aber in dem Bild tiefer Schwärze, das sich plötzlich vor seinem geistigen Auge auftat, sah er Jills Haar wehen. »Frühling – was für ein großes Wort. Es umfaßt beinah alles.«

»Nein«, sagte sie. »Da ist noch der Sommer. Wenn du die richtigen Bäume gepflanzt hast.«

Der Krieg war zu einer Nachricht auf der zweiten Seite geworden.

Wie man ein Kapitel anfängt: Bei den Tartaren ging die Weiterverarbeitung von Fleisch angeblich so vor sich, daß sie es wie einen Sattel über ihr Pferd legten und den ganzen Tag darauf herumritten, was wohl so etwas wie ein One-Pound-Steak ergab.

Wie sich ein Herr aus Chicago für eine Einladung bedankt:

Liebe Marion,

ja, doch, ich hab alles in allem Spaß gehabt. Das Essen war meistenteils gut, aber die Butter ranzig. Das Bett war fest, aber unbequem. Die Gespräche waren mir zu hoch, aber manche waren ganz vernünftig, zum Beispiel wenn davon die Rede war, daß ich ein Pfundskerl bin.

Ich bin mit verkorkstem Magen zurückgekommen, aber Du *kannst auf keinen Fall was dafür.*

Sag den Dienstboten beim nächsten Mal, daß ich meine Suppe gern heiß esse und die Bügelfalte schärfer, wenn sie meine Hose plätten.

Du hast gesagt, daß ich für die Unterkunft nur einen Dollar zahlen muß, aber wenn der Service nicht gut ist, ist auch das zuviel.

»Komm mir nicht zu nah«, sagte sie rasch. »Du hast Geld angefaßt.«

»Aber nicht mit dem Mund, Mutter«, protestierte er launig.

Ich spreche mit der Autorität des Versagens, Ernest mit der Autorität des Erfolgs. Wir könnten uns nie wieder an einen Tisch setzen.

Einst, als du stark warst, schenktest du mir den Luxus, dich am meisten von allen zu lieben, ja sogar ein ganz klein wenig – auf eine törichte oder ungefährliche Art – grausam zu sein. Als du schwach warst, kamst du zu mir und schmiegtest dich in meine Arme wie ein junges Hündchen. Später änderte sich das. Du nutztest deine starken Zeiten, um dich langsam von mir wegzubewegen, dir eine neue Welt zu schaffen, die mich ausschloß. Deine schwachen Zeiten gehörten mir, aber die Worte, die mein Herz erweichen, hattest du alle vergessen.

Bosc

Patricia Highsmith

So gefährlich lebendig

Patricia Highsmiths Notizbücher sind Arbeitsjournal und biographisches Reflexionsfeld in einem und ergänzen die parallel dazu geführten Tagebücher. Im Jahr 1951 ist Patricia Highsmith dreißig Jahre alt und zum zweiten Mal auf einer großen Reise durch Europa.

Es ist erschütternd, zu diesem Zeitpunkt (eine Woche nach Beenden eines zweiten Romans, letzter Entwurf) bei meiner Shelley-Lektüre zu merken, daß ich über keine seiner gefestigten geistigen und moralischen Voraussetzungen verfüge. Ja, ich bewundere sie, bejahe sie sogar ausdrücklich, aber sie haben nichts mit mir zu tun. Wie die meisten meines Alters bin ich so weit verhärtet (oder aufgeweicht?), daß ich nicht bereit bin, mich von jeglichen moralischen Vorschriften, die mir unterkommen, überraschen oder schockieren zu lassen, während ich mich in einem gallertgleichen Dauerzustand der »Empfänglichkeit« für anderer Leute Moralvorstellungen befinde, denen ich begegnen könnte. Reichlich Nahrung zum Nachdenken für mein einunddreißigstes Lebensjahr. *16. Januar 1951*

Was das Format des modernen Romans so schmälert, ist der Mangel an Überzeugungen in meiner Generation, der mangelnde Glaube an das Individuum – nicht als soziale Kraft, denn wir wissen, daß es die nicht ist, sondern einfach als Mensch. Wenn der Schriftsteller eine »Figur«, einen »Charakter« erschafft, wird damit nichts Gegenständliches in seiner Phantasie lebendig, kein Held, der greifbar wäre wie eine Statue. Er erschafft die Figur aus diesem und jenem Ingrediens, nach und nach, wie man in einer kleinen Schüssel eine Salatsauce zusammenrührt. Wie im eigenen Fall ist sich der Schriftsteller nie ganz sicher, wie das Individuum sich in ungewöhnlichen Situationen verhalten wird. Nur sehr wenige Leute haben 1951 so feste Grundsätze, daß sie selbst Charaktere sein können. *2. Februar 1951*

Wenn der Intellekt mit dem Herzen versöhnt ist, dann sollte man frühmorgens aufstehen und schreiben (erschaffen), solange die Träume der Nacht einem noch im Kopf schweben wie Rauchschwaden, bevor man sie durch das erste Wort zu einem anderen Menschenwesen allesamt vertrieben hat. *4. Mai 1951*

Wie oft kann sich das Herz erneuern? Sechsmal, siebenmal, achtmal? Zwanzigmal? In dreißig Jahren war ich fünf oder sechs Personen. Es ist ein geistiger Prozeß, der Geist hat ein eigenes Alter wie der Körper. Die geistige Lebensspanne umfaßt etwa tausend Jahre. Das Herz lebt von Hoffnung und Zuversicht. Melancholie und Verzweiflung sind sein Tod. Aber man muß im Herzen endgültig sterben, um wiedergeboren zu werden. *5. Mai 1951*

Was uns so erschreckt, ist nicht das Alter im Sinne einer ungewissen Zukunft. Es sind die Leute in der Vergangenheit, die wir selbst waren und hinter uns gelassen haben und nicht länger kennen. *15. Mai 1951*

Ganz unvermutet altere ich: indem ich nicht regelmäßig Sport treibe, indem ich nicht regelmäßig Tagebuch führe. Die Verantwortung für ein Auto übernehmen, nichts freundlich aufnehmen, nicht auf meine Ernährung achten, mein Geld nicht zusammenhalten. Unendlich geduldig dem Schicksal begegnen. Oh, es ist alles zu meinem Besten! – Und mich nicht verlieben (in Ursula oder in Helena) und geduldig sein, geduldig, geduldig. Und weitgehend optimistisch.

Das macht alles das Alter. *3. Juli 1951, Dienstag*

Heute abend in Salzburg – lag im Bett, fühlte mich fett, alt, hörte mein Herz und kam mir so sterblich vor wie nur möglich. Erschrak fürchterlich. Ich konnte kaum einschlafen. Ich war allein, ein physischer Körper, der eines Tages ablaufen und sterben und begraben werden würde. Daran dachte ich. Es war scheußlich. Und unvergeßlich. Dreißig – was für ein Wendepunkt. Ich weiß noch, wie Natalia auf Capri sagte: »Dreißig? Mit dreißig fängt man erst richtig zu leben an.« *4. Juli 1951, Mittwoch*

Ich weigere mich und werde mich weigern, mich für glücklich zu halten, wie ich mich in meiner Jugend geweigert habe, mich für unglücklich zu halten.

Notiz nach dem Besuch einer deutschen Party in Bayern. Die alte amerikanische Gelangweiltheit macht sich nach einer Weile in mir bemerkbar. Die alte Angst. Die alten Begleitumstände, das alte Pech, für das es keine Abhilfe gibt. Um drei Uhr morgens wanke ich nach Hause. Meine Mutter sagte einmal: Eines Tages wird dein weltlicher Erfolg zu Asche in deinem Mund werden. Das ist nicht der Fall, weil ich ihn vorher weggeben werde. Die Zeit ist nahe, aber ich habe mein Opfer schon angeboten. Selbst wenn es nicht angenommen wird, werde ich nicht verloren haben. O Jesus Christus! (Dein Name bedeutet mir nichts außer sinnlosem, abstraktem, wunderschönem Leiden. Im gleichen Geist, ohne Selbstmitleid, denn ich hätte handeln können, grüße ich dich heute nacht.)

Das Glück hat sich zu meinen Gunsten gewendet. Das unbeständige Glück der Jugend lächelt mir nicht mehr. Ich werde älter und häßlicher. Der innere Teil wird vervollkommnet. (Vollkommen wird er nie sein, ganz gewiß nicht, und das ist das Traurige daran. Denn mit einer Frau könnte er es sein.) Ebensowenig werde ich jemals stark sein in einem zähen, finanziellen, pragmatischen Sinn. Ich habe mein Maß genommen. Es beträgt fünf Fuß und sechseinhalb Zoll; mehr wird es nie sein. Dieses Jahr bin ich kommerziell wie nie. Manche Leute, die ich nicht schockieren will, sind davon schockiert. Sie schockieren mich in anderer Hinsicht. Doch vor allem beneide ich jeden, dem ich begegne, weil er nicht nur jemanden hat, der ihn liebt, sondern jemanden, den er liebt. Der Wald aus lauter Nein erhebt sich wieder. Ich werde ihn mit jedem Ja bekämpfen, jeder Gabe, jeder positiven, großzügigen und selbstverleugnenden Geste, über die ich verfüge. *14. Juli 1951*

Lese hier auf dem Land mit großem Vergnügen Theodore Reiks psychoanalytische Biographie. Der selige Trost, solche Biographien zu lesen! (Das, was er von sich verrät, ist bewundernswert, ernsthaft, bescheiden, loyal, mutig, intelligent.) Das Leben lehrt uns unendliche Geduld. Jeder Mensch hat die Gelegenheit (die Gelegenheit – mehr nicht), so weise und gut zu werden, wie es von Heiligen behauptet wird. Eine Autobiographie. Was sonst ist ein Roman? Ein Roman ist Unterhaltung. Und doch waren die besten nur herausragende Biographien, die wahrhaft großen Romane.

Ich glaube, ich sollte eine ernsthafte Anstrengung machen, meine Beziehung zu meinem Vater psychoanalytisch zu durchleuchten. Dort steckt zweifellos etwas Fürchterliches. Und ich habe es unter dem Anschein einer völlig neutralen Haltung verborgen, unter zehn Fuß kalter Asche, so matt wie eine Straßendecke. Und natürlich auch *ihn* psychoanalytisch durchleuchten. *27. Juli 1951*

Ach, Wildnis! O Schicksal! Ich bin ein Vogel, dessen ausgebreitete Schwingen ihn nicht steuern können. Nie bin ich glücklicher, als wenn das Schicksal mir einen Strich durch die Rechnung macht. Nie bin ich glücklicher in philosophischem Sinn, denn nur dann erreicht man philosophische Gleichmut, doch ansonsten ist man natürlich überhaupt nicht glücklich. Die unselbstische Hälfte von mir ist glücklich.

Die Dichtung des Dichters ist sowieso ein so unnatürliches Werk. Nie ist sie reiner, schenkt sie ihm und der Welt mehr Freude, und nie ist sein Gesang reiner, als wenn er ihn angesichts von Schmerz, Alter, Tod, Schweiß, Tränen und all den Stechmücken singt, die das Blut des Menschen von frühester Kindheit bis ins hohe Alter saugen! Das heißt Künstler sein, das heißt Mensch sein, das heißt nie minder sein als die Engel – den unsterblichen Lebensmut des Menschen zu verkünden, sein unsterbliches Lachen, seine Freude, seine Zuversicht, sogar dieses Glück, egal was geschieht. Setzt einen Menschen in der Wüste aus, ohne Wasser, Nahrung oder Frauen, ohne Farbe oder Musik oder sogar Sonne, und er wird lachen und ein Lied singen, bevor er stirbt. Er wird mit schwitzendem Rücken an einen rauhen Felsen gelehnt sitzen und seinen Kopf erheben und singen. *28. Juli 1951*

Was Tragödien, Schmerzen so viel schwerer für ein hochdifferenziertes Individuum macht, ist der Umstand, daß es spürt, wie all sein weitverzweigtes Wissen, alle Geschichte, alle Kunst, alle Dichtung, alle Seelen all der großen Menschen, mit denen es sich intellektuell vertraut gemacht hat – daß es spürt, wie all das im Zentrum seines Leidens zusammenläuft, sei es Migräne, Zahnweh, Bauchschmerzen. Es verspürt Scham, es verspürt Demut, es fühlt sich elend wie ein Tier und weiß doch, daß es nicht nur Tier ist, und Groll und Hilflosigkeit sind ihm zusätzlich aufgebürdet. *5. August 1951*

Noch nie kam ich mir in allen Poren so (gefährlich) lebendig vor wie in diesen letzten Tagen. In diesem Tempo kann man nicht lange leben, und doch glaube ich, daß Fitzgerald u. Wolfe ihr ganzes Leben lang so gelebt haben (etwa 40 Jahre im Durchschnitt!). Ich bin erfüllt von Ideen, Wünschen und habe den Eindruck, auf der Höhe meines Könnens zu sein. Was das Gefühlsleben betrifft, *will* ein Künstler nichts Einengenderes oder Definitiveres. Damit muß ich mich abfinden. *Samedi, 11. August 1951*

Tomi Ungerer

Ohne Verzweiflung kein Humor

»Man sollte immer ein Notizbuch bei sich tragen, ob zu Hause oder unterwegs«, so Tomi Ungerer, der sich seit über dreißig Jahren an diesen Vorsatz hält. Neben Skizzen und Zeichnungen offenbart sein Notizbuch auch seine Vorliebe für Aphorismen.

Als Jean-Paul Sartre starb, war es Simone de Beauvoir, die man hätte begraben sollen.

Geduld ist häufig eine Form der Faulheit.

Tomi Ungerer

T

Ich erklärte einem tibetischen Lama, daß Motorroller die tiefer stehenden Reinkarnationen schlechter Autos seien, und Fahrräder diejenigen schlechter Motorräder.

Ein Leben, das ist wenn der Tod Ferien macht.

Ohne Verzweiflung kein Humor.

Auf den Gürtelschnallen der Wehrmacht: »Gott mit uns«, auf den amerikanischen Banknoten »In God we trust«. Und bei den Engländern: »God save the queen!«

Die Menschheit ist eine unerträgliche Familie.

Jede Medaille hat ihre Kehrseite, besonders, wenn sie militärisch ist...

Wenn Sie auf eine einsame Insel zehn Bücher mitnehmen könnten, welche würden Sie wählen? Das Telefonbuch. Das reicht, um mir drei Jahre lang den Hintern abzuwischen.

Ich versuche den Kindern beizubringen, sich über die Erwachsenen lustig zu machen. Kinder werden groß und die Erwachsenen wieder kleiner. Am Ende haben sie die gleiche Größe.

Hitler ist durch die Wahlurnen an die Macht gekommen: Man sollte das vor jeder Wahl in Erinnerung rufen.

Über die Europa-Fahne. Sie ist wirklich toll, diese Fahne. Sie ist die einzige, die ich respektiere, in der ich mich wiedererkenne. Sie ist nicht nur schön, sondern vor allem noch sauber, ohne Blutflecken.

Es gibt unzählige Wörter, die man nicht kennt. Man liest sie, verwendet sie aber nicht. Ich habe daher einen Trick: Wenn ich auf ein unbekanntes Wort stoße, bilde ich damit einen vollkommen absurden, vollkommen lächerlichen Satz, um mich daran zu erinnern. Bei mir sind das in der Regel obszöne Sätze, aber immerhin …

In jeder Sprache habe ich einen anderen Akzent. Das verdankt sich vermutlich meiner elsässischen Chamäleon-Natur, meinem Mimikri. Ich spreche Französisch mit einem deutschen Akzent, Deutsch mit einem französischen Akzent. Im Englischen variiert mein Akzent: Wenn ich in New York bin, finde ich teilweise zu einem jüdischen New Yorker Akzent zurück, wenn ich dagegen in Kanada bin, zu einem kanadischen. Jetzt lebe ich in Irland, und meine Kinder finden es sehr lustig, daß ich einen eher irischen Akzent habe, der nicht wirklich irisch ist. Das schönste Kompliment meines Lebens habe ich in England gekriegt, als mich ein

Tomi Ungerer

Engländer fragte: »Wie viele Jahre haben Sie denn in Deutschland verbracht, um diesen deutschen Akzent zu kriegen?«

Jeder Preisverleihung haftet eine Art von Endgültigkeit an, die geradewegs zur Autopsie führt.

Die Menschliche Komödie ist vollkommen tragisch.

Freiheit besteht darin, sich vorzustellen, daß es sie gibt.

Das Vielleicht ist das Ergebnis einer Kopulation zwischen dem Ja und dem Nein.

Weisheit ist häufig ein Zeichen von Erschöpfung.

Ich gebe Ihnen meine Meinung, ohne sie zu teilen.

Der Selbstmord: ein egoistischer Mord.

Arbeitslose Insel sucht Ozean.

Lieber Foie gras als Viagra.

Eine Dame hat mich angegriffen mit der Behauptung, jemand, der erotische Bücher produziere, dürfe keine Kinderbücher machen. Ich habe geantwort: Wenn die Leute nicht vögeln würden, hätten sie keine Kinder.

Masturbation ist etwas Essentielles. Es ist eine Frage der Disziplin. Jeder Mensch sollte morgens vor dem Frühstück masturbieren.

Entweder bin ich zu ungeduldig, oder die Weisheit ist zu langsam.

Die Liebe ist das unerbittlichste Wunder, das es gibt.

Die Straßenlampe gibt Licht und dient den Hunden als Pissoir. Dieses Los teilt sie mit allen großen Philosophien.

Ich schärfe immer mein Kriegsbeil, bevor ich es begrabe.

Ich verlasse euch: Ich muß zurück zur Schule, der ich noch 3650 Stunden Nachsitzen schulde, plus Zinsen.

Tomi Ungerer

Otto Jägersberg

Süß ist die Heide

Im Mai 2005 reist Otto Jägersberg zu einer Lesung nach Soltau in Niedersachsen. Tagebuch-Impressionen aus der Lüneburger Heide.

Bahnhof von Soltau. Wer hier ankommt, wird Rache nehmen. Wer hier wegfährt, kommt nicht wieder. Von hier kamen die vier Landesflüchtigen, die man aus dem Futter schaffen, totschlagen, ersäufen oder zur Suppe machen wollte, und die lieber Bremen einfach lösten, um dort als Stadtmusikanten unterzukommen. Etwas Besseres als den Tod findest du überall.

In dem Windschutzkabäuschen am Gleis 1 sitzt ein farbenfroh collagierter Alter mit großer Plastikflasche, deren Inhalt er wie ein Rennathlet am Anschlag nuckelt. Er wird nicht wegfahren. Auf der entferntesten Bank eine heftig rauchende Frau. Sie plant was. Es wird böse enden. Ein Zug fährt durch. Kleine rote Diesellock und offene Waggons mit exakt geschnittenen Kieferstämmen, jeweils zwei Portionen auf einem Wagen. So schön geschichtete Holzfracht sah ich zuletzt auf meiner Märklin-Eisenbahn, 1949. Es riecht nach Harz. Die Wagen rumpeln unglaublich. Was ist denn mit den Schienen los?

Hier kamen schlimme Züge durch. Ankunft, ca. 1000 Russen, lebend. Irgendeiner mußte ja unterschreiben. Abmarsch ins Lager. Keine Unterkünfte vorhanden. Die Kriegsgefangenen bauten sich Grashöhlen. (Selbst in Schuld – die Sowjets hatten die Genfer Konvention, die den Umgang mit Kriegsgefangenen vermenschlichen sollte, nicht unterschrieben.) Tagsüber Einsatz in der Rüstungsindustrie. Langsames und schnelleres Verrecken.

Züge solcher Art.

Vatertag. Gegenüber der Kulturmühle, im Garten des Restaurants ›My Lord 2000 – Der Wikingertreff‹ – große Transparente an der Front: Salat bis zum Abwinken oder Spanferkel satt mit Bratnudeln und 0,5 Liter Bier Euro 9.90 –, herrscht ein Musikterrorist über leistungsstarke Boxen. Seine Aufrufe zur Stimmungssteigerung immer kreischender und verzweifelter, da es kälter wird und zu regnen droht, kaum noch mit neuen Gästen zu rechnen ist, und die wenigen alten mittlerweile bewegungsunfähig mit bleichen Gesichtern vor ihren Bierpötten sitzen.

An solch einem Tag Dienstleister sein müssen, Bierbringer oder Bierleichenwegräumer, Kellner oder Polizist!

Fliehen die Böhme aufwärts, hübsche Wege durch Gesträuch und Heide, Wald und Sumpf. Am Teich Froschkonzert unter Seerosenblättern. Ein stiller Reiher, ein schlafender Schwan.

Als wir zurückkommen, packt der Animator mit seinen Boxengehilfen die Anlage ein. Grimmigsten Gesichts. Scheißtag. Und er war so gut drauf. Keiner in der Lage, das zu würdigen. Er wird an diesem Abend noch schrecklich abstürzen.

Wir sitzen bei mitgebrachtem Gutedel aus Mauchen an mehligen Kartoffeln mit herrlichen Quargeln und anderen

Sauermilchkäsen, Ölmützer, Quedlingburger, Harzer, die hier im Edeka-Laden in großer Auswahl wie selbstverständlich angeboten werden. Deutschlands beste Käse!

Das Rad der Geschichte
Drei Umdrehungen

1
Aus vielen Sonnen leuchten
die Rapsfelder um Soltau im Mai
Geruch wie aus hundert Honigtöpfen
am Straßenrand bieten Bauern Zimmer an
Kartoffeln aus ihren Sandmeeren
Heidekartoffeln mehlig
Honig vom Acker von Wiesen aus Wäldern
und Spargel
Spargeln wie Kartoffeln

An der Kulturmühle rauscht das Rad
in alten Märchen
Zuerst hört man das Wort mit Schrecken: Kulturmühle!
Wer mahlt da?
Was wird da kleingemacht?
Welche Sorte wird vermehlt?

Das Rad mahlt nichts mehr
es treibt nichts an
es ist nicht nützlich

Es dreht sich außer Dienst
es klappert
es schwatzt

Es unterhält nur – wie Literatur
eine Erzählmaschine
Unermüdlich dreht sich das Rad und erzählt
von Honiggewinn und Kartoffelsegen

Ich liege im Zimmer und lausche
dem Rad der Geschichten
Brauch sie nur aufzuschreiben

So ein Zimmer in Soltau
mit Honig und Kartoffeln
und einem Mühlrad zur Seite
schön zu hören

2
Mag einer sich vornehmen ein Kind zu zeugen
in einem Zimmer mit Mühlrad
oder ein Schachproblem zu lösen
Andere sagen sich Talent ist Bedürfnis
fangen zu trachten an und dichten

Um nicht an die unfertigen Geschichten
zu denken die im Laptop sauern
koch ich Kartoffeln
löffel Honig
hör das Mühlrad erzählen

3
Im Gästebuch der Kulturmühle
kein Mord
keine Ankündigung für ein Verbrechen
Niemand warf den Griffel hin und sprang

aus dem Fenster
Nur Lob und Dank

Unter Mitnahme unsterblicher Werke
verließen Kolleginnen und Kollegen Soltau
Ich werde Kartoffeln mitnehmen
Kartoffeln und Honig

Dagelassenes früherer Bewohner im Regal und die Gelöschten aus der Mühlenbibliothek. *Meine Landschaft,* Mainzer Reihe, von Hans Jürgen Fröhlich gesammelt, sauber gemachtes Bändchen. Gelöscht ist auch das Soldatenbuch von Walter Kempowski, Fotos von Spielzeugfiguren, Zinn und Ton, oft lädierte kriegsspielerprobte gemeine und obere Soldaten, mit lapidaren oft meisterlichen Legenden. Paßt bestens in die Landschaft, Soldaten überall, Europas größter Truppenübungsplatz gleich jenseits der Autobahn, an Gedenkstätten ehemaliger Todes- und Konzentrationslager kein Mangel, und Soltauer Zinn – die Gießerei ist nebenan.

3 Läden verkaufen in der Fußgängerzone Brillen, 2 Läden Tschibo-Sachen, 3 Eisdielen, 3 Drogerien, 1 Buchhandlung, Fußgängerzonenkunst wie überall

Lebensgefährlich, eine der vielen Bundesstraßen zu kreuzen. Man wartet brav an den seltenen Ampelanlagen, die nach Ewigkeiten dem Fußgänger eine kleine Springphase eingrünen. Wer außerhalb der Ampelanlagen einen Überquerungsversuch startet, sollte seinen Nachlaß geordnet haben.

In eine Dreistraßenkreuzung hineingeschoben, ein Spielzeugmuseum. Wunderlich und anrührend. Ja, als man selbst noch

Brauner Bär war oder Schöne Puppe. Puppe, Pupa, Pupille. In dem Sehloch der Mutter sah man sich so zuerst gespiegelt, als Puppe.

Schöne Puppenstuben. Und ein alter Fleischerladen. Mit ornamentierter Schwarzwalduhr, einem aus der Wand ragenden Ochsenkopp und in drei Reihen bleichrote Fleischstücke und Tierhälften an Haken. Nichts Veredeltes, kein Schinken, keine Wurst. Und hinter der Theke der Metzger mit blutigen Händen, das Messer zur Tat erhoben.

Erzieherisch korrekt ist eine Kollektion Kriegsspielzeug im Glaskasten mit einem roten Warnstreifen überklebt. Mit solchen Panzern und Jeeps habe ich auch gespielt, leider nicht mit diesem Artilleriespiel, mit dem man aus seiner Kanone im Feld des Gegners die Soldaten umlegen kann.

Lesung vor drei Leuten unten in der Bibliothek Kulturmühle. Die Gegenleistung für den Aufenthalt.

Regula hat mir einen Helden aus Zinn geschenkt, Restbestand aus dem Spielzeugmuseum. Bemalter Ritter mit Schild, blaues Kreuz auf rotem Grund. Entschlossener Blick ins zu Erobernde, Eins-a-Kühnheitshaltung, entschlossen vorgestrecktes Knie im Angriffsbein, das andere schwingt in Kettenhemdhöhe. Abnehmbarer Kopf. Wenn's einem zuviel wird mit dem Kampfgeist des kleinen Ritters, nimmt man ihm den Kopf ab oder steckt ihn andersrum und macht ihn damit zu einem Flüchtenden. Nenne den Blaukreuzler Gustav, nach meinem Vater, der sich für berechtigt hielt, wenn Mutter und ich in die Blaukreuzbaracke im Blaukreuzwäldchen in Hiltrup zum Gottesdienst gingen, den Römerwirt am Albersloher Weg aufzusuchen und gegen die Blaukreuzler, Martin Luther und die Amerikaner zu trinken.

Die amerikanische Sekte unterstützte die kleine Barackengemeinde im Wäldchen tatsächlich, wollte auch das Schulgeld bezahlen, damit ich Pfarrer werden könnte. Gustav trank dagegen, siegreich.

In der Fußgängerzone kommen einem Leute bei nahezu Minusgraden in Regen und Wind mit Eishaufen in Kekstrichtern entgegen. Eine aus der Sowjetunion übernommene Sitte, auch im Winter Eis in der Öffentlichkeit zu konsumieren. Aber in der Sowjetunion gab es gutes Wassereis, hier von Aromen durchseuchte zuckersüße Buntmilchschäume.

In der ganzen Fußgängerzone kein Bettler, kein Drogen- oder Alktreff.

F. K. Waechter

Noch ein Optiker!

Dieser Esser hält Messer und Gabel wie Instrumente des Weltgerichts. Und metzelt die Speise gnadenlos. Starker Gerätelärm. Der Teller schreit.

Wir planen eine neue Sendung fürs Fernsehen, keine Koch-, eine Eßsendung. Haltung, Bestecktechnik, Konversation, Beurteilung der Speisen. Deutsche Voresser. In den üblichen Kochsendungen futtern sie am Ende der Sendung ein paar Happen des in der Sendezeit Gemachten, husch husch, meist im Stehen und mit dem heißen Bissen im Mund noch redend, während der Abspann runterrasselt. Deutsche Voresser dagegen präsentiert ein Paar mit tadellosen Manieren, das die ganze Sendezeit nur am Tisch sitzt, ein volksbildenes Gericht ißt, einen trockenen Moselriesling oder Elbling oder Gutedel trinkt und leichthin über das Ganze plaudert... Kommen aber beim Casting nicht weit.

Wir haben es aber auch schwer. Es gibt keine Sünde mehr. Und nichts zu vergeben. Alles ist in Eigenverantwortung zu erledigen.

Die genitale Lust ist zwar aufwendig an Vorbereitungszeit und macht Arbeit, läßt sich aber verschieben, morgen also, die orale will mindestens dreimal am Tag Befriedigung. Das gerade Verschluckte, als zuviel empfunden, wird zum Problem. Es kann nicht mehr raus und schwillt zum Gewissenskloß. Früher war Saufen und Fressen ein Vergnügen!

Wir saßen auf einer Bank am Flatt. Ein Mann im aktuellen Outdoordress streute zwei Wildenten etwas wie Schnee an Land. »Was füttern Sie da?« Er zeigte die Packung, Haferflocken: »26 Cent, von Aldi!«

Die Enten schlabberten die Haferflocken und rannten nach wenigen Sekunden zum Moorteich, verschmatzten das trockene Zeug mit Wasser, dann zurück zum Aldimann, hin und her. Letztes Jahr habe er praktisch ein ganzes Dutzend auf Schlachtreife gemästet und dem Jäger gesagt, daß ihm eigentlich eine zustehe. Und tatsächlich habe ihm die Frau des hier Schießrecht ausübenden Jägers dann zwei Enten geschenkt.

Einer mit Lederhandschuhen, Lederweste, Lederhose und einem weißen Wolfshund an langer Leine, dessen Ende er um seinen Wams geschlungen hatte, grüßte freundlich.

Blühendes Wollgras.

Ein Campingplatz mit tausend Detlefs. Wir nennen die Wohnwagen so nach einem ihrer Hersteller, kennen wir von der Autobahn, wieder ein Detlef. Alles sehr ordentlich hier, die Detlefs für Daueraufenthalt gerüstet. Ein Schild am Zaun weist die Anlage als geprüften vorbildlichen Vorzeigesauberkeitscampingplatz Niedersachsens aus. Jetzt wird auch klar, woher der Mann mit den Handschuhen kam. Er wird hier hohen Rang einnehmen.

Probiere auf dem Markt eine Salzgurke. »Damit werden Sie sich in Salzgurkenkreisen keine Freunde machen«, sage ich zum Anbieter. Der Mann zuckt bedauernd die Schultern und weist entschuldigend auf seinen Spreewälder Originaleimer. Nehme dann doch, weil dem Mann die Tränen kommen, drei der sogenannten Salzgurken mit. Und Spargel kaufen wir ihm auch ab, obwohl er nur mit ihm handelt. Man wird so milde im Alter.

Ein Krampf im Bein läßt mich in der Nacht auffahren, mit dem Kopf an die schräge Decke stoßen, neben das Bett fallen, wo ich eine Weile brauche, mich aufzurappeln, um mit dem Krampfbein aufzustampfen. Es zieht aber weiterhin und schmerzt, als sei eine Sehne gerissen und schlampig verknotet worden.

Zu den Zigarrenraucherzeiten reichte immer ein kleiner Auftritt als Rumpelstilzchen, um den Krampf loszuwerden. Da raucht man schon nicht mehr, und dann sowas. Man möchte sich beim Körper beschweren. Aber er hört ja nicht.

Ein FAZ-Werber, der mich in der Fußgängerzone anspricht und dem ich ein Probeabonnement zu senden gestatte, besteht auf einer Berufsangabe. Bitte sehr, mein Traumberuf: »Couponschneider«. Er starrt mich verständnislos an. Dabei bin ich leider kein Couponschneider mehr, seitdem die Dresdner Bank aus Angst vor dem Finanzamt meine Einlage aus Luxemburg zurückgeholt hat. Waren das schöne Zeiten – meine allerschönsten Berufszeiten – damals in Luxemburg. Jedes Jahr für ein paar Papierschnitzelchen (Spielzeugmuseum) schön ausgeruhtes Geld aus Luxemburg abgeholt. Die Wartezeit in der Bank vor der Auszahlung in einem Extraraum unter vielen Couponschneidern sitzend, alle aus Deutschland, gewiefte Steuerbetrüger wie ich, die sich mißtrauisch beäugten ...

Und dann das Auto mit Elbling vollgestopft!

Hasenjagd. April 1945 jagten Werwolf-Kämpfer, SS-Leute, Polizisten und Hitlerjungen in Wolterdingen und Soltau KZ-Häftlinge, die aus einem Zug entkommen konnten, der sie nach Bergen-Belsen zur Vernichtung bringen sollte. Die Täter zum Teil Einheimische. Nach dem Krieg von deutschen Behörden nur halbherzige Ermittlungen … Ein ortsansässiger Bauunternehmer hat jetzt dank guter Beziehungen einige Stelen, die für das Berliner Mahnmal zuviel produziert worden waren, beschaffen können und bietet sie den Soltauern für eine Gedenkstätte zur Erinnerung an jene Hasenjagd genannten Massaker an. Verlegenheit im Stadtrat. Die üblichen Diskussionsläufe in der Bevölkerung.

Der Wehrwolf. Roman von Hermann Löns, erschienen 1910, sollte neben der Bibel das verbreiteteste Buch in der Heide werden. *Der Wehrwolf* von Löns wurde die Vorlage für die NSDAP-Führer, die zum Kriegsende die Deutschen aufforderten, Wehrwölfe/Werwölfe zu werden und hinter den feindlichen Linien als Partisanen den Kampf fortzusetzen. Löns' Roman spielt im Dreißigjährigen Krieg. Soldatenbanden terrorisieren die Bauern. Der Held des Romans, Harm Wulf, organisiert, nachdem seine Familie umgebracht wurde, eine Heidewehr, Wehrwölfe, die die Soldaten und ihre Begleiterinnen verfolgen und aufhängen. »Slah doot, all doot!« ist ihr Kampfruf. Die Hatz auf die Soldaten durch die Wehrwölfe wird mit ›Hasenjagd‹ umschrieben.

Weil ich doch Geburtstag habe, steht ein Glas Honig vor der Tür, Heidehonig vom Ehepaar Lucas.

Regula schenkt mir ein Fernrohr.

Ich komme nicht richtig dazu, älter zu werden. Immer nur Geburtstag. Kaum habe ich mich an ein Jahr gewöhnt, Geburtstag! Trotzdem noch zwei Jahre bis zur Rente. Reiner Hügel der Rente. Bald steh ich da oben mit einem Eimer Honig, in den ich meinen Pinsel tauche und den Horizont vergolde.

F. K. Waechter

Was für Straßen und Wege. Eine Endlosigkeit liegt in dieser Landschaft, ein Versprechen, daß es ewig so weitergehen könne, zwischen Eichen und Birken, Buchen und Kiefern, frisch getriebenem Mais, armlangem Roggen auf weiten von Wäldern gesäumten Äckern. Leichte Wellen der Straße, sanft geht es hin, auf und ab, aber immer geradeaus, als gäbe es ein Ziel.

Unter Bauern. Vor zwei Jahren lagen die Preise für ein schlachtreifes Schwein von 115 kg bei 100 Euro, heute sind es 135 Euro. Aber vor drei Jahren hatte er mit dem Bau eines neuen Stalls für 1000 Schweine begonnen, ein nach ökonomischen, tierhygienischen und ökologischen Gesichtspunkten austariertes Modell nach seinen Plänen. Dafür hohe Kredite aufgenommen, dann waren die Preise im Keller, zwei

Jahre von der Substanz gelebt, auch lief es mit dem Stall nicht so gut, wie er sich das vorgestellt hatte. Und immer die Gedanken, war das richtig, durfte er das seiner Familie zumuten, wie werden die Nachkommen urteilen? Hätte er nicht lieber auf Mais und eine Biomasse-Anlage setzen sollen, garantierte Abnahme, stabile Preise?

Seit BSE und Schweinepest wird eine genaue Listenführung aller Tiere gefordert. Im Alarmfall soll der Weg eines jeden Koteletts bis zum Erzeuger nachvollziehbar sein.

Einst wurde als Spielkameradin für die Tochter eine Ziege angeschafft, die jetzt außerhalb der Buchführung läuft. Das würde immense Arbeit machen, Ziege ist Wiederkäuer, die haben sie sonst nicht auf dem Hof. Wenn mal eine Nachfrage kommen sollte, empfiehlt der Landwirtschaftsberater von der Kammer, »sagt um Gottes willen nicht, die gehört uns. Sagt, grad zugelaufen oder vom Himmel gefallen.«

Stachelbeerkuchen mit Marzipanhaube. Sie essen hier jeden Tag Kuchen.

Deutscher Mühlentag. An der Cordinger Mühle demonstrieren Dachdecker, Imker, Seilzieher, Filzwerker und ein Müller ihr Handwerk. Hunderte von Besuchern. Aber keiner besoffen. Wir staunen nicht schlecht. Keine sogenannte Volksmusik, keine Bandberieslung, eine ganz friedlich grummelnde Menge Mensch bei Kaffee, Kuchen und Flaschenbier mit staunensbereiten Kindern.

An der Mühle beginnt ein Arno-Schmidt-Pfad, führt parallel der schwarzbraun durch feuchte Sauerwiesen mäandrierenden Warnau am Rande eines mischwaldbesetzten Hügelgeländes in die Bomlitzer Heide oder zum Zusammenfluß mit der Bomlitz oder der Böhme – wir gingen nicht so weit. Warnschilder, man solle nicht vom Pfad weichen, da in früherer Zeit die Munitionsfabrik hier unterirdische Produktions-, Versuchs- und Schießanlagen unterhielt, die nicht alle beseitigt oder vollständig zugeschüttet werden konnten. Ein Schritt vom Arno-Schmidt-Pfad abgewichen und man versinkt im Munitionsbunker, ein Arno-Schmidt-Pfad-Schild übersehen und scharfe Schüsse fliegen einem um die Ohren. Arno Schmidt falsch gelesen und man fliegt in die Luft! Und sahen eine Maus aus ihrem Loch kriechen und im Laub herumwuseln, geschäftig und nahrungsverwöhnt, in dichtem braunem Pelz, mit wunderzarten rosa Füßchen, so wenig scheu, daß wir ihr lange zusehen durften. Sie wußte, daß sie sich wenige Meter neben dem Arno-Schmidt-Pfad in für sie todsicherem Gelände befand.

An jeder Biegung ein neuer hölzerner Wegweiser mit ausgekerbter Heidehandwerkerschrift: Arno-Schmidt-Pfad. Das hat er nun davon.

In Bomlitz plötzlich wie Blitz und Hammer ein Verwaltungsgebäude herrischsten Stils, breite Treppe, Säulen, zwei sandstrahlgesäuberte überlebensgroße steinerne Wölfe als Türwächter. Man ahnt, das Zentrum dunkler Mächte. Heute chemische Industrie, im Hitlerdeutschland Munitionsfabrik mit 16 000 Zwangsarbeitern. Beim Weiterfahren geht es an mit hohen Zäunen gesicherten chemischen Produktionsanlagen vorbei, bis die Straße wieder Alleecharakter annimmt, die Felderwirtschaft grüßt, der blühende Raps, der langsam sich aufrappelnde Mais, der frohwüchsige Roggen, die grünen Wiesen – hier gar mit einigen schwarz-weißen Kühen. Und die abwechslungsfreundlichen durchsichtigen Wälder.

Pietz Moor, aus dem die Böhme kommt. Früher entwässert, für den Handel bebaumt, dann als Naturschutzmaßnahme wieder unter Wasser gesetzt. Die Bäume sind abgestorben und ragen als Strünke aus den Teichen, tot und kahl. Holzstege leiten die Besucher. Zwei Maler an der Staffelei bei der Umsetzung der Stimmungslage.

Alle 30 Sekunden ein gewaltiger Schlag mit Nachgrollen jenseits der Autobahn. Kanonen. Vielleicht eine Übung nach dem für Knaben verbotenen Artilleriespiel aus dem Spielzeugmuseum.

Gehen wir jetzt ins Panzermuseum? Oder zum Heidschnukkenhof? In Bergen-Belsen waren wir auch noch nicht!

Im Schauladen der Zinngießerei rückenverlängerte Dackel als Messerbänkchen. Und Meisterwerke des Designers Colani. Das tollste sind die Buchstützen. Wie Cowcatcher vor alten amerikanischen Lokomotiven oder Schneepflüge der Rhätischen Bahn, in polierten wuchtigen Zinnschleifen. Sollte jemals ein Buch zwischen die Colanischen Buchstützen in Haft geraten, kommt es nie wieder raus.

Im Angebot des Hauses hat sich nur noch ein Zinnsoldatentyp gehalten: Husar zu Pferd. Wer mit Zinnsoldaten eine Schlacht schlagen will, muß mit berittenen Husaren auskommen. Die Bemalung macht den Feind.

Herrin des Zinnsortiments ist eine gepflegte Dame. Weiße knapp sitzende Lederjacke, anmutig das Verruchte streifend, kunstvoll zugespitzte, überaus lange, vollendet gewölbte Fingernägel, wie geschaffen zum Verrücken reitender Husaren.

Es ist wärmer geworden. Heidemotten und Flattmücken bohren sich in dein Fleisch, wollen dein Blut.

Der Teich bebt. Wir treten nicht näher heran, handelt es sich doch um sexuelle Vorgänge. Schließlich, wozu ist man Voyeur, nehme ich das Fernrohr und falle beinah hintenüber. Frösche, so nah. Habe mich schon immer vor Fröschen gefürchtet. In einem früheren Leben gehörte ich wohl dazu, tappte in Schleim und produzierte selbstzufrieden Blasen. Warum bin ich hier, warum nicht bei ihnen?

Plötzlich schneller Schatten über dem Teich, Roter Milan, wie ein gewaltbereiter Gott. Schnappt sich Frösche?

Am Ufer steht ein Schwan, schlafend. Sein Hals wie ein verschlungener Schlauch am kahnähnlichen Leib als Brosche. Der Kopf steckt weit hinten im Federkissen.

Diese toten Geleise der Heidebahn, halbwegs überwuchert, diese Erinnerungen an Todeslager und Hasenjagden, die dauernden Geruchswahrnehmungen dieser Schweinedichte, diese ewigen Mais-, Raps- und Kartoffelfelder, diese Truppenübungsplätze, diese Heide! Diese psychotraumatische Geographie erträgt standhaft nur der Zinnsoldat.

Die Bäurin sprach von der Stille, die Stille in den Ställen, nachdem alle Schweine gekeult waren.

Beim Ausschenken der letzten Flasche Gutedel, Gustav, den Blaukreuzritter, vom Tisch gefegt. Fand bald seinen Rumpf, kroch aber auf der Suche nach dem Kopf einige Ehrenrunden.

Autobahn. Gerade war die Schlußkundgebung des Kirchentages in Hannover vorüber. Wir gerieten in den Rückstrom. Vom nächtlichen Durchfeiern in Massenquartieren gezeichnete Christen in Klein- und Großbussen auf der Heimfahrt, mit Schlafsäcken vollgestopfte Autos, mühsam die Augen aufhaltende Fahrzeuglenker. Wenn irgendwo ein Schild für eine Geschwindigkeitsbegrenzung auftauchte, wurde es prompt, als hätte Gott es gesetzt, befolgt. Dutzende von Auffahrunfällen.

Ian McEwan
Zu Besuch in der Traumfabrik

1992 wird Ian McEwans Roman ›Unschuldige‹ in Berlin verfilmt. Regie führt John Schlesinger, in den Hauptrollen: Anthony Hopkins, Isabella Rossellini und Campbell Scott. McEwan, der auch das Drehbuch geschrieben hat, ist bei den Proben zu den Dreharbeiten dabei – und führt Tagebuch.

Am Nachmittag proben wir die Szenen, in denen Glass Leonard in Berlin empfängt. Anthony Hopkins spielt als Glass eine ganze Reihe von Stimmen und Stimmungen durch – zerstreute Unschlüssigkeit, bramarbasierender Grimm und eine gefährlich lächelnde Eiseskälte. Er läßt sich geradezu hineingleiten in seine Rolle, in den amerikanischen Akzent. Zwischen den Szenen setzt er dann die Brille wieder auf und ist ungemein freundlich, geradezu schüchtern. Mehrmals nimmt er mich beiseite und sagt in seinem sanften walisischen Tonfall: »Ich habe mir gedacht, also vielleicht ist das gar nicht so eine gute Idee, sagen Sie es mir ruhig gleich, falls Ihnen das nicht gefällt ...« Gefolgt von dem Vorschlag, ob man nicht ein, zwei Worte im Dialog ändern könnte. Nach zwei bis drei Stunden hat sich eine Figur herausgeschält, die er im Laufe der nächsten zehn Tage noch verfeinern wird, aber schon jetzt ist sie im wesentlichen da. Er braucht nur die Brille abzunehmen, und vor uns steht dieser Typ aus dem Kalten Krieg: schroff, manchmal einschüchternd, puritanisch, eher traurig. *21. April 1992*

Es gibt alle möglichen Sorten von Ruhm. Da ist der Ruhm eines Schriftstellers – wenn ein stiller Kerl auf einer Lesung eine ganze Einkaufstüte voller Erstausgaben zum Signieren mitbringt. Und da ist der Ruhm der Filmstars – wenn Menschenmassen vor dem Hotel einen Blick auf ihr Idol zu erhaschen hoffen. An diesem Vormittag sind wegen des Regens nur drei junge Deutsche in Anoraks von der Masse übriggeblieben, die Fotos von Isabella in der Hand halten. Sie versperren den Hoteleingang und verlangen Autogramme oder Andenken von ihr, als hätten sie ein Recht darauf. David Tringham, der erste Regieassistent, verspricht in Zukunft solche Szenen zu unterbinden. Als Isabella auf den wartenden Mercedes zugeht, ruft einer der Deutschen: *»But we have come all the way from Hamburg!«* Sie dreht sich um und schreit zurück: *»And I've come all the way from New York!«* Als ich Isabella im Proberaum wieder treffe, bemerke ich erstaunt, daß sie immer noch etwas aufgewühlt ist. »Wütend bin ich nicht«, sagt sie. »Ich habe *Angst* vor diesen Typen. Ich weiß nicht, weshalb die so lange da herumstehen. Ich weiß einfach nicht, was sie in Wahrheit wollen.« Ich vermute, der Grund ihrer Angst liegt im John-Lennon-Faktor – wenn man in so vielen Köpfen als Phantasieobjekt existiert, besteht immer die Möglichkeit, daß irgendein krankes Hirn sich eine Rolle für einen ausgedacht hat, die weh tun kann oder einen sogar vernichtet. *22. April 1992*

John Schlesingers kahler Schädel fasziniert mich. Er ist so vollkommen glatt, so perfekt gerundet und fast so anziehend wie ein schöner Hintern oder Busen. Meinen eigenen zurückweichenden Haaransatz betrachte ich seither mit etwas mehr Hoffnung. Ähnlich dem glühenden Herzen von E.T. ist Johns Glatze eine hochempfindliche Stimmungsanzeige, die von tiefrosa Schattierungen bis zu Tomaten- oder Rindfleischrot wechseln kann, das sich grell von dem schlohweißen Bart abhebt. Ausgelöst werden kann die Verfärbung durch Vergnügen, aber auch durch explosive Wut. Mitten in die Proben platzt etwa der dritte Regieassistent mit einer Anfrage aus dem Produktionsbüro: Würde sich Mr. Schlesinger freundlicherweise zu einem Interview mit Herrn Soundso bereit erklären? Peng! Die kultivierte, heisere Stimme wird laut und bringt einen weißglühenden Schwall brillanter Obszönitäten voll deftiger sexueller Anspielungen hervor, deren Nettobotschaft darin besteht, daß man hier vom ernsthaften Arbeiten durch banale Plattheiten abgehalten werde, um die sich gefälligst irgend jemand anderes kümmern solle. Die Glatze durchläuft einen wahren Regenbogen von Orange-, Pink- und grellen Rottönen, ja sie wird geradezu ultraviolett. Dann ein Achselzucken, ein schiefes Grinsen, und die Arbeit geht weiter. Die Normalfarbe kehrt in nicht einmal zehn Sekunden zurück. *23. April 1992*

In den zwei, drei Stunden zwischen dem Ende der Proben und dem Schlafengehen kriegen Campbell Scott und ich noch etwas von Berlin mit. Ein Glas Bier, Tennis in einer schicken Halle, ein Film mit Cary Grant. Danach trinken wir noch einen in der angenehmen, etwas schäbigen Kinobar in Kreuzberg.

Tony Hopkins dagegen ist ein Einzelgänger. Er geht lieber ins Restaurant und liest dort ein Buch oder beobachtet Menschen. Am nächsten Tag spricht er jedesmal sehr empfindsam davon, was ihm am Vorabend so durch den Kopf gegangen ist. Offenbar bekümmert es ihn, wie die Geschichte und das Elend Berlins unter dem Wohlstand und all dem Neuen langsam verschwindet. Er erzählt mir von zwei

Eine Menge Geld, aber nicht teuer!

US-Soldaten, die im Krieg nahe der Kleinstadt in Wales stationiert waren, in der er aufwuchs. Die beiden Männer hinterließen einen bleibenden Eindruck bei ihm. Tony war mit seiner Mutter unterwegs, als sie den beiden auf der Straße zum ersten Mal begegneten. Die Mutter lud sie zum Tee ein. Einer der G.I.s bat seinen Freund um einen Stift, fing ihn lässig in der Luft auf und stemmte seinen riesigen Stiefel auf die Lenkstange von Klein-Tonys Dreirad, um sich die Adresse aufzuschreiben. Dieses Detail gefällt mir. Die Soldaten kamen die Hopkins dann öfter besuchen und brachten jedesmal Geschenke mit. Im Laufe der Zeit wurde einer der beiden trübsinnig. Der andere erklärte, sein Freund habe Vorahnungen, daß er Frau und Kind nie wiedersehen werde. Einige Monate später fielen beide Männer in Belgien, mit ihrer ganzen Einheit. Mr. Hopkins war Bäcker und sammelte seine Essensmarken, um Weihnachtskekse für die trauernden Familien der Soldaten in Amerika zu backen. Tony erinnerte sich noch gut, wie er mit seiner Mutter zur Post ging, um die Pakete mit ihrer kummervollen Fracht aufzugeben. Diese Geschichte, erzählt aus der Sichtweise eines Kindes und der begrenzten Perspektive einer walisischen Kleinstadt, weit weg von den Kämpfen, vermittelte die Tristesse des Krieges besser als jede andere Geschichte, die ich je gehört habe.

Tony ist jetzt so durch und durch Bob Glass, daß es nicht mehr aussieht, als ob er spielt. Er verwandelt sich in aller Stille. Ich bin jedesmal verdutzt, wenn er zwischen den Szenen mit walisischem Akzent spricht. Auch Campbell beherrscht seine Rolle vollkommen. Nur Isabella hat Schwierigkeiten.

Spätabends fahren John und ich in seinem Auto von den Babelsberger Studios in die Innenstadt Berlins. Er macht sich Sorgen wegen Isabella. »Sie sieht umwerfend gut aus, und wir haben großes Glück, daß wir sie gekriegt haben. Aber sie geht noch nicht in ihrer Rolle auf, sie läßt nicht los, springt nicht hinein ...« Mit beidem hat er recht. Beim Mittagessen hatten wir uns die Testaufnahmen vom Make-up angesehen. Isabella ging auf die Kamera zu, drehte ab, schlenderte davon und setzte sich auf den Rand eines Stuhls. Sie sah sehr gut aus, sehr weiblich, da waren sich alle einig, und die Kamera liebte sie. Doch bis jetzt haben die anderen Hauptdarsteller das Tempo vorgegeben. »Sie braucht Raum«, sage ich zu John. »Wir müssen ihr diesen Raum rings um sie schaffen, damit sie anfangen kann zu arbeiten ...« *27. April 1992*

Der nächste Tag. Isabella und Tony haben zwei Szenen miteinander. Bob Glass kommt auf der Suche nach Leonard in Marias Wohnung. Ottos zerstückelter Leichnam ist im Tunnel gefunden worden, mit der Untersuchung des Mordes wurde bereits begonnen. Maria versucht erst, den Fragen von Glass auszuweichen, dann bricht sie zusammen. Schnitt zu einer Szene mit Leonard. Als wir von neuem in die Wohnung blenden, hat Maria ein volles Geständnis abgelegt und bittet Glass, ihr dabei zu helfen, Leonard aus Berlin fortzubringen. Wir sitzen am Tisch und lesen die Rollen durch, was recht effizient, aber etwas leblos abläuft. Da macht John einen Vorschlag: Er bittet Isabella, Marias Geständnis aus dem Stegreif zu spielen. Er möchte, daß sich die beiden Schauspieler die Szene ausdenken, die wir niemals sehen werden. Isabella wendet sich ab, und einen Moment lang glaube ich, sie wird es verweigern. Doch dann sammelt sie sich. Sie beginnt die Geschichte zu erzählen, wie sie und Leonard von ihrer Verlobungsparty heimkamen und Otto, den Alkoholiker-Exmann, in der Wohnung vorfanden, schlafend auf dem Bett. Wie sich ein Streit entzündete, dann ein Gerangel, wie Leonard umgebracht worden wäre, hätte sie nicht Otto eins über den Kopf gezogen. Sie habe ihn nicht töten wollen, aber das hätte die Polizei niemals geglaubt, deshalb seien sie zu ihrem schaurigen Entschluß gekommen, die Leiche in Stücke zu schneiden und zu verstecken. Aber Isabella erzählt ihre Geschichte nicht chronologisch. Sie greift zurück, wiederholt und widerspricht sich, umkreist die Wahrheit mehr, als daß sie sie enthüllt; sie stammelt ihre Angst und ihre Schuldgefühle und die gewundenen Rechtfertigungen heraus, und angesichts der sanften, aber bohrenden Fragen von Tony ändert sie ihre Geschichte, versucht von vorn anzufangen, verliert den Faden, errötet, beißt sich auf die Lippen, macht weiter... Sie spricht 35 Minuten lang. John und ich wechseln mehrmals Blicke. Hier ist es, das Sich-auf-die-Rolle-Einlassen. Seine Glatze ziert, so bemerke ich, ein freudiges Rosa. Ich selbst fühle mich aufgedreht und den Tränen nahe. *28. April 1992*

Ich habe schon lange entschieden, mich davonzumachen, sobald die Dreharbeiten anfangen. Aber ich weiß, daß es ein brutaler Schnitt sein wird. Zwei Wochen hindurch intensiv neben und mit Menschen zu arbeiten läßt sie einem sehr ans Herz wachsen. Diese Erfahrung der engen Gemeinschaft für ein gemeinsames Ziel ist selten im einsamen Leben eines Romanschriftstellers. Weil die Tage allmählich länger werden, ist gleich die erste Woche ein Parforceritt aus sechs Nachtdrehs hintereinander. Als ich wieder in Oxford bin, schicke ich John ein Fax, in dem ich ihm sage, wie sehr es mir gefallen hat, mit ihm zu arbeiten, und daß er bitte nicht allzu viel rot werden soll. *2. Mai 1992*

Ich registriere die erwarteten Entzugssymptome. Ich bin unruhig. Der Drehplan sagt mir, daß sie gerade den Nachtdreh

in Tempelhof haben. Norma Heyman, die englische Produzentin, die das Projekt die ganzen zweieinhalb Jahre lang täglich vorangetrieben hat, bis es schließlich auf verschlungenen Wegen zustande gekommen ist, hält mich telefonisch auf dem laufenden: »Es ist wunderbar gelaufen, mein Bester. John ist richtig froh. Alle hier vermissen dich. Irgendwie ist es nicht richtig, daß du nicht dabei bist...« Ich tröste mich damit, daß ich meine Notizen niederschreibe. Das einsame Arbeiten hat auch seine Freuden. Dann kommt eine Postkarte aus Berlin. Sie endet: »Wird das knappe Budget uns zum abrupten Abbruch zwingen? Ich hoffe nicht, und ich werde kämpfend untergehen – und SEHR ROT. Liebe Grüße, J.«
5. Mai 1992

… mag ich, mag ich nicht

Barbara Vine

Mag ich: Ananas. Händel. Oper. Katzen. Zu Fuß gehen. Die Farbe Rot. Eisbären. Feldblumen. Lesen. Theater. Katastrophenfilme. Shakespeare. Frühling. Brot. Flugreisen. Bäume. Schmetterlinge. U Bahnen. Computer. Die Rocky Mountains. Elefanten. Pullover. Nachtigallen. Tunnel. Flüsse. Frösche. Quenelles de Morue. Donna-Karan-Parfum. Pilates. Perrier-Mineralwasser. Meine Freunde. Wörterbücher. Chagall. Proust. New York. Sauvignon. Salzburg. Noël Coward. Venedig. Früh aufstehen.

Mag ich nicht: Schnee. Bungalows. Rotes Fleisch. Rote Fingernägel. Das meiste im Fernsehen. Pop-Musik. Autofahren. Herbst. Seereisen. Passionsfrucht. Nacktschnecken. Mobiltelefone. Suppe. Unpünktlichkeit. Whisky. Pelzmäntel. Weites, flaches Land. Zum Friseur gehen. Mücken. Zum Zahnarzt gehen. Zu spät sein. Fotografiert werden. Hummer. Krabben. Temperaturen über 28 Grad Celsius. Temperaturen unter 8 Grad Celsius. Wespen. *Coffee table books.* Verschwendung. Spät aufstehen. Flache Absätze. Im Freien essen. Bügeln. Die Farbe Gelb. Grammatikalische Fehler. Milch. Bier. Abfall. Lärm. Staub.

Rolf Dobelli

Mag ich: Sex. Nebel von oben. Flugzeuge und die Tatsache, daß sie erfunden wurden. Alles von Bach. St. Barthélemy. Migros-Cremeschnitten. Hafenlichter bei Nacht. Taxifahren. Die Unauffindbarkeit der Seele. Drauflosschreiben. Daß immer alles anders kommt als geplant. Die Menschenähnlichkeit von Hunden. Zufall. Ausgeschlafensein. Zwiebelsalat. Ziellosigkeit. Extreme. Melancholische Frauen. Sommerzeitumstellung. Gletscherwasserfarbe. Spamfilter. Hauslieferdienst. Parkettböden. Die Größe und Form der Erde. Fahrtwind (im Sommer). Der erste Schnee. Der letzte Schnee.

Mag ich nicht: Unmotivierte Schuldgefühle. Heulende Staubsauger. November in der Schweiz. Schlaflosigkeit. Kommaregeln. Home Stories. Shopping. Autofahren. Routine. Die Batteriedauer meines Laptops. Aufsichtsratssitzungen. Techno-Sound. Das Sollenmüssen. Tickende Uhren. Die Unumkehrbarkeit der Zeit. Vorgesetzte aller Art. Das Kratzen von Gabelspitzen auf Aluminium. Buchhaltung. Sofortmaßnahmen. Kleingeld. Ausreden. Konjunkturjammerei. Trotzallemhaltung. Hotelmalerei. Benzintanken. Political Correctness. Mücken.

Ludwig Marcuse

Mein alter Vater

Mein Vater war ein armer Junge, der sich mit Zähigkeit und strengster Selbstzucht zwischen 1871 und 1914 hochgearbeitet hatte. Er wurde vermögend – was sein Leben nicht änderte, aber meins bestimmte.

Ich habe die beiden großen Briefe der großen Söhne Novalis und Kafka gelesen. Ich habe im Licht meiner Erfahrungen den Konflikt zwischen dem Vater Anton und seinem Sohn (in Hebbels *Maria Magdalena*) sehr gründlich erwogen. Ich habe auch den Ödipus-Komplex im Sinn, der viel mehr ist als Konkurrenz-Neid. Am ehesten ist mein Verhältnis zu meinem Vater ausgesprochen in dem Sätzchen des Jahres 1783: »So freundschaftlich und warm Du bist, so eine hinreißende Güte Du oft äußerst, so hast Du doch auch sehr viel Augenblicke, wo man sich Dir nur mit schüchterner Furchtsamkeit nähern kann.«

Ich weiß nicht, weshalb der alte Graf von Hardenberg so unnahbar war. Ein bißchen mehr weiß ich von der Kluft zwischen meinem Vater und mir. Er war schon über Fünfundvierzig, als ich, der Erstgeborene, recht schwächlich zur Welt kam. Ich erinnere mich nur noch an die Zeit, da er bereits bejahrt war. Er ist hager und grau und immer sorgenvoll und sehr jähzornig und hält sich sehr gerade. Er lacht nicht, schmunzelt selten und hustet bemitleidenswert – geplagt von einem chronischen Bronchial-Katarrh, an dem

Ems und Reichenhall nichts ändern konnten. Er weint viel und nie laut. Er war nicht zum Genießen geschaffen; ich sollte sagen: es war bei ihm nie dazu gekommen, die frühen Pflichten hatten es gar nicht erst zugelassen. Man kann zu alt werden, um es noch zu lernen. Mein Vater lernte das Genießen nicht. Er vergaß keine Sekunde, wie viele Familien von ihm abhingen: vom Patriarchen und vom Fabrik-Herrn. Er war nie schlechter gelaunt als in den Ferien, wenn er, vom gewohnten Joch des Planen-müssens befreit, die schreckliche Freiheit hatte, vom Sich-Sorgen-machen nicht abgelenkt zu werden.

Er war ein ergebener Sohn, Bruder, Mann, Vater und Chef. Die Familie war sein Glaubensbekenntnis. Auch die Angestellten, vor allem die Lehrlinge seiner Fabrik, waren zwangsweise zur Familie eingezogen; er fühlte sich verpflichtet zu ihrem Schutz und deshalb zur Aufrechterhaltung der von ihm für selbstverständlich gehaltenen Ordnung. Er war von schroffer Güte und ein ebenso wohlwollender wie strenger Herr; er hätte es für pflichtvergessen gehalten, nicht so unerbittlich zu regieren. Die schwerste Strafe, die er verhängte, war ein Schimpfwort seiner ostpreußischen Heimat: ›Lorbaß‹. Er war auf sehr barsche Weise ein großer Wohltäter und gab unfreundlich, weil er keinen Dank wollte.

Er trank gern Pilsner, aß gern Eisbein, rauchte gern Zigarren und spielte gern Skat; er konnte das alles auch lassen. Zuweilen ging er in die Oper und ins Theater; ich glaube nicht, daß es Eindruck auf ihn machte. Ich kann mich nicht erinnern, daß er las – aber woher stammte die stattliche Bibliothek, die ich erbte, mit den Cotta-Klassikern und allen Bänden von Spielhagen? Bestimmt las er das *Berliner Tageblatt*. Zuerst sah er die Kurse nach, interessierte sich auch für Innenpolitik, ganz und gar nicht fürs Feuilleton. Er war ein

Liberaler, besser: ein Freisinniger, Mitglied des lokalen Hansa-Vereins.

Wir haben wenig miteinander gesprochen und viel um einander gezittert: er war überbesorgt, wenn ich wieder einmal eine Mandelentzündung hatte; ich verging vor Angst, wenn er eine Viertelstunde später nach Hause kam und meine immer verängstigte Phantasie sich ausmalte, daß er von einem Pferde-Omnibus überfahren sei. Aber wir waren nie miteinander in freiem Austausch. Er war zu griesgrämig, ich zu verschlossen – auch für mich. Er war kein Kamerad, sondern unnahbar, fremd – aber nur deshalb, weil ich mich ihm nicht nahte, was er so innig wünschte. Es ist schwerer für einen König als für einen Untertanen, den ersten Schritt zu machen; aber mir ist es noch heute schwer, auf jemand zuzugehen… vor allem auf einen König.

Darin ähnele ich meinem Vater, in meiner Schwerfälligkeit im Umgang. Ebenso wie im Mangel an Lebensmut, an leichtem Sinn. Auch in der spröden Zurückhaltung im Nettsein, aus Angst vor der Verwechslung von Entgegenkommen und Liebedienerei. Und dann noch im Eigensinn und Jähzorn, der in unserer Familie offenbar erblich war. Wenn er die Zeitung schon entfaltet auf seinem Tisch vorfand, sprach er eine Woche nicht. Meine Schwestern waren imstande, ihn schnell zurückzugewinnen. Ich beantwortete Schweigen mit Schweigen. Es war mein Stummsein, das ihm das Leben verbitterte. Es war der Stolz auf mich, der sein Leben beglänzte. Worauf war er eigentlich stolz? War es die alte jüdische Ehrfurcht vor dem ›Klären‹ – und sah er in mir, der immer las, solch einen Klärer, Grübler und Schriftgelehrten voraus? Ganz gewiß ahnte er nicht, daß das Buch ebensosehr ein Versteck sein kann wie ein Himmel – und ich habe den Verdacht, daß ich mich jahrelang hinter Büchern verschanzte; es war die

Höhle, in die man, innerhalb des gutbürgerlichen Spielzimmers, entweichen konnte.

Ich ähnele ihm gar nicht in jenem felsenfesten Pflichtgefühl, das ihn beherrschte. Im Gegensatz zu ihm bin ich, seit ich mich von seiner Gesetzgebung losmachte, ein Anbeter des Genießens, ein Feind alles Spartanischen – obwohl mir so viele Gaben fehlen, so lebenslustig zu sein, wie ich gern möchte. Nie habe ich die distanz-setzende Macht, die in mir ohne mein Einverständnis wirkt, überwunden. Nie habe ich das Sichhingeben gelernt. Ich bin leider nur ein recht armer Anbeter der Freude geworden. Wo ich mich als Epikuräer gab, war es Größenwahn.

Wir wußten, Vater und Mutter werden alles für uns tun, was in ihren enormen Kräften steht; ich aber fühlte, solange ich zurückdenken kann, einen unüberwindlichen Widerstand, mich zu öffnen. Ich wurde maßlos verwöhnt, teils weil ich anfällig war, teils weil man auch in unserer Familie die Vorstellung hatte, die Kinder müßten über die Eltern hinauswachsen… was immer dies Hinaus bedeuten mochte. So verehrte man, trotz aller Strenge, in den Kleinen die künftig Größeren. Ich, der Kronprinz, wurde besonders umsorgt, war tief gerührt und wurde nie zutraulich. Meine Schwestern Henni und Edith, mit den Eltern viel intimer als ich, vermittelten leidenschaftlich und erfolgreich. Ich nahm ihnen alles weg, was für sie bestimmt war: von der Amme bis zur Mademoiselle. Sie aber waren meine großen Gesandten am Hof der Erwachsenen; ich bekam alles und gab nichts. Wenn ich dem heute nachsinne, so kommt mir vor: ich hatte Vater und Mutter sehr lieb… und keine andere Beziehung zu ihnen. Ich sah sie nicht an und lernte sie nicht kennen. Es gibt viele Erklärungen für diesen Stand der Dinge. Ich kann nicht herausfinden, welche von ihnen zutrifft.

Was immer ich in den ersten Zeiten meines Lebens lernte (und ich, ein schlechter Schüler, lernte sehr langsam, sehr wenig), erst in meinem vierten Jahrzehnt begriff ich, was Geld ist... und auch dann noch sehr unvollkommen. Mein Vater hatte es sehr früh erfahren und hielt diese Erfahrung für unanständig. Als Kinder wurden wir aus dem Zimmer geschickt, wenn von Geschäfts-Bilanz und Aktien gesprochen wurde; Mutter hörte wohl bereitwillig zu, aber nur mit halbem Ohr und verstand noch weniger als die Hälfte. Der frühe Schutz vor den rauhen Tatsachen des Lebens bestimmte mein Leben mehr als die Literatur, die sie mir dann deutlich machte: zum Beispiel der große Lehrer Marx. Viele haben ihre Mathematik-Blindheit bekannt. Ich war Ökonomie-blind. Kurszettel und Banken existierten nicht – auch noch nicht, als ich schon erwachsen war. Zwar kannten wir einige Bankiers; doch waren sie nur (zuerst) Onkels und (dann) Freunde der Familie; und erst viel später unfreiwillige Zerstörer unseres Vermögens.

Als ich fast Dreißig war, zur Zeit der großen Inflation, nahm ich, sehr ungern, Geld fast so ernst wie vorher nur Kant und das deutsche Theater. Damals wurde mein erstes Buch-Manuskript von einem Verlag akzeptiert; nichts setzte mich mehr in Erstaunen als der Paragraph, der mir Prozente versprach. Inzwischen habe ich gelernt, daß einer sich wesentlicher manifestiert in seinem Verhältnis zum Geld als in seiner Religion, seiner Soziologie und seiner Stellungnahme zur Atombombe. Mein Vater, Inhaber von Carl Marcuse & Co., machte mit Hüten und Mützen viel Geld; und zog einen Sohn heran, den eine Bibliothek dicht umstellte.

Hans Werner Kettenbach

Die Krähen schrein

Ich hatte gedacht, Heimat sei out und nur noch Omas und alte Knacker wie ich könnten mit dem Wort und dem, was es bedeutet, etwas anfangen. Aber das Internet weiß es schon wieder besser: Die Suchmaschine Google, mit der Frage nach Heimat gefüttert, spuckt dazu in elf Sekunden eine Million dreihundertdreißigtausend Ergebnisse aus. Und der Buch-und-so-weiter-Händler Amazon vermag immerhin 1728 Titel zum Thema anzubieten, nicht wenige davon »versandfertig in 24 Stunden«.

Allerdings gehören zu den Google-Trouvaillen auch solche Phänomene wie das Heimat- und Handfeuerwaffenmuseum in der Alten Fronfeste zu Kemnath (Oberpfalz). Und unter Amazons besten drei Treffern erscheint die Neubearbeitung eines Werks, das auf seinen Durchbruch auf dem internationalen Buchmarkt wohl noch warten muß, nämlich der Titel *Heimat und Welt. Erdkunde für Thüringen. Regelschule. 10. Schuljahr.*

Leider war ich zu faul, um solche Offerten gründlich zu durchforsten. Ich kann also nicht einmal meinen Verdacht beweisen, wer heute noch das Wort Heimat in den Mund nehme, der tue es nicht ohne gewisse Bedenken und vielleicht sogar mit leichten Schluckbeschwerden. Es spräche unter Deutschen doch einiges dafür, oder?

Immerhin könnte dergleichen Empfindlichkeit noch

aus den Flegeljahren der Bundesrepublik Deutschland herrühren, als die Heimatvertriebenen – also diejenigen, die bei Kriegsende die deutschen Ostgebiete hatten verlassen müssen – noch gewaltig auf den Putz hauten und ihr Land wiederhaben wollten. Die Vertriebenen fielen den Wessis lästig, sie kamen aus einer unzivilisierten »kalten Heimat« – ähnlich den Müttern aus dem Westen, die zuvor mit ihren Kindern nach Osten evakuiert worden waren, ihren Gastgebern »drüben« lästig fielen und prompt als »Bombenweiber« klassifiziert wurden. Sowohl die einen wie die anderen hatten in der Tat ihre Heimat verloren; aber wer das allzusehr betonte, machte sich unbeliebt.

Und nicht nur deshalb war schon das Wort Heimat auf eine vertrackte Art mit Nazi-Deutschland verbunden und mit dem Trümmerhaufen, der davon übrigblieb. Die Nazis hatten die Heimat ja auch in den Dienst ihres Blut- und Bo-

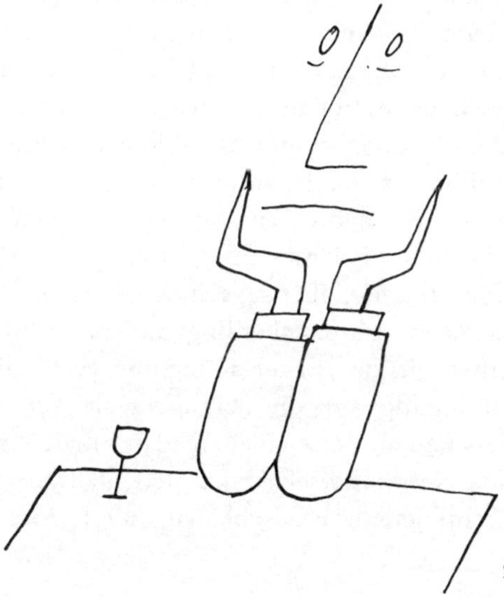

Saul Steinberg

den-Wahns gestellt. In der »Großen Deutschen Kunstausstellung« von 1937, aus der die Künstler lernen sollten, wo's im 1000jährigen Reich langging, wimmelte es von Werken, die die Nation dort zeigten, wo sie am deutschesten war: in der ländlichen Heimat. Da gab es kernige Bauern und Bauersfrauen bei der Feldarbeit zu sehen, am Abendbrottisch inmitten der blonden Kinderschar und mit dem Führerbild statt des Kruzifixus im Herrgottswinkel, oder beim Sonntagsspaziergang vor wogendem Weizen.

Ein großformatiges Gemälde ist mir haftengeblieben, ich weiß nicht mehr, auf welch raffinierte und natürlich verbotene Weise ich mir zu der Abbildung in einem Fotoband Zugang verschafft hatte und die Gelegenheit, sie ausgiebig zu studieren: eine Magd bei der Körperpflege, in ihrer Dachkammer, durch deren kleines Fenster ein grüner Rain zwischen zwei Äckern und dahinter ein See, vermutlich in Oberbayern, und wiederum dahinter in der blauen Ferne ein Gebirge, vermutlich die Alpen, zu sehen waren; ihre Kleider hatte diese deutsche Landfrau, die mich so sehr beeindruckt hat, auf dem Bett abgelegt, keine Dessous, Gott bewahre, sondern alles handgewebt und gestrickt offenbar, und nun saß sie auf dem handgefertigten Stuhl, die Waschschüssel zu Füßen, und führte den Schwamm über die wohlgeformten nackten Glieder. Ich nehme an, daß dieses Kunstwerk dem Betrachter die Schönheit des nordisch-arischen Menschen vor Augen führen und keineswegs seine Lüsternheit anregen sollte; ich als Knabe sah das allerdings anders.

Ich weiß nicht, ob es nach Krieg und Vertreibung eine Art Gegenbewegung war, die der solcherart mißbrauchten Heimat einen neuen, ganz eigenen Platz im Kulturtempel der deutschen Nation verschafft hat. Jedenfalls erscheint sie mittlerweile auf jedem Fernsehkanal, der Quote machen will oder muß, in Gestalt einer musischen Praktik, die sich Volksmusik nennt. Ob die Moderatorin nun im Dirndl auftritt und ihren bayrischen Akzent auskostet, der Moderator Baßbariton singt und einen Humpen Moselwein in die Kamera hält oder dirigierend an der Spitze eines gemischten Massenchors über Berg und Tal wandert: die deutsche Heimat ist immer dabei, und das Publikum auf der Fernseh-Location hört mit glänzenden oder auch feuchten Augen zu; das an den Fernsehgeräten vermutlich nicht anders.

Ich bin jedenfalls sehr enttäuscht worden, seit ich mich ein wenig gründlicher mit dem Thema beschäftigt habe: Ich hätte so gern einen richtigen Heimathasser gefunden, einen, der bei der bloßen Nennung des Wortes Heimat zu würgen beginnt oder um sich schlägt. Einen, mit dem ich mich hätte prügeln können. Ich bin nämlich ein Freund der Heimat, halt, nein, viel zu wenig! Ich bin einer ihrer leidenschaftlichen Liebhaber, ich hänge an ihr wie eine Klette, wahrscheinlich bin ich ihr hörig und werde es bleiben bis an mein Lebensende.

Auch dazu gehört bei mir, wie sich das im reiferen Lebensalter nun mal so ergibt, eine Geschichte. Sie spielt im Kriegsjahr 1943, als ich fünfzehn war und bis übers Knie in einem Gipsverband steckte, weil ich mir das Bein gebrochen hatte. Das Krankenhaus, in dem ich lag, wurde bei einem nächtlichen Fliegerangriff zerbombt, meine Mutter fand mich in einer Notunterkunft des Roten Kreuzes, holte mich heraus und schaffte mich in einen Zug, der den Rhein hinauf in die Gegend fuhr, aus der unsere Familie stammte und in der es in dieser Phase des Krieges an den meisten Tagen noch ein wenig friedlicher zuging.

In dem engen Abteil, auf dessen Holzbank ich mein Gipsbein lagerte, hatten wir nur einen Mitreisenden, einen

Unteroffizier der Infanterie, der offensichtlich guter Dinge war. Er ließ sich auch von den Pausen nicht irritieren, wenn der Zug unversehens auf freier Strecke die quietschenden Bremsen zog und anhielt, wir nur noch das Keuchen der Dampflok hörten und meine Mutter verstummte, weil sie darauf wartete, daß von einer Sekunde zur anderen dieses widerliche Motorengedröhn über uns hereinbrechen und die krachenden Einschläge hinter sich herziehen würde.

Der Unteroffizier hatte es sich bequem gemacht, er hatte den Waffenrock aufgeknöpft, auf dem er das Eiserne Kreuz 1. Klasse, das Verwundetenabzeichen und den »Gefrierfleischorden« trug, die Auszeichnung für die Teilnahme am Winterkrieg in der Sowjetunion, er plauderte und lachte und paffte mit meiner Mutter die Zigaretten, die sie auf dem Schwarzmarkt eingetauscht hatte. Die »Heimatfront«, an der wir uns befanden, war für ihn im Vergleich zu dem Schlamm und Dreck, aus dem er kam, wahrscheinlich eine Art Kurort.

Irgendwann fragte er mich, warum ich denn so dreinschaute wie die Kuh, wenn's donnert. Ich war nicht gesonnen, auf diese Frage zu antworten, aber meine Mutter übernahm das. Sie sagte, ich hätte partout die Stadt nicht verlassen wollen, so was Unvernünftiges, und das auch noch mit dem Gipsbein, ich könne nicht einmal einen Schritt laufen, um rechtzeitig in den Luftschutzkeller zu kommen. Der Unteroffizier fragte mich, warum ich denn um Himmels willen in *der* Scheiße hätte bleiben wollen.

Ich erwiderte: »Das ist keine Scheiße. Da bin ich zu Haus, das ist meine Heimat!«

Der Unteroffizier begann zu lachen. Er legte den Kopf in den Nacken, dann seufzte er. Er sagte: »Jetzt will ich dir mal was sagen, Jungchen: Wo ich bin, bin ich zu Haus! Verstehst du? Hier zum Beispiel, in diesem gemütlichen Abteil und mit deiner netten Mutter. Und mit dir, na klar. *Hier* bin ich zu Haus! *Das* ist meine Heimat!«

Ich mochte den Kerl nicht. Ich konnte ihm nach seinen Orden die Eigenschaft als Held nicht absprechen, eine Eigenschaft, durch die ich selbst mich demnächst auszuzeichnen gedachte. Aber ganz abgesehen davon, daß ihn meine Mutter,

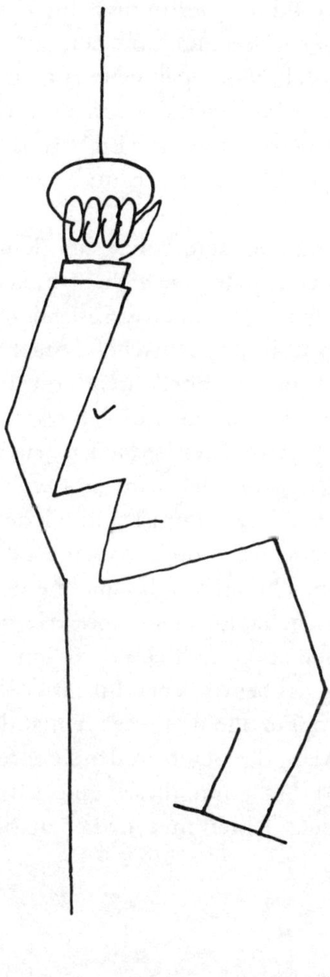

Saul Steinberg

und ob sie nett war oder was auch immer, nichts anging und er mich überdies Jungchen genannt hatte, zweifelte ich an seiner Gesinnung. Wie konnte ein deutscher Mann sich so schnöde über die Heimat, unsere deutsche Heimat äußern?

Zum Glück haben sich meine Vorstellungen von Heldentum und vaterländischer Gesinnung mittlerweile stark gewandelt. Und ich bin mir ziemlich sicher, daß dieses arme Frontschwein, das der Führer vermutlich nicht nur durch Osteuropa, sondern auch schon durch Belgien und Frankreich und, wer weiß, auch noch Norwegen gehetzt hatte, auf seine Heimattheorie aus purer Verzweiflung verfallen war, weil er es anders bei diesem Unternehmen zur Eroberung deutschen Lebensraumes nicht ausgehalten hätte und vor die Hunde gegangen wäre.

Meine Hinneigung zur Heimat hat sich desungeachtet nicht wesentlich geändert. Sie hat die vielen Jahre überdauert.

Ich bin jedoch gern gereist, und das Ausland, die Fremde, war für mich – anders als in der deutschen Sprache noch bis zum 18. Jahrhundert – nie gleichbedeutend mit dem *ellende*, dem Elend, in das einer verschlagen wird. Ich war immer neugierig darauf, etwas Ungewohntes kennenzulernen. Freilich wußte ich auch immer, woher ich kam und wohin ich zurückkehren wollte: aus meiner Heimat und wieder dorthin.

Was das nun präzise war und ist, meine Heimat, läßt sich nicht so einfach beschreiben. Ich habe meine Frau und unsere beiden Töchter gefragt, was sie unter Heimat verstehen, zwei Generationen also, innerhalb derer ich schon eine deutliche Verschiebung des begrifflichen Inhalts erwartet hätte. Aber dem war nicht so. Für alle drei war Heimat der Ort, an dem sie geboren wurden, die Stadt, in der sie ihre Kindheit verbracht hatten, aber nicht nur dieser eine Ort, sondern auch der, an dem sie jetzt lebten und ihr Leben eingerichtet hatten und bleiben wollten. Und es waren nicht nur solche Punkte auf der Landkarte, die man nach Längen- und Breitengrad definieren kann, sondern auch bestimmte Menschen, die sie da oder dort kennengelernt, das Lebensgefühl, das sie da oder dort entwickelt hatten und das für sie eine kostbare Erinnerung bedeutete oder gar sie noch immer trug.

Ähnlich ist es bei mir. Den Ort, an dem ich geboren bin und bis zu meinem vierten Lebensjahr mit meinen Eltern gewohnt habe, eine Kleinstadt, habe ich aufbewahrt, in einem Kaleidoskop von Erinnerungen und Stimmungen. Sie sind nicht nur angenehm, nicht allesamt so anheimelnd wie der Eindruck der Fronleichnamsprozession, an deren Vorabend die Straße naßgesprengt und gefegt und die Haustüren und Fenster geschmückt wurden, die ganze Straße roch nach Blumen, und wenn die Prozession unter Bläserklang und dunklem Gebetsgemurmel und vielstimmigem Schellenläuten herangekommen war, legte sich der mysteriöse Geruch des Weihrauchs darüber.

Nein, auch die Ödnis eines heißen Sommertages gehört dazu, wenn die ganze Stadt in einen Scheintod gesunken schien, niemand war vor den Türen zu sehen, kein Laut zu hören außer dem trägen Krächzen der Hühner aus einem schattigen Winkel im Hof. Auch die Melancholie eines Herbstabends, wenn ich ins Bett gebracht wurde und die Tür sich schloß und die leise zischende Gaslaterne vor dem Haus in das schmale Fenster schien und ich mich so einsam und verlassen fühlte, daß ich am liebsten gestorben wäre, nicht zuletzt, damit alle erkannten, was sie mir angetan hatten, und bittere Tränen weinen würden – zu spät!

Es gibt sehr viele solcher Erinnerungen, die das Wort Heimat in mir hervorruft, und sie verteilen sich über fast alle Orte, an denen ich längere Zeit gewohnt habe: Der strenge, bittere Geruch des Unkrauts auf einem unbebauten Grundstück, meinem Spielplatz gegenüber dem Mietshaus, in dem wir unsere erste Wohnung in der Großstadt bezogen, einem Spielplatz, von dem ich mit wenigen Schritten nach Hause zurückkehren konnte; die rauhe Oberfläche der dunklen, von der Hitze vieler Sommer ausgetrockneten Dachbalken auf dem Speicher unserer darauffolgenden Wohnung, hinter denen meine Kumpane und ich nach einem Leinensäckchen mit Goldmünzen suchten, dem Schatz, den ein früherer Bewohner zwischen Balken und Dachziegeln verborgen haben konnte, bevor er jäh gestorben oder mit dem Enterhaken erschlagen worden war, so etwas passierte doch immer wieder, wie wir aus unseren Abenteuerbüchern wußten.

Merkwürdigerweise gehört auch der Geruch dazu, den es in der Ankunftshalle des John-F.-Kennedy-Flughafens auf Long Island zu riechen gab, die Ausdünstung des Reinigungsmittels, mit dem die Böden der Halle gewischt wurden, eine Mischung aus scharfer Chemikalie und einem milden Duft, der sich darüber breitete. Ich habe eine Zeitlang in New York gewohnt, und wenn ich in Deutschland gewesen war und zurückkam und dieser Geruch mir in die Nase stieg, dann wußte ich: Ich bin zu Hause.

Ich sehne mich nicht nach diesem oder nach anderen wohlvertrauten Orten, Eindrücken, Erfahrungen von einst zurück. Aber ich bewahre sie auf wie kleine Kostbarkeiten. Meine Heimat ist jetzt der Ort, an dem meine Frau und ich leben, eine Wohnung auf der 18. Etage eines Hochhauses, der Ort, an dem meine Bücher und Schallplatten und mein Bett und der Tisch, an dem ich esse, und mein Schreibtisch stehen, ein Ort, von dem ich ein schönes Stück Welt sehen kann, den Rhein und eine alte Allee und den Dom und Schrebergärten und viele Häuser und Bäume und nach Osten den ersten Höhenzug des Bergischen Landes und nach Süden das Siebengebirge. Und ich denke nicht gern an den Tag, an dem ich diesen Ort für immer verlassen werde, die Füße voran.

Ich weiß wohl, daß es Menschen gibt, die ihre Heimat hassen und die den Tag lobpreisen, an dem sie ihr entronnen sind. Mir leuchtet auch ein, daß es Umstände geben kann, unter denen einem der Ort, an dem man zur Welt kam, ganz unerträglich wird oder bestenfalls so gleichgültig, daß man sich später einen Augenblick lang, einen Herzschlag lang besinnen muß, um sich an den Namen zu erinnern. Für solche Menschen muß es in der Tat eine Befreiung bedeuten, die Heimat ganz und gar loszuwerden und fortan ohne all das zu leben, was Heimat bedeutet oder bedeuten kann. Aber ich frage mich auch, wie man sich fühlen mag in dieser Freiheit. Und sobald ich bei dieser Überlegung angelangt bin, denke ich ganz unvermeidlich an das Gedicht von Nietzsche, das so beginnt:

Die Krähen schrein
Und ziehen schwirren Flugs zur Stadt:
Bald wird es schnein. –
Wohl dem, der jetzt noch – Heimat hat.

Die letzte Strophe dieses Gedichts wiederholt die erste, wortwörtlich so wie hier zitiert – bis auf die allerletzte Zeile. Die nämlich stellt den Anfang auf den Kopf und beschließt dergestalt, nach der Wiederholung des Satzes, daß es bald schneien werde, das Gedicht mit einer erschreckenden Umkehrung. Sie lautet: »Weh dem, der keine Heimat hat!« Aber zum Glück irren gelegentlich ja auch die Dichter und sogar die Philosophen, und warum nicht sogar einer, der beides zugleich war. Es muß ja nicht stimmen, daß es die Heimat ist, die über Wohl und Wehe des Menschen entscheidet.

Saul Steinberg

Connie Palmen

Die versteckte Sprache

Der Zug fädelt mich durch einen Flickenteppich aus Feldern in knalligem Gelb und zartem Grün. Deutschland im Frühling. Ich reise von Stadt zu Stadt wie eine Handelsreisende für Literatur im allgemeinen und die meine im besonderen. Nicht nur an der Dauer der Reisen, sondern auch am Umfang der Felder lese ich ab, wie immens groß dieses Land ist. Es ängstigt mich nicht. Überall, wohin ich komme, spricht man Deutsch, finde ich die Gerichte, die ich kenne, bezahle ich in Euro. Wie Amerika wird dieses Land von der Sprache, dem Essen und dem Geld zusammengehalten. Es ist Spargelzeit, und daher reise ich auch vom einen Spargelgericht zum nächsten, von der Cremesuppe zum Auflauf und weiter zur Kombination mit neuen Kartoffeln und Sauce hollandaise. Der Spargel ist mein Gemüse, ich bin damit aufgewachsen. In dem Land, aus dem ich komme, nennt man ihn auch das weiße Gold, weil man in kurzer Zeit viel Geld damit verdienen kann.

Wir hatten zwei Stücke Land, beide am Waldrand, auf denen meine Eltern Spargel anbauten. Wir, meine drei Brüder und ich, halfen bei der Ernte. In aller Früh zogen wir hinaus aufs Feld, schlaftrunken und manchmal auch schlecht gelaunt, weil im Monat Mai die meisten Prüfungen stattfanden und wir unter Umständen wenige Stunden später mit Trauerrändern unter den Fingernägeln Multiple-choice-Fragen auszufüllen hatten. Die schlechte Laune verflog schnell. Im Wald trällerten die Vögel, daß es eine Lust war, und Spargel stechen ist zwar eine schwere, aber vor allem eine spannende Arbeit, man braucht Talent dafür und muß sich konzentrieren – die ideale Kombination für eine bestimmte Form von Glück. Wir arbeiteten meistens still vor uns hin. Von Zeit zu Zeit schrie mein ältester Bruder theatralisch, daß er ein perfektes Exemplar der Güteklasse eins a plus beim Wickel habe, und reckte es dann triumphierend in die Höhe. Froh, kurz den Rücken strecken zu können, begutachteten wir seinen Idealspargel und gratulierten ihm zu seinen Laseraugen. Laseraugen, das war das allergrößte Kompliment, das hieß, daß man durch die Erde hindurchsehen konnte und kein Spargel, mochte er auch noch so versteckt sein, dem Blick entging. Um ein guter Spargelstecher zu sein, muß man die Erde lesen können. Der eine Riß darin ist durch Trockenheit entstanden, danach bückt man sich nicht. Der andere aber rührt von einer noch versteckten Stange her, die sich einen Weg nach oben bahnt und im Licht grün werden möchte, was unbedingt zu verhindern ist. Nur bei diesem Bodenzeichen beugt man den Rücken.

Das Geld, das das weiße Gold zusätzlich einbrachte, sei für unser Studium, hieß es. Universitäten waren teuer, wir hatten alle den Verstand, und unsere Eltern wollten, daß wir es einmal besser haben würden als sie. Wir durften tun, was ihnen nicht vergönnt gewesen war, und für diese Zukunft der unbegrenzten Möglichkeiten arbeiteten sie von früh bis spät. Alles, was sie taten, war zu unserem Besten. Unser Glück war ihr Glück.

Von Bielefeld bis Berlin, von Kiel bis Koblenz, wo ich auch bin, es passiert immer beim Vorlesen dieser einen Passage.

Durch die Schauspielerin Judit spreche ich über das Joch des Glücks, das auf den Schultern der Generation lastet, der ich angehöre, und das Publikum reagiert tief bewegt. Was der Roman auch sonst noch alles sein mag, ein Spiel mit den Gesetzen der Biographie und somit dem Verhältnis zwischen Wahrheit und Fiktion, eine Studie über den Archetypus des Don Juan und somit über das Theater und die Kunst, ich versuche mit *Ganz der Ihre* auch ein Bild einer Generation zu zeichnen. Warum sollte man denn zur Lesung eines Schriftstellers gehen, wenn man nicht etwas zu hören bekommt, was nur dieser Schriftsteller so sagen kann, wie er es sagt?

In *Ganz der Ihre* schreibe ich über eine Generation, der das Recht auf Unglück versagt ist, denn unglücklich zu sein war eine Sünde. Für die Opfer, die unsere Eltern im Wiederaufbau brachten, für ihre entsagungsvolle Lebensweise, für ihren Traum von einem besseren Leben für uns, einem Leben, in dem wir werden konnten, wer wir sein wollten, für das dazu notwendige Geld, das in seinem großzügigen Zustrom die Form von Liebe annahm, für das alles konnten wir sie nur auf eine Art belohnen, nämlich dadurch, daß wir permanent glücklich waren. Hatten wir Kummer, dann war es ein Luxuskummer, denn wir waren die verwöhnte Generation, uns stand die Welt offen, wir bekamen, was unser Herz begehrte, wir konnten die Hochburgen des Wissens betreten, die unseren Eltern verschlossen blieben, und Hunger konnte man nicht mehr haben, Hunger hatten sie im Krieg gehabt, wir hatten höchstens Appetit. Das Joch des Glücks ist die Schuld, die man trägt, wenn man unglücklich ist und damit der Kriegsgeneration die Belohnung für ihre Aufopferungen vorenthält. Wir, die erste Generation, die sich tagtäglich filmische, gespielte Emotionen zuführen konnte, lösten unsere Schuld ein, indem wir unser Leid verbargen und bagatellisierten und so taten, als ob. Wir sind eine theatralische Generation: Sind wir nicht glücklich, dann spielen wir es eben. Wir spielen aus Erbarmen und Mitleid mit den geopferten und sich aufopfernden Eltern. Die versteckte Sprache der Nachkriegsgeneration ist die Sprache der Schuld. Sogar für unsere Sterblichkeit schämen wir uns. Und oft sucht man gerade das, wofür man sich schämt.

Ich glaubte, diese Biographie einer Generation sei grenzüberschreitend, doch während meiner Reise merke ich, daß die Schuld in Deutschland anders gefärbt ist. Vielleicht reagiert das Publikum hier stärker als in den Niederlanden, weil hier anders unter dem Schicksal der Eltern gelitten wurde. Ich ziehe den Begriff Schuld von der Generation weg, die seit mehr als einem halben Jahrhundert darauf gehockt hat und ein Alleinrecht darauf zu haben scheint, und zu uns heran, den Männern und Frauen, die sich, vom Schicksal ungehindert, frei nach Belieben entwickeln konnten, die studieren konnten, sich ihre Liebespartner außerhalb ihres durch Glauben oder Stand bestimmten Kreises suchen konnten, die einen noch nie dagewesenen Wohlstand genießen durften, von dem die vorige Generation nicht hatte profitieren können. Es ist ein Versuch, diese andere, eigenartige Schuld ans Licht zu bringen, die man trägt, ohne daß man etwas Unrechtes getan hätte.

Was uns von unseren Erziehern unterscheidet, wird mir während meiner Reise noch deutlicher, als ich gleich zweimal innerhalb kurzer Zeit von einem Cover eindringlich von Willy Brandt angeblickt werde und seitenlange Geschichten über sein Leben lese. Das ist das Wesen der Biographie, daß ein Leben, zumal nach dem Tod, aber auch schon lange davor, *ganz das Ihre*, der Sprache und den Erzählungen anderer ausgeliefert ist. Die Überlieferung von Geschichten hat mit dem Ausgeliefertsein an das Urteil und die Auslegung einer Umgebung zu tun und mit der Abhängigkeit davon, doch im Zusammenhang mit der Einsicht in unsere weitreichende gegenseitige Abhängigkeit hat sich im zwanzigsten Jahrhundert etwas getan. Was sich auf dem Dorfplatz im kleinen abspielt, findet seine Vergrößerung durch Persönlichkeiten des öffentlichen Lebens. Mit so gut wie allen Stars und Berühmtheiten der ersten Hälfte des vorigen Jahrhunderts hat Willy Brandt eine Reihe von grundlegenden biographischen Elementen gemein: Es handelt sich um den Typus des vaterlosen oder unehelichen Kindes, das sich selbst erschafft, sich selbst tauft und einen neuen Namen gibt und das dann im Schoß eines Massenpublikums neu geboren wird. Das Bild von diesen Männern und Frauen, von Monroe bis Chanel, von Brandt bis Warhol, kommt dem christlichen Bild von der Jungfrauengeburt nahe, dem Bild vom Einzelwesen ohne Abstammung, *sui generis*, das niemandem tributpflichtig ist außer sich selbst und danach dem Publikum, das es in dieser selbstgewählten Rolle anerkennt und liebt. Der große Unterschied zwischen den Persönlichkeiten des öffentlichen Lebens der ersten Hälfte des zwanzigsten Jahrhunderts und jenen der Zeit nach dem Zweiten Weltkrieg liegt in dem einen Wort: Schuld. Im Gegensatz zu den Kindern des Wiederaufbaus, die sich vor den erbrachten Opfern verneigen und Erbarmen aufbringen können, wenn sie ihre Herkunft betrachten, scheinen sich die ersten Stars am Firmament des Ruhms von ihrer Abhängigkeit, ihrer Abstammung, dem Namen ihres Vaters und manchmal dem Land ihrer Herkunft loszulösen. Als der Ruhm in gewissem Sinne noch erfunden werden mußte, hielten es die Macher der neuen Geschichte, des Films, des Fernsehens und der Popkultur offenbar für opportun, zu verschleiern, daß sie eigentlich Österreicher waren oder Pole und eigentlich Schickelgruber, Norma Jeane Baker oder Herbert Frahm hießen. Der Boden, auf dem sie standen, war glattgestrichen und unlesbar, als hätte es vor ihnen keine Geschichte gegeben, die erklären könnte, warum sie geworden waren, wer sie geworden waren. Sie entwickelten sich zu den Initiatoren einer neuen Zeit, und erst in ihren Biographien wurde ein wenig Licht auf die Wurzeln ihres Ruhms geworfen. Das Verbergen der Vergangenheit, so armselig, verletzend und demütigend sie auch gewesen sein mag, hat mit dem verqueren Versuch zu tun, Abhängigkeit, Tributpflicht und Schuld zu leugnen. Und durch diese Leugnung wird eine Sprache, die Sprache einer Schuld und vielleicht auch einer Tragödie, untergegraben. Wird aber diese nicht gesprochen, kann auch die Sprache des Dankes, des Mitempfindens und der Vergebung nicht ertönen.

Saul Steinberg

Jessica Durlacher
Entsichert

Geboren in den sechziger Jahren bin ich. Was ich vom Zweiten Weltkrieg weiß, hat als Hörenschweigen begonnen.

Was ich hier wissen nenne, begann eigentlich als Gefühl. Wissen ohne Kenntnis. Verwirrung und Angst vor dem, was mit meinem Vater los war – Gefühle, die in erster Linie auf ein hilflos machendes Mitgefühl zurückzuführen waren. Das eine wußte ich genau: Meines Vaters Feind war auch meiner, auch wenn ich keine Ahnung hatte, wer dieser Feind war.

ICH WEISS NICHTS – ICH WAR SCHLIESSLICH NICHT DABEI.

Dafür aber mein Vater. Er hat Westerbork, Theresienstadt und Auschwitz überlebt, konnte mir aber nichts darüber erzählen. Wollte mir nichts darüber erzählen. Zunächst wußte ich nur, daß er von Alpträumen gequält wurde, weil er vage Beschwerden und rote Augen hatte. Erst später erfuhr ich, daß es Millionen von Menschen gegeben hat, die nicht überlebt haben, was er überlebt hatte.

Zum Glück hat mein Vater Bücher über seine Erlebnisse geschrieben: wie es als kleiner Junge in Deutschland und später in den Niederlanden war, was in Westerbork und Auschwitz mit ihm geschah, wie es ihm nach dem Krieg als unerwünschtem Repatrianten erging.

Er arbeitete dabei so genau, wie es ihm möglich war: Alles, was er in seinem Gedächtnis fand, überprüfte er erschöpfend anhand der vorliegenden Geschichtsschreibung. Mißtrauisch verfolgte er die Machenschaften seines eigenen Gedächtnisses, das – wie er wußte – sich nun einmal der Blickrichtung und dem Schliff der Gläser entsprechend verformt.

Darüber hinaus war diese Sorgfalt eine Art von Treue – Treue gegenüber den ohne Hoffnung gestorbenen geliebten Menschen seines ehemaligen Kinderlebens, eines Lebens, das irgendwann einmal »normal« und fröhlich und erwartungsvoll angefangen haben muß. Ihrem Andenken zu Ehren verbot er sich selbst jedwede Lüge. Die zu Papier gebrachten Erinnerungen anderer Überlebender, die er fast alle ausfindig machte und las, wußte er zu würdigen, aber es störte ihn unsagbar, wenn jemand der Chronologie Gewalt antat oder feststehende Tatsachen in einen falschen Zusammenhang rückte – von regelrechten Fälschungen ganz zu schweigen. Mit Unwahrheiten würde man nicht nur die Toten entehren; er fürchtete außerdem, sie könnten den berüchtigten Holocaust-Leugnern wie gerufen kommen.

Praktisch jede unverblümte Fiktion über diese Zeit war für meinen Vater tabu. Filme, durch ihre Inszenierung nun einmal *per definitionem* unecht, waren für ihn unerträglich. *Sophies Entscheidung* oder *Schindlers Liste*: fürchterlicher Kitsch. Augenwischerei, eine Beleidigung der Wirklichkeit.

Dennoch war er sich sehr wohl bewußt, daß auch seine eigenen Bücher, wie wahrhaft auch immer, Spuren von Fiktion in sich trugen – daß das Fabulieren nun einmal einsetzt, sobald man auf Komposition und Stil achtet, etwas, das er voller Hingabe tat.

Der Gispen-Schreibtisch meines Vaters war der einzige Gegenstand, den ich von ihm erbte und erben wollte. An diesem Schreibtisch hatte er gesessen und gelesen, gedacht und geschrieben, eine Festung aus Stahl. Beängstigend und vertraut zugleich.

Mir ging es um das Geräusch, das der Schreibtisch machte. Wenn das Hauptschloß des Schubladenblocks aufschnappte, war ein scharfer metallischer Knall zu hören, wie bei einem Schuß. Er hallte in dem schweren Stahlgerüst des Schreibtischs nach und verkündete immer das gleiche Versprechen: die Enthüllung von Geheimnissen, die die seinen und nur die seinen waren.

Dieses Geräusch ist meine Madeleine: Es weckt in mir all die Erinnerungen an meine Kindheit. Es war nicht nur in seinem Arbeitszimmer, sondern im ganzen Haus zu hören. Wenn die Feder im Schloß aufsprang, wußten wir, daß mein Vater in seine eigene Welt eintauchte, um etwas nachzuschlagen, was uns nichts anging. Er hatte als einziger einen Schlüssel, und immer wenn er das Zimmer verließ, drückte er vorher auf den Metallknopf neben dem Schlüsselloch, wonach die gleiche, wenn auch etwas dumpfere Version desselben Urknalls zu hören war. Daraufhin wurde aus dem graulackierten Metall wieder die Büroversion eines Bunkers. Nur für ihn zugänglich.

Nach seinem Tod bekam ich diesen Bunker. Die meisten der darin aufbewahrten Unterlagen behielt meine Mutter, eine abgegriffene Ledermappe war für mich.

In dieser Mappe fand ich die kargsten Schriften, die ich von meinem Vater kenne. Es waren Briefe. Briefe, die er in den fünfziger Jahren an die für Wiedergutmachungsleistungen verantwortlichen Behörden in Deutschland gerichtet hatte. Mein Vater war siebzehn gewesen, als er aus den Lagern zurückkehrte. Seine Eltern waren ermordet worden, um seine

Gesundheit stand es schlecht, und beinahe alles, was seine Familie besessen hatte, war verschwunden. Er hatte keine andere Wahl gehabt.

Was ich als Hörenschweigen kennengelernt hatte und wovon ich später in seinen Büchern lesen konnte, fand ich in diesen Briefen wieder – realistisch und hart, wie ein Kinnhaken. Die nackten Tatsachen – die die Empfänger davon überzeugen sollten, daß er für ihre armselige Wiedergutmachung in Betracht kam.

Einen dieser Briefe möchte ich Ihnen hier auszugsweise im Wortlaut vorlesen.

Meine Eltern, Arthur Josef Durlacher und Erna Sofie Durlacher-Solomonica und auch ich mußten infolge der »Anordnung des Reichskommissars für die besetzten niederländischen Gebiete« ab 29. April 1942 den Judenstern tragen. Eine weitere Anordnung untersagte es Juden, sich nach 8 Uhr abends auf der Straße zu befinden. Am 3. Oktober 1942 wurden wir verhaftet. Bis Mitte Januar 1944 verblieben wir im Lager Westerbork. Dann Deportation nach Theresienstadt und von dort erfolgte weitere Deportation (Mai 1944) nach Auschwitz.

Ich bin von dort im Oktober 1944 weiter deportiert worden nach K.Z. *Märzbachtal, von dort nach* K.Z. *Dörnau und schließlich nach* K.Z. *Schotterwerk, alle drei Nebenlager des* K.Z. *Groß-Rosen.*

Aus Schotterwerk bin ich am 8 Mai befreit. Meine Eltern sind aus Auschwitz auch weiter deportiert worden. Mein Vater starb in Bergen-Belsen im Mai 1945. Meine Mutter vermutlich im K.Z. *Stutthof im März 1945. Im Lager Westerbork mußte der Judenstern noch getragen werden. In Auschwitz und den darauf folgenden* K.Z. *Lagern mußten wir ein gelbes Dreieck mit daneben der Häftlingsnummer tragen. Die letztere wurde auch in den linken Unterarm tätowiert. Meine war* A-*1321.*

Hochachtungsvoll, Gerhard Durlacher

Was mich, wie ich glaube, neben dem eigentlichen Inhalt dieses Briefes am meisten trifft, ist seine Knappheit. Als hätte mein Vater eine Höllenangst davor gehabt, zu übertreiben und damit die Menschen, von denen er abhängig war, abzuschrecken. Dinge schlimmer darzustellen, als sie wirklich gewesen waren.

Aber noch schlimmere Dinge waren doch gar nicht möglich!

Ein Symbol des fassungslosen Menschen, das ist dieser Brief in meinen Augen: buchstäblich sprachlos. Weil dieser Mensch mit Ereignissen konfrontiert wird, die sich mit der Welt, wie wir sie kennen, nicht vergleichen lassen – und die sich aus diesem Grund nicht faßbar machen lassen. Stärker noch: weil es Ereignisse sind, die das Vorstellungsvermögen derart peinigen und beleidigen, daß die Menschen möglicherweise über deren Verkünder herfallen könnten.

Behutsam und schamerfüllt wird hier die Unterwelt gezeigt – vorsichtig, um nur niemanden zu verletzen oder kopfscheu zu machen. Möglichst sachlich und monoton – in der Hoffnung, der Leser möge sich nicht abwenden. Damit ja keiner denkt, der Verfasser würde lügen.

Die erstickte Stimme. Wir alle kennen das Gefühl aus unseren Alpträumen: daß ein unfaßbares Unrecht geschieht und wir schreien wollen, warnen, in Wörter übersetzen, was wir wissen und gesehen haben, aber nichts kommt aus unserem Mund, nur ein unterdrücktes Keuchen. Oder eben eine Aufzählung.

Und so ganz unberechtigt ist diese Furcht noch nicht einmal. Moché de Bode, der freundliche Kauz aus Elie Wiesels grauenerregendem Roman *Die Nacht*, dem es gelingt, einer Massenerschießung zu entkommen, kehrt zurück in sein Heimatdorf, um seine früheren Mitbürger zu warnen und zur Flucht zu mahnen. Doch als er endlich sprechen kann, ist alle Mühe vergebens: Niemand glaubt ihm. Was er erzählt, kann einfach nicht wahr sein.

Die Literatur über den Krieg, die mittlerweile so selbstverständlich geworden ist und unermeßlich umfangreich, muß, so stelle ich mir vor, damit angefangen haben. Nicht ausschließlich mit der Furcht, daß die Welt nicht wissen würde, sondern mit der – ganz und gar nicht geringen – Angst, sie könne einem nicht glauben.

Diesen scheuen kurzen Brief meines Vaters könnte man als das embryonale Stadium der Unerschütterlichkeit jener Menschen beschreiben, die beschlossen haben, daß das, was sie gesehen und durchgemacht hatten, so schlimm war, daß es nicht unbeschrieben bleiben durfte. Jener Menschen, die allem Widerwillen und aller Ungläubigkeit zum Trotz eine Brücke schlagen wollten zwischen der Welt einer unvorstellbaren Bösartigkeit und dem Rest – der übrigens auch nicht gerade schön ist.

Warum? Ich bin mir sicher: nicht, um Hölle und Verdammnis zu predigen und allen anderen jegliche Hoffnung zu nehmen und sie unglücklich zu machen. Sondern weil das, was sich zugetragen hatte, wirklich genau so geschehen war. Weil davon zu erzählen das mindeste ist, was man für die Toten tun kann. Weil die Menschen das Böse kennen müssen, um das Gute erkennen zu können.

Der Fund des kargen Briefes meines Vaters brachte mich auf einen weiteren Gedanken, einen, der mir zunächst einen Schock versetzte.

Es war das Paradoxon zwischen diesem Brief und seinen eigenen, viel später erschienenen Büchern: allesamt persönliche Geschichten, komponiert um Themen herum, die ihn beschäftigten. Die, wie tatsachengetreu sie auch sein mögen, unwillkürlich in Richtung Literatur tendieren.

Wenn mein Vater in einem einzigen Schriftstellerleben die Entwicklung von dem ach so vorsichtigen, fast Schweigen zu nennenden Stakkato an Fakten zu den freimütig literarisch verarbeiteten Erinnerungen, die er später veröffentlichte, durchlaufen konnte, dann ist damit den Generationen nach ihm vielleicht der Weg geebnet worden, um auf eine noch weiter abgeleitete Weise über den Holocaust zu schreiben.

Das heißt: in der Form der einst von ihm verabscheuten Fiktion. Ohne zu lügen, den Fakten gerecht werdend eine Vorstellung davon zu vermitteln, wie es hätte sein können. *Schindlers Liste* und *Sophies Entscheidung* haben – das muß man ihnen lassen, auch wenn sie weder authentisch noch vorbildlich sind – vielen Ahnungslosen wenigstens gewisse emotional beeinflußte Kenntnisse über eine Vergangenheit vermittelt, die ihnen ansonsten völlig unbekannt geblieben wäre.

Nun sehe ich das Ganze in diesem neuen Jahrhundert ohne Tränen in den Augen: Der Zweite Weltkrieg donnert allmählich in die Domäne der Fiktion. Unwiderruflich werden Kunstschaffende sich dieser wahnsinnigen Periode bemächtigen, mit der ganzen dazu gehörenden Rücksichtslosigkeit. Allzu bekannte Bilder aus dem Krieg werden in Ikonen verwandelt werden: mystifiziert. In und von der Phantasie wird ein neues Verständnis gesucht werden – und das bedauere ich nicht. Nicht mehr. Mir ist klargeworden, daß es die einzige Möglichkeit ist, die Vergangenheit unserem Gedächtnis einzuverleiben, ihr in unserem Gewissen und in unseren Herzen immer wieder von neuem eine Rolle zu geben.

Mein Vater lebt nicht mehr, ebensowenig wie immer mehr Menschen seiner Generation, die den Krieg mitgemacht haben. Gottlob sind viele ihrer Erfahrungen in Büchern und Dokumentarberichten festgehalten worden. Ihre Darstellungen stehen jedem zur Verfügung, der seine Berufung darin sieht, sich Bücher oder Filme auszudenken. Geschichten, in denen Bruchstücke der Geschichte wie in einem Spiegel reflektiert werden, in unendlichen Variationen dargeboten.

Das ist es, was ich mir erhoffe: daß die Geheimnisse und offenen Stellen der Filme und literarischen Werke an die Stelle des »Hörenschweigens« meiner Jugend treten. Daß man dazu verführt wird, historische Abstraktionen auf Menschen und ihre Geschichten zurückzuführen – und daß man darin weiter nach der Wahrheit und den Fakten sucht.

Denn nur um diese Fakten geht es – und um sonst gar nichts.

Ich bin mir sicher, daß auch mein Vater dem zugestimmt hätte.

Als der Schreibtisch meines Vaters beim Umzug zur Seite gekippt wurde, damit er durch die Tür paßte, hörten wir einen metallischen Knall, der anders klang als der des vertrauten Schlosses. Unter der Schreibtischplatte kam ein schwerer Gegenstand hervorgerutscht.

Es war eine Pistole. Sie war geladen und enthielt fünf Kugeln.

Ich fand heraus, daß mein Vater sie 1956 in der Panik nach dem Einmarsch der Russen in Ungarn beschafft hatte. Wenn sie – genau wie damals – kommen würden, hätte er geschossen.

Später hatte niemand genau gewußt, wo sie abgeblieben war.

Er schon. Jahrelang hatte die Pistole geduldig hinter einer leicht erreichbaren Leiste unter der Schreibtischplatte gewartet, um die, die seiner Familie Böses tun wollten, zu bedrohen – oder sie vielleicht sogar zu töten.

Mein Vater war ein vernünftiger Mann, ein aufgeklärter Mann, ja sogar ein versöhnlich gestimmter Mann. Nachdem er Auschwitz überlebt hatte, hegte er keinen Haß gegen Deutschland als die Abstraktion, die eine Nation nun einmal ist. Er glaubte an die Zukunft und an den Fortschritt. Er hatte in seinem Leben die Worte gefunden, mit denen er von seinem Krieg erzählen konnte.

Er schrieb Bücher. Literatur.

Und in seinem Schreibtisch lag all die Zeit eine geladene Pistole in Reichweite.

Saul Steinberg

James Boswell
Plaudertaschen

Von John Wesley sagte Dr. Johnson: »Sein Gespräch ist gehaltreich, aber er hat nie genügend Muße. Immer muß er zu bestimmter Stunde weg. Höchst unangenehm für einen, der wie ich gerne die Beine übereinanderschlägt, um sich nach Herzenslust auszusprechen.«

Freitag, den 3. April, speiste ich mit Dr. Johnson im Literarischen Klub. Anwesend waren verschiedene namhafte Zeitgenossen.

LORD UPPER OSSORY. »Ich habe mir bei Jennings den berühmten Marmorhund angesehen, dessen Wert auf tausend Guineen geschätzt wird. Es soll sich um den Hund des Alkibiades handeln.« JOHNSON. »Dann muß sein Schwanz gestutzt sein. Daran war der Hund des Alkibiades zu erkennen.« EDMUND BURKE. »Tausend Guineen! Soviel ist kein Abbild eines Tieres wert, sonst wäre ja ein toter Hund besser als ein lebender Löwe.« JOHNSON. »Was so hoch gewertet wird, ist nicht der Gegenstand als solcher, sondern die Kunstfertigkeit, der er seine Entstehung verdankt. Alles, was den Bereich des Menschenmöglichen erweitert, ist wertvoll. Der erste, der einen Strohhalm auf der Nase balancierte; Johnson, der gleichzeitig auf drei Pferden ritt; überhaupt jeder, der leistet, was vor ihm keiner geleistet hat, verdient unseren Beifall, nicht weil das, was er leistet, an sich einen Wert hätte, vielmehr der Geschicklichkeit wegen, die er an den

Tag legt.« BOSWELL. »Man soll aber die Leute nicht darin bestärken, ihren Kunstfleiß an etwas Wertloses zu wenden. Addison erwähnt irgendwo das Urteil eines Königs, der einem, der es durch beharrliches Bemühen dazu gebracht hatte, ein Gerstenkorn durch ein Nadelöhr werfen zu können, zur Belohnung einen Scheffel Gerste schenkte.« JOHNSON. »Das muß ein König von Schottland gewesen sein, wo die Gerste rar war.«

BURKE. »Es wird gegenwärtig zu viel gegen die Auswanderung gewettert. Ich bin überzeugt, ein Land wird durch Auswanderung nur um so volkreicher.« EDWARD GIBBON. »Das sieht stark nach einem Paradox aus.« BURKE. »Die Ausfuhr von Menschen bewirkt, wie die Ausfuhr jedweder Ware, daß mehr davon erzeugt wird.« JOHNSON. »Aber ohne die Auswanderung wären noch mehr Leute da, vorausgesetzt, daß das Land sie ernähren kann.« BURKE. »Nein, es genügt, daß ein paar Zuchthengste im Land bleiben, und die Bevölkerung wird stärker zunehmen, als wenn keine Auswanderung stattfindet.« JOHNSON. »Ach was, es ist doch klar, die Bevölkerung nimmt um so mehr zu, je mehr Zuchthengste vorhanden sind.« BOSWELL. »Auswanderung mag dazu führen, daß in einem Land mehr Menschen erzeugt werden, aber die Bevölkerung nimmt deswegen doch nicht zu, da die Leute ja außer Landes gehen. Man kann höchstens von einer zunehmenden Bevölkerungsbewegung sprechen. Die Leute sind eher dafür zu haben, Kinder zu kriegen, wenn sie wissen, daß diese gegebenenfalls draußen ihr Auskommen finden.« RICHARD BRINSLEY SHERIDAN. »Ja, falls eine Auswanderung von Kindern unter sechs Jahren stattfände. Sie wandern aber erst aus, nachdem sie sich ihren Lebensunterhalt auf die eine oder andere Art auch im Lande verdienen könnten.« DR. GEORGE FORDYCE. »Auffallend ist, daß die ungesundesten Länder, wo am meisten Seuchen herrschen, wie zum Beispiel Ägypten oder Bengalen, immer auch am dichtesten bevölkert sind.« JOHNSON. »Je dichter ein Land bevölkert ist, um so größer ist die Gefahr verheerender Seuchen. So liegt der Fall in Wirklichkeit.« SHERIDAN. »Holland ist sehr ungesund, und doch ist es dicht bevölkert.« JOHNSON. »Daß Holland ungesund sein soll, davon ist mir nichts bekannt. Seine Übervölkerung verdankt es allseitigem Zuzug.«

BURKE. »Nach den Erfahrungen, die ich gemacht habe – und es sind deren ziemlich viele –, bin ich dazu gekommen, eine bessere Meinung von den Menschen zu haben.« JOHNSON. »Nach meiner Erfahrung sind sie im geschäftlichen Verkehr schlimmer, mehr auf Lug und Trug aus, als ich mir je vorgestellt hatte; anderseits sind sie aber auch gewillt, einander Gutes zu tun, mehr als ich einst dachte.« GIBBON. »Weniger gerecht, dafür um so wohltätiger.« JOHNSON. »Es ist erstaunlich, wie viel die Menschen füreinander tun, wenn man bedenkt, wie sehr sie notgedrungen davon in Anspruch genommen sind, sich selbst über Wasser zu halten und alle möglichen Übel, die auf sie eindringen, von sich abzuwehren. Wie es selbst von dem größten Lügner heißt, er sage alles in allem mehr Wahres als Falsches, so kann man auch von dem größten Schurken behaupten, er tue noch mehr Gutes als Schlechtes.« BOSWELL. »Ebenso darf man wohl sagen, die Menschen sind glücklicher, als man gemeinhin annimmt.« JOHNSON. »Das nicht! Je mehr wir dieser Frage nachgehen, um so weniger Glück finden wir allenthalben.« REYNOLDS. »Was die bessere oder schlechtere Meinung von den Menschen anbetrifft: Es gibt Schlaumeier, die nicht zufrieden sind, bis sie die Menschen, wie sie meinen, auf die Probe gestellt haben. Von Sir Godfrey Kneller erzählt man sich, es sei ihm als Friedensrichter einst ein Diener vorgeführt worden, der gestohlen hatte; da sich aber herausstellte, daß sein Herr das Geld absichtlich hatte herumliegen lassen, um ihn zu erproben, ließ Sir Godfrey den *Herrn* ins Gefängnis wandern.« JOHNSON. »Der Versuchung *einmal* widerstehen, will gar nichts heißen. Wenn einer aber sein Silber ständig herumliegen läßt, wie das vorkommt, und sein Diener widersteht der fortgesetzten Versuchung, obwohl er weiß, daß sein Herr es nicht nachzählt, dann gibt er damit freilich einen starken Beweis seiner Ehrlichkeit. Es geht aber nicht an, einen Menschen geflissentlich einer solchen Probe zu unterwerfen. Einem gewissen Maß an Versuchung hält keine Tugend stand. Wer einen andern mit Bedacht einer Versuchung aussetzt, macht sich mitschuldig, wenn der Betreffende ihr unterliegt.« REYNOLDS. »Und wer ihr einmal erliegt, ist künftig um so anfälliger.« BOSWELL. »Man ist dann sein Verführer, man hat Schande über ihn gebracht. Einer [Boswell selber] wollte einst herausbekommen, wie weit Freundschaft reicht, und pumpte deshalb einen Freund an, obwohl gar nicht in Geldnot.« JOHNSON. »Das ist ganz verfehlt. Der Freund ist vielleicht knauserig, mag aber daneben doch viel gute Eigenschaften haben; Geiz ist vielleicht sein einziger Fehler. Man erprobt somit seine Eigenschaft als Freund anhand eines einzelnen Zuges, der zu wunschen übrigläßt, wo sich sein Wesen doch in Wirklichkeit aus ganz verschiedenen Zügen zusammensetzt.«

BURKE. »Soviel ich weiß, geht das Faß Rotwein, das dem Klub von unserem Freund, dem Dekan von Derry, gestiftet wurde, allmählich zur Neige; ich glaube, man sollte ihm schreiben, er möge noch eines schicken. Das Schreiben muß aber so abgefaßt sein, daß wir womöglich auch dieses zweite Faß geschenkt kriegen.« JOHNSON. »Ich bin bereit, dabei als Schreiber zu dienen.« REYNOLDS. »Wer mit Dr. Johnson als Schreiber einverstanden ist, hebe die Hand auf – einstimmig angenommen.« BOSWELL. »Er wird unser Diktator sein.« JOHNSON. »Nein, diktieren muß ein anderer; mir obliegt es bloß, wegen des Weins zu schreiben. Außerdem handle ich völlig uneigennützig, da ich selber keinen Wein trinke. Man wird mich nicht im Verdacht haben, eigenmächtig vorgegangen zu sein. Ich bin nur ein simpler Schreiber.« BURKE. »Deshalb müssen Sie uns den Text *vor*schreiben.« JOHNSON. »Wäre ich hier Diktator, gäbe es überhaupt keinen Wein. Ich würde dafür sorgen, *ne quid detrimenti respublica caperet*, und Wein ist gefährlich.« Mit einem Seitenblick setzte er hinzu: »Rom ist bekanntlich am üppigen Wohlleben zugrunde gegangen.« BURKE. »Wenn Sie uns als Diktator keinen Wein bewilligen, dann sage ich Ihnen meine Gefolgschaft auf.«

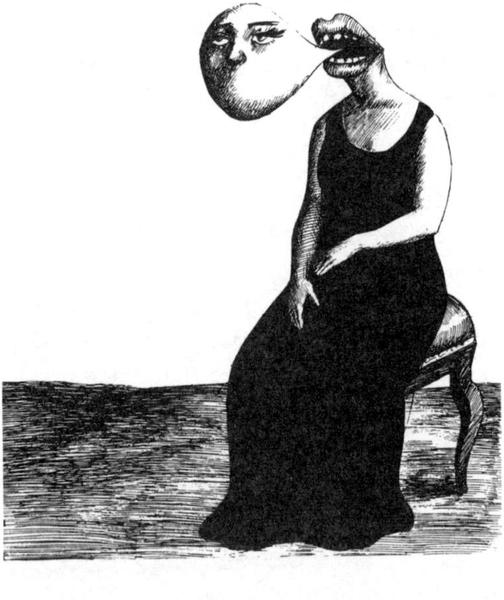

Roland Topor

Federico Fellini

»Ich bin fellinesk«

Ein Gespräch mit Damien Pettigrew

Woran glauben Sie?

An alles, was mich staunen macht.

Und das Bedürfnis, sich selbst zu erfinden?

Entspricht einer natürlichen Neigung. Ich habe mir eine Jugend, eine Familie, Beziehungen zu den Frauen und zum Leben erfunden. Ich habe immer erfunden. Dieses unwiderstehliche Bedürfnis zu erfinden rührt daher, daß ich nichts Autobiographisches in meinen Filmen haben will. Ich bin alles und nichts. Für mich sind die Dinge am realsten, die ich in meinen Filmen erfunden habe. Auch Delacroix war der Meinung, daß die greifbarsten Dinge für einen Maler die Illusionen sind, die er auf der Leinwand schafft. Der Rest sei Luft. So ist das auch für meine Geburtsstadt. Ich kann die Tatsache nicht bestreiten, daß ich in Rimini geboren wurde, aber die wirkliche Stadt ist verblaßt und wurde ersetzt durch das Rimini meiner Filme – *I Vitelloni, Amarcord* –, ersetzt bis ins letzte Detail. Diese Dekonstruktion ist ein viel wichtigerer Teil von mir, von meinem Leben, als das topographisch existierende Rimini... Die Wahrheit mag stärker sein als die Fiktion, aber eine Lüge ist immer interessanter.

Was ist für einen Künstler wichtig?

Wirklich wichtig ist für einen Künstler weder das, was man vage als Inspiration bezeichnet, nicht einmal das, was man sagen, erinnern, bedauern will, noch das, wozu man Stellung nehmen oder wogegen man rebellieren möchte. Nein, wichtig ist die Art, wie man es sagt, es geht wirklich ums Handwerk. Andere mögen das Stil nennen. Stil ist das, was das Gedächtnis oder die Erinnerung oder eine bestimmte Ideologie, ein bestimmtes Gefühl, die Nostalgie, die Vorahnung mit der Art und Weise, in der man all dies ausdrückt, vereint. Es kommt nicht so sehr darauf an, was man zu sagen hat, sondern wie man es sagt.

Wie würden Sie sich selbst bezeichnen?

Ich bin fellinesk.

Ist das Kino das Leben?

Unter allen künstlerischen Formen und Ausdrucksweisen muß das Kino dem Leben am meisten gleichen. Es verlangt eine Genauigkeit, einen einzigartigen Atem, Gesten und Haltungen von mathematischer Präzision. Deshalb habe ich, als wir vorhin von Improvisation sprachen, darauf bestanden, daß dies eine völlig unangemessene Definition für eine künstlerische Bemühung ist. Einen Traum, eine Phantasie auszudrücken, ist eine Operation der höheren Mathematik, wie die Physik. Es ist, wie eine Rakete ins All schicken. Was immer man künstlerisch ausdrücken will, verlangt ein Maximum an möglicher Strenge. Alles andere ist Verrat. Der größte Feind eines Filmemachers ist der Kompromiß. Das Leben ist peinlich genau, wie könnte ein künstlerischer Ausdruck anders sein? Ein Künstler hat die Möglichkeit, etwas wirklicher zu machen als die Wirklichkeit selbst. Ungenauigkeit

Federico Fellini
Selbstkarikatur

ärgert mich. Das Leben erscheint uns als vom Zufall regiert, aber es ist nichts, wenn es nicht genau ist.

Würden Sie Rimbauds Zeile »Ich ist ein anderer« unterschreiben?

Ja, ich denke, das ist für einen Künstler offenkundig. Manchmal, wenn ich zufällig meine Filme wiedersehe – ich sehe sie nie absichtlich – oder wenn ich auf ein Standfoto stoße und auf einen Ausschnitt im Fernsehen, kommt mir sofort die Frage: »Wer hat diesen Film gemacht?« Denn ich kann es nicht gewesen sein. Es ist, als sähe ich einem Teil von mir zu, vor dem ich Angst habe, ihn wiederzusehen. Ich mache den Film, ich lebe ihn und dann ist es vorbei. Autopsien interessieren mich nicht.

Sind Sie pessimistisch?

Ich bin es trotz alldem nicht: der Kriege, Umweltverschmutzung, Aids… Wir müssen die Neugier pflegen, wenn wir überleben wollen. Sie gibt einem eine Art Alibi, wenn wir überleben wollen. Wissen Sie, ich hielt mich mal in einer großen psychiatrischen Klinik als freiwilliger Patient auf – ich wiederhole freiwillig –, als Recherche für einen Film, den ich machen wollte. Das ist mehr als 30 Jahre her. Eingeschlossen innerhalb der vier Wände dieser Art Verrückten-Stadt fühlte ich mich seltsam frei. Es gab mir ein Gefühl von Freiheit, das ich unmöglich beschreiben kann, das aber auf der Realität beruhte, die durch die Phantasie entstanden war, der Realität, die jeder von uns sieht, wenn er über seine eigenen Gefängnismauern späht. So kann Neugierde vielleicht ein Leben rechtfertigen: beobachten und entdecken. Was soll man machen? Was kann man sonst machen, als mit Zuneigung und Ironie zu beobachten und möglichst nur das zu tun, was man kann und was man mit Freude tut.

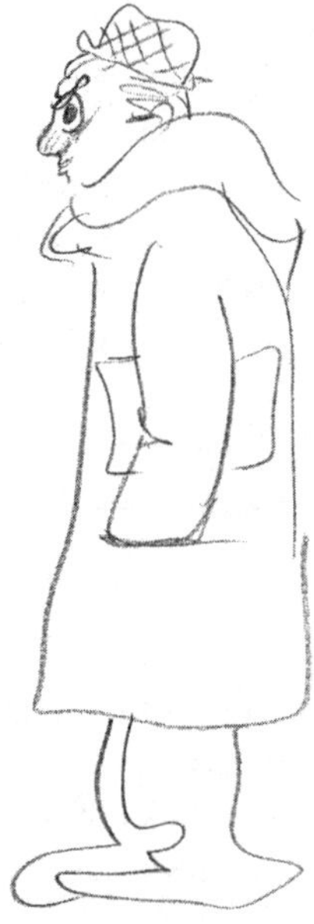

Federico Fellini
Selbstkarikatur

Loriot

Das Filmmonster

REPORTERIN: Meine Damen und Herren, das Prominenteninterview im Rahmen unseres Magazins *Für die Frau* kommt live aus dem Heim von Vic Dorn, einem der profiliertesten Darsteller des internationalen Horrorfilms... Vic Dorn, oder Victor Dornberger, wie Sie mit bürgerlichem Namen heißen, wo stammen Sie her und wie kamen Sie zum Film?

DORNBERGER: Mein Vater war Kirchendiener in Westfalen... meine Mutter ist unbekannt...

REPORTERIN (*lacht geziert*): Köstlich... und wie wurden Sie Schauspieler... wie kamen Sie dazu, immer das Monster zu spielen?

DORNBERGER: Mein Vater hatte mich für die mittlere gehobene Beamtenlaufbahn vorgesehen... aber da kam ein Regisseur aus Amerika... der hieß... der hieß... der hat mich entdeckt... dann kam ich nach... nach Hollywood, und da habe ich immer dieselbe Rolle gespielt...

REPORTERIN: ...Und wir finden es besonders reizend, daß Sie heute abend für unsere Zuschauer Ihre berühmte, unverwechselbare Horrormaske angelegt haben!... Wer hat sie entworfen... oder war das Ihre eigene Idee?

DORNBERGER: Wie... Entworfen?... Was für eine Maske?

REPORTERIN (*lachend*): ...nun mal im Ernst, Victor, unsere Zuschauer möchten gern wissen, wie Sie in Wirklichkeit aussehen... dieses phantastische, scheußliche Gesicht ist doch... ist doch...

DORNBERGER: (*lauernd*) Was?

REPORTERIN: Einmal, Victor... ein einziges Mal sollten Sie uns zeigen, wie Sie wirklich aussehen... und wenn es nur ganz kurz ist...

DORNBERGER (*sieht sie düster an*)

REPORTERIN (*nach starrem Zögern*): ... Oder ist es zu kompliziert, die Maske abzunehmen?

DORNBERGER: Wie... was... abnehmen?

REPORTERIN: Mein Gott... (*versucht vergeblich, ihr Entsetzen zu verbergen*) das tut mir... das ist mir sehr... ich... (*zündet sich zitternd eine Zigarette an*) ... Und nun die Fragen, die besonders uns Frauen interessieren... haben Sie gelegentlich private Beziehungen zu Ihren Film-Partnerinnen?

DORNBERGER: Nein...

REPORTERIN: Sie sind durch Ihre Filme wohlhabend und prominent geworden, warum haben Sie nie geheiratet?

DORNBERGER: Ich bin vielleicht etwas wählerisch...

REPORTERIN: Ach ja... aber ich könnte mir denken, daß es der Wunschtraum vieler Frauen ist, mit einem prominenten, internationalen Filmschauspieler zusammen... zusammenzuleben...

DORNBERGER: Ach!

REPORTERIN: ... Und Ihr Lieblingsessen... was ist Ihr Leibgericht?

DORNBERGER (*sehr düster*): Kartoffelpuffer...

REPORTERIN: Herr Dornberger, wären Sie lieber Politiker geworden?

DORNBERGER: Wenn man mir ein gutes Angebot gemacht hätte... vielleicht...

REPORTERIN: Aber dann hätten Sie eine andere Ausbildung gebraucht…

DORNBERGER: Nein… Schauspieler und Politiker haben vieles gemeinsam… Wir wollen Hauptrollen spielen, wir pflegen die Kunst der Täuschung und haben eine starke menschliche Ausstrahlung…

REPORTERIN: …und Sie haben ja auch als prominenter Schauspieler großen Einfluß auf die Wähler… Sie brauchen nur öffentlich zu äußern, mit welcher politischen Partei Sie sympathisieren, und Millionen werden sich Ihrer Meinung anschließen, denn ein Mann wie Sie hat natürlich einen ganz anderen politischen Überblick!

DORNBERGER: Jawohl!

REPORTERIN: Eine letzte Frage, Herr Dornberger… warum haben Sie in den letzten Jahren keine Angebote mehr aus Hollywood?

DORNBERGER (*sieht sich scheu um*): Ich weiß nicht… vielleicht bin ich denen einfach zu deutsch…

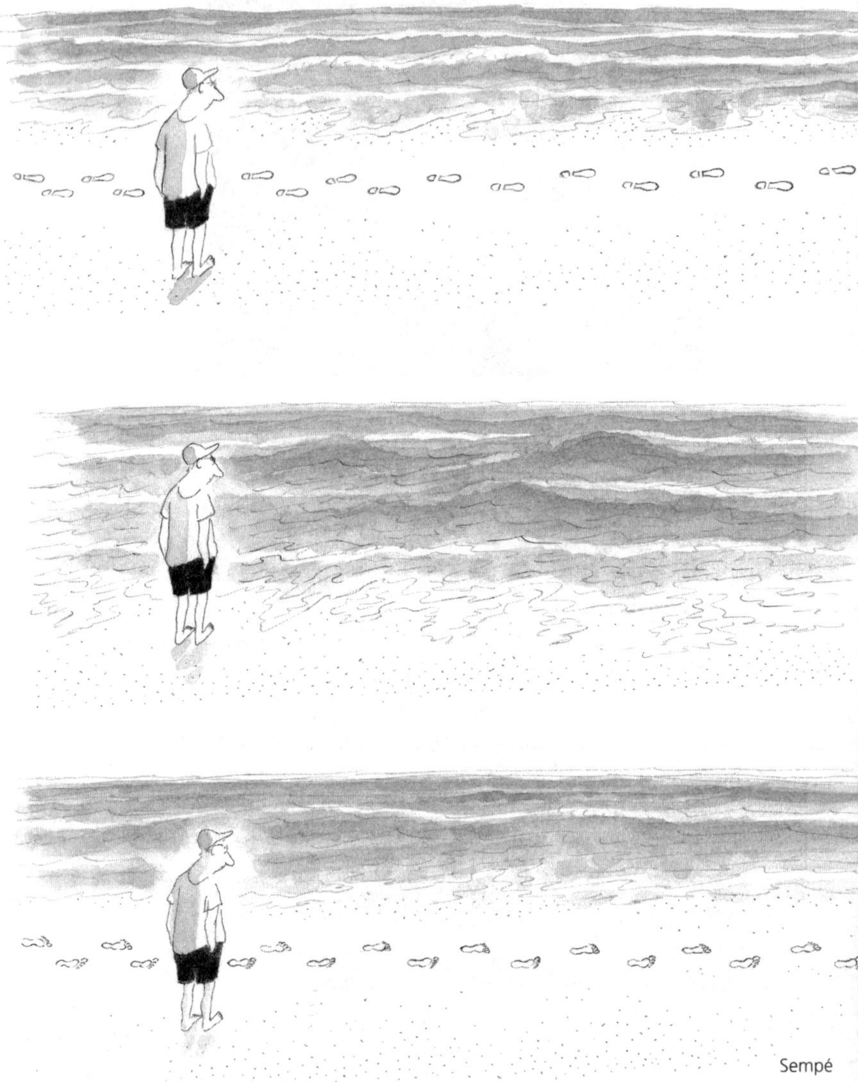
Sempé

Woody Allen

»Wie arbeiten Sie, Mr. Allen?«

Ein Gespräch mit Jean-Michel Frodon

Hat sich Ihre Art zu schreiben im Laufe der Jahre geändert?

Der Versuch, eine mir wesentlicher erscheinende Wahrheit hervorzuheben, führt dazu, daß ich mir mehr Freiheiten gegenüber dem Realismus und den Gesetzen der klassischen Erzählung herausnehme. Ich möchte den Aufbau der Geschichte gerne in jedem Film etwas anders gestalten. Dabei gibt es ein Element, das ich nur schwer verändern kann: Der männliche Held neigt dazu, immer wieder ähnlich auszufallen, das heißt, mir ähnlich zu sein. Ich vermute, ich kann auf diesem Gebiet einfach nichts anderes schreiben.

Jean-Luc Godard hat den – in seinem Fall unerfüllten – Wunsch, nie mit Drehen aufzuhören, oft damit begründet, daß er das Filmemachen mit der Arbeit eines Kunsttischlers, eines Kunsthandwerkers verglich.

Genau das ist Filmen. Sowie man die Arbeit wiederaufnimmt, weiß man sich seiner Werkzeuge zu bedienen. Ein Film ist eine Abfolge von Handgriffen, er muß geschrieben, gedreht, geschnitten werden, die Musik muß angelegt werden... Er ist ein Objekt, ein Kunstprodukt.

Haben Sie keine Angst, zu routiniert zu werden?

Ich wollte immer so arbeiten, daß meine Filme keine

Ereignisse sind. Nicht so wie Stanley Kubrick, der ein überragender Filmemacher war, aber nur alle sechs oder zehn Jahre einen Film herausbrachte. Das war dann jedesmal ein Riesenereignis, der Druck war ungeheuer, sein neues Werk mußte einfach ein Meisterwerk sein. Für mich wäre so eine Situation, die die Logik von Erfolg und Mißerfolg auf die Spitze treibt, ein Alptraum. Ich bin lieber wie Beaujolais, es gibt jedes Jahr einen Jahrgang, und die Leute können sagen: »Dieses Jahr ist er gut«, oder: »Dieser Jahrgang ist ein bißchen enttäuschend.« Worauf ich immer antworten kann: »Gut! Vielleicht findet ihr den nächsten besser.«

Arbeiten Sie am Computer?

Nein, ich bin kein Freund von technischem Spielzeug oder ausgefeilter Technologie. In meiner Wohnung gibt es weder eine ultramoderne Hi-Fi-Anlage noch eine von der Decke herabschwebende Riesen-Videoleinwand, ich habe auch keinen Computer und keine Textverarbeitung. Erst im Frühjahr 2000 habe ich, um meiner Frau eine Freude zu machen, ein Faxgerät anschließen lassen. Aber ich kenne nur die simpelste Benutzungsart und weigere mich, mehr zu lernen. Ich schreibe immer noch auf derselben alten mechanischen Schreibmaschine – ein deutsches Gerät, das aussieht wie ein Panzer und genauso unverwüstlich ist; ich habe sie schon ewig.

Innerhalb Ihrer Filmographie scheint mir ›Bullets over Broadway‹ ein Sonderfall zu sein, da die Figuren zum ersten Mal nicht wie Abwandlungen Ihrer eigenen Persönlichkeit wirken.

Die meisten meiner Filme sind psychologische Geschichten. Dieser nicht. Das Thema von *Bullets over Broadway* ist ästhetisch. Es ist ein Film über die Kunst und ihren Stellenwert. Es geht hier nicht um das Innenleben einzelner, sondern um den Versuch, das Verhalten verschiedener Milieus gegenüber der Kunst darzustellen und zu untersuchen, wie sich Menschen Normen anpassen. In dem Film verhalten sowohl Bohemiens wie Gangster sich genau so, wie es von allen erwartet wird, nach einem festgelegten Code. Außer einem, und der ist der wahre Künstler. Auch weil er imstande ist, abscheuliche Taten zu begehen. Die Leute heute halten sich schon für Künstler, wenn sie ein lässiges, müßiges Leben führen. Sie meinen, es genüge, Käse zu essen, Rotwein zu trinken und endlos über die Dramen von Shakespeare zu diskutieren. Sie können Kunst und Literatur studieren, sie können einen Job in der Kultur bekommen, sie können sogar Talent haben, doch im Grunde gehören sie nach wie vor dem Bürgertum an. Ihre Arbeit geht nicht über ein bestimmtes Niveau hinaus, sie ist zu weit von der Realität und ihren wirklichen Problemen entfernt. Aber ein Künstler kann ohne weiteres ein Schurke sein, alles mögliche, ein Killer oder einer von der Müllabfuhr. Aber er hat etwas, was man nicht an der Kunsthochschule lernen kann.

Halten Sie sich selbst für einen solchen Künstler?

O nein! Wenn ich eine Geschichte erzähle, hätte ich gern diese Begabung, andere mitzureißen. Aber bei mir kommt nichts von selbst. Ich muß hart arbeiten, mich schlau machen, Filme, Theaterstücke ansehen, Bücher lesen. Und ich glaube nicht, daß ich für meine Arbeit töten oder mein Leben aufs Spiel setzen würde. Man sagt mir immer: »Sie sind ein Perfektionist.« Ich war nie ein Perfektionist. Ich bin nur jemand, der mit Vergnügen und Interesse, vor allem mit Sorgfalt Filme macht. Aber wenn mir jemand erzählt, daß am selben Abend ein wichtiges Basketballspiel im Fernsehen läuft, sage ich: »Okay, wir drehen die Szene morgen zu Ende. Wir gehen nach Hause!« Meine Arbeit verschlingt nicht mein Leben, während die Figur im Film, die bereit ist, für ihr Werk zu töten und zu sterben, ausschließlich Künstler ist.

Eine ähnliche Figur ist der Gitarrist Emmet Ray in ›Sweet and Lowdown‹

Ich hatte Lust, mich noch einmal unter einem anderen Gesichtspunkt mit einer Künstlerpersönlichkeit auseinanderzusetzen. Ich wollte zeigen, welche Kluft sich auftun kann zwischen einem genialen Auftreten als Künstler und völliger Mittelmäßigkeit im Alltag. Wie unsympathisch oder kindisch vulgär jemand sein kann, sobald er sein Instrument aus der Hand gelegt hat. Das gilt übrigens nicht nur für Musiker. Es kommt in allen Künsten vor. Ich habe dafür eine Figur entwickelt, die sich aus den Schwächen mehrerer Jazzmusiker zusammensetzt. Emmet Ray hat Züge von Django Reinhardt, von Jelly Roll Morton, der Zuhälter war, von Wild Bill Davis, einem Kleptomanen, von Freddie Keppard, dem großen Trompeter aus New Orleans, der sich aus Angst, man könnte ihm seine Musik klauen, weigerte, Schallplatten aufzunehmen; von King Oliver, der immer mit einer Knarre herumlief...

Und auf Ratten schoß?

Nein, das ist eine eigene Erinnerung. Als ich klein war, gab es in unserem Viertel einen Polizisten, der sich nachts die Zeit damit vertrieb, in der Müllkippe auf Ratten zu schießen. Das ist doch eine interessante Angewohnheit, finde ich.

David Levine

Halten Sie sich für einen »intellektuellen« Filmemacher?

Zu dem Etikett »intellektueller Filmemacher« kann ich nur sagen, daß ich versuche, meine Zeitgenossen mit nicht allzu dummen, nicht allzu vulgären Geschichten zu unterhalten, die auch mir selbst gefallen haben. Ich vertraue mehr meinem Instinkt als meinem Intellekt, mir scheint, der läßt sich viel leichter manipulieren, oder er versteigt sich in unangebrachte Überlegungen. Meine Erfahrung sagt mir, daß man viel besser fährt, wenn man sich auf seinen Instinkt verläßt. Man kann sich zwar irren, aber meiner Ansicht nach ist das Risiko viel geringer. Deshalb sind meine Filme aber nicht anti-intellektuell.

Halten Sie das Komische für eine höhere Kunstform?

Überhaupt nicht, meiner Ansicht nach ist das Komische eine eher zweitrangige Kunst. Ich war nie der Ansicht, daß es große Kunst ist, Menschen zum Lachen zu bringen. Doch es setzt ein besonderes und wenig verbreitetes Talent voraus. Und mir scheint, ich habe es.

Ian McEwan

»Die Welt ist wunderbar«

Ein Gespräch mit Finn Canonica

David Levine

Die Hauptfigur Ihres Romans ›Saturday‹, der 48jährige Neurochirurg Henry Perowne, ist ein glücklicher Mann: Er liebt seine Arbeit und seine Frau, er ist reich, seine beiden Kinder sind intelligent und attraktiv. Sind Sie Henry Perowne?

Henry enthält viel Autobiographisches, daraus mache ich kein Geheimnis. Allerdings hätte ich niemals Chirurg werden wollen, ich mag Blut nicht besonders.

›Saturday‹ schildert einen einzigen Tag im Leben von Henry Perowne. Es ist Samstag, der 15. Februar 2003, der Tag, an dem in London die größte Friedensdemonstration aller Zeiten gegen den Irak-Krieg stattfand. Henry fährt im Mercedes durch die Straßen

und wundert sich über die moralische Selbstgefälligkeit der Kriegsgegner. Was haben Sie an jenem Tag gemacht?

Ich war wie Henry verblüfft über den Massenaufmarsch. Es war seltsam, zwei Millionen Menschen auf der Straße zu sehen, die gegen die gewaltsame Absetzung einer faschistischen Regierung demonstrierten. Da marschierten Tausende von Leuten unter den Transparenten des Muslim Council of Great Britain, einer Organisation, die auch schon behauptet hat, man müsse vom Islam Abtrünnige töten. Dazu herrschte diese aufgedrehte Stimmung. Die Demonstranten versammelten sich direkt vor dem Fenster meines Hauses in Central London, sie tanzten, sangen und umarmten sich, es erschien mir beinahe frivol. Ich meine, niemand wußte zu diesem Zeitpunkt, wie der Krieg verlaufen würde. Doch die Leute feierten wie nach dem Gewinn einer Fußballweltmeisterschaft. Ich war sehr verunsichert, fragte mich, ob so viele Leute tatsächlich im Unrecht sein können.

Waren sie rückblickend im Unrecht?

Die wichtige Frage ist meiner Meinung nach, ob die Invasion der Koalitionstruppen mehr Leid über das irakische Volk gebracht hat als die Diktatur von Saddam Hussein. Ich glaube nicht, daß das bis heute der Fall ist. Vielleicht ist es aber noch zu früh für ein abschließendes Urteil, man wird sich noch einige Jahre gedulden müssen.

Wie würden Sie ein erfolgreiches Leben beschreiben?

Sigmund Freud sagte, zu einem erfolgreichen Leben gehörten eine gute Gesundheit, gute Beziehungen und nicht zu wenig Geld. Es ist seltsam, daß Freud kein Wort über die Arbeit verloren hat. Dabei definieren sich heute viele Menschen über ihren Beruf, Arbeit ist eine der größten Freudenquellen. Mit *Saturday* wollte ich ein Buch schreiben, in dem die Arbeit eine zentrale Rolle spielt. In den Romanen des 18. und 19. Jahrhunderts wurde ja nie richtig gearbeitet. Das liegt daran, daß die Schriftsteller keine Ahnung davon hatten, die meisten stammten ja aus aristokratischen Familien. Auch in der ernsthaften Literatur der letzten fünfzig Jahre wurde nur wenig über alltägliche Arbeit geschrieben, nur in den Schundromanen sind die Protagonisten immer entweder Ärzte, Piloten oder Kommissare.

Warum haben Sie aus Ihrem Protagonisten einen Chirurgen gemacht?

Zuerst dachte ich an einen Architekten, dann entschied ich mich für einen Chirurgen, weil ich doch lieber im Operationssaal recherchiere als auf einer Baustelle.

Die Beschreibungen der verschiedenen Hirnoperationen sind verblüffend, beim Lesen ist es so, als ob man selbst das Skalpell führen würde.

Ein sehr begabter Neurochirurg nahm mich unter seine Fittiche und ließ mich bei seinen Operationen zusehen. Außerdem hielt er mir während der Eingriffe kleine Vorträge über das Gehirn, es war sehr beeindruckend.

Viele Männer mögen Ihr Buch, sie betrachten Henry Perowne als den ersten Superhelden des 21. Jahrhunderts, er ist eine beinahe messianische Figur.

Ich bin selbst überrascht, daß er so wirkt, wobei der Vergleich mit Jesus überzogen ist. Jesus hat ja nicht viel über seinen Penis nachgedacht, er war immer mit wichtigeren Dingen beschäftigt. In New York stand mal ein Mann an einer Lesung auf und sagte, er habe nur noch ein Lebensziel: so zu werden wie Henry Perowne.

Schmeichelt Ihnen das?

Ein bißchen, schließlich habe ich Henry erfunden. Doch es gibt auch Leser und Kritiker, die ihn hassen.

Weshalb?

Weil er in einem großen Haus lebt, seine Frau liebt, ein Gourmet ist, einen teuren Wagen fährt und eine ambivalente Meinung zum Irak-Krieg hat. Das sind genau die Zutaten, die viele Intellektuelle auf die Palme bringen.

Übertreiben Sie jetzt nicht ein wenig?

Ich glaube nicht. Der Kulturpessimismus hat eine große literarische Tradition. Ein Schriftsteller kann öffentlich kaum sagen, daß das Leben wunderbar ist, London schön und daß es verblüffend ist, 4000 Songs auf einen iPod laden zu können. Für viele Intellektuelle muß immer alles schlecht sein, wir müssen in einer bösen Welt leben, wir behandeln unsere Kinder schlecht, die Männer ihre Frauen, weshalb alle Frauen immer unglücklich sind. Es ist deprimierend, daß viele Intellektuelle es nicht ertragen, daß nicht alles, was der Westen erreicht hat, negativ ist. Mit diesem Buch wollte ich die Schönheit des Lebens in einer Wohlstandsgesellschaft zelebrieren, ich will, daß die Leute verstehen, was wir alles verlieren, wenn irgendwelche Verrückte hier eine islamische Theokratie errichten. Man muß sich wieder bewußt werden, welch ungeheure Errungenschaft eine freiheitliche Demokratie ist, wie großartig Zivilisation und Fortschritt sind. Diesen Werten muß wieder eine Stimme gegeben werden.

»There is grandeur in this view of life – Es ist wahrlich etwas Erhabenes um diese Auffassung vom Leben« – Henry hört im Halb-

schlaf eine Stimme diesen Satz murmeln, es ist gewissermaßen das Leitmotiv des Romans. Woher stammt der Satz?

Es ist der letzte Satz von Darwins *On the Origins of Species*. Wenn ich von ›Grandeur‹ spreche, dann geht es mir vor allem darum, dem materiellen Leben eine gewisse Größe zuzusprechen. Es ist grundsätzlich wunderbar, daß die Welt so ist, wie wir sie jeden Tag erleben – trotz vielen ungelösten Problemen. Wir brauchen diesen metaphysischen Überbau nicht, den die Religionen für sich beanspruchen. Wir sollten uns nicht beeindrucken lassen von den Mullahs, die immer von der absoluten Notwendigkeit eines spirituellen Lebens reden. Die Evolution, das menschliche Gehirn, die Entstehung von Bewußtsein aus Materie – diese Geschichte ist mindestens so spannend und komplex wie die Geschichten, die die Weltreligionen erzählen.

Das bürgerliche Leben als heroische Leistung?

Es ist nicht einfach, seine Kinder anständig zu erziehen, eine gute Ehe zu führen und seine Arbeit so gut wie möglich zu machen. Ich sage allerdings nicht, daß man ein Held ist, wenn einem diese Dinge gelingen. Andererseits muß man auch nicht unbedingt die Welt oder die Wale retten, um einer zu werden.

Wissen Sie, weshalb Henry Perowne auf viele Frauen so attraktiv wirkt?

Weil er sich sexuell nur für seine Frau Rosalind interessiert. Nicht aus moralischen Gründen, sondern weil er sie sehr liebt. So ein Mann gefällt vielen Frauen, er verkörpert eine weibliche Phantasie. In fünfundzwanzig Ehejahren hat Henry seine Frau nicht einmal betrogen, das ist zwar nicht gerade realistisch, aber so ist Henry Perowne nun mal.

Die Perownes führen eine perfekte Ehe, sie verabschieden sich mit Zungenküssen, lieben sich frühmorgens im Bett. Haben Sie mit ›Saturday‹ eine Liebesutopie entworfen, oder kennen Sie viele solche Paare?

Einen Roman zu schreiben heißt nicht, Soziologie zu betreiben. Ich behaupte nicht, 99 Prozent aller Leute sind so. Aber ich wundere mich, warum mich derart viele Leser auf diesen Punkt ansprechen. Wenn ich ein Buch schreibe, dessen Protagonist fliegen kann und ein drittes Auge auf der Stirn hat, werde ich ja auch nicht gefragt, ob ich viele solche Typen kenne.

Aber Henry Perowne ist doch eine Art Jedermann.

Ist er eben nicht. Er ist ein Individuum. Mal abgesehen davon, daß ich noch genug knapp Fünfzigjährige kenne, die regelmäßig miteinander schlafen.

Sie haben ein Lob auf die Treue geschrieben und trafen damit den konservativen Zeitgeist. War das beabsichtigt?

Ich glaube, es ist Ausdruck einer perversen Konsumhaltung, wenn Menschen denken, sie hätten das Recht darauf, jeden Augenblick ihres Lebens maximal glücklich zu sein. Und sobald sie es mal nicht sind, muß etwas geändert werden. Ein bißchen Unglück gehört zu einer Liebesbeziehung. Man kann sich nicht jederzeit ein neues Leben mit einem anderen Menschen kaufen.

Man steigt also gewöhnlich zu früh aus einer Liebesbeziehung aus?

Absolut. Es gibt keinen Anspruch auf Dauerglück, höchstens im Idiotenland.

Wären Sie gerne mit Henry befreundet?

Ich glaube ja. Ich fühle mich jetzt schon sehr verbunden mit ihm. Auch wenn er besser Squash spielt als ich. Er ist auch erst 48, ich bin 57.

Würden Sie ihn hassen, wenn er immer gegen Sie gewinnen würde? In Ihrer Geschichte hat Henry ziemliche Aggressionen gegen seinen Squashpartner Jay.

Sicher, sogar sehr. Beim Sport verstehe ich wenig Spaß. Ich bin wie alle Engländer sehr kompetitiv.

Was kann Henry, was Sie nicht können?

Wenig. Ich gab ihm, wie gesagt, einiges aus meinem Leben, die große Liebe zu seiner Frau zum Beispiel.

Was mögen Sie denn an Ihrer Frau besonders?

Vieles. Es ist zum Beispiel lustig, mit ihr zusammen Syndrome zu erfinden. Es ist im Augenblick unser Lieblingsspiel. Unsere neuste Erfindung ist das Selbsthaßdefizit-Syndrom, darunter leiden Menschen, die ein übermäßiges Selbstvertrauen besitzen. Diese Krankheit breitet sich rasend aus, ich kann solche Leute nicht ausstehen.

Warum nicht?

Ich bin ein ruhiger Mensch. Jeder Lärm, jede Verletzung meiner Privatsphäre ist mir zuwider. Ich verabscheue aufdringliche Menschen, Leute, die ihre Meinung zu vehement vertreten, die sich für so interessant halten, daß sie ungefragt alles kommentieren.

Trotz den außergewöhnlichen Ereignissen, die die Familie an diesem 15. Februar 2003 bedrohen, liest sich ›Saturday‹ stellenweise wie eine Hymne an den Alltag, das gewöhnliche Leben. Und doch sind so viele Menschen so oft unglücklich. Wie schafft man es, ein Henry Perowne zu werden?

Henry ist ein sehr reflektierter Mensch, er ist ein guter Beobachter des Alltags, und er überprüft seine Handlungen und Gedanken ständig, er wagt es, sich seines Verstandes zu bedienen. Ich glaube, diese Fähigkeiten können ein Leben auf eine gewisse Weise größer machen. Unter Evolutionsbiologen gibt es diese Debatte, ob überhaupt nochmals Individuen mit der Fähigkeit zu Bewußtsein entstehen würden, wenn man das Evolutionstape zurückspulen könnte. Ich meine: Wenn wir schon ein Bewußtsein haben, dann müssen wir es doch voll ausnützen. Wir leben nun mal auf diesem informationsbeladenen Planeten, für mich ist es fast eine Pflicht, seinen Verstand so oft wie möglich zu benutzen.

Ist Glück also eine Frage der Intelligenz?

Eher eine Frage der Haltung. Jeder Mensch kann sich vornehmen, aufmerksamer durchs Leben zu gehen, genauer zu beobachten. Wer das kann, hat ein interessanteres Leben und wird zumindest im Kopf nicht so schnell altern.

Vernunft ist die wichtigste Eigenschaft des Menschen – Henry Perowne würde diesen Satz vermutlich unterschreiben. Sie auch?

Rationalität ist in der Literatur unterbewertet, noch mehr als im wirklichen Leben. Die Literatur befindet sich immer noch in einem postromantischen Stadium, wo klares Denken mit einem kalten Herzen assoziiert wird und Wissenschaft mit dem Tod. In vielen zeitgenössischen Romanen werden nur Menschen gezeigt, die ihren Intuitionen trauen, ihren Gefühlen, dem Herzen und was weiß ich noch alles.

Sie reden mit einem leicht ironischen Unterton.

Das ist keine Absicht, ich glaube nur, daß es gut wäre, wenn viele Menschen es wieder mal wagen würden, ihr Gehirn zu benutzen, um ein Problem zu lösen, und nicht den Magen oder sonst ein Organ. Meiner Meinung nach liefert das Hirn die besseren Ergebnisse.

Welches ist das bessere Instrument, um die Welt zu verstehen, Kunst oder Wissenschaft?

Es sind Parallelwelten. Eines meiner Ziele in *Saturday* war es, einer materialistischen Weltsicht ein bißchen Wärme zu verleihen. Henry ist ein Materialist und ein säkularer Mensch, er betet die Vernunft an, da sind wir uns sehr ähnlich. Vernunft ist nicht kalt, beobachten Sie doch mal zwei Liebende, wenn sie sich streiten, oft werfen sie sich gegenseitig mangelnde Logik vor.

Trotz aller Vernunft und Liebe, die in dieser Familie herrscht, erweist sich das Familienglück der Perownes als ein sehr zerbrechliches, der Samstag nimmt für die Familie ein böses Ende. Wie groß ist der Einfluß des Politischen auf das Persönliche?

Saturday ist in der Tat auch ein Buch über die Zerbrechlichkeit des Glücks und die Verwundbarkeit der westlichen Zivilisation. Man kann sich vor dem Politischen schützen, doch irgendwann bricht es in jedes Leben ein. Es beginnt ein Krieg, ein Terroranschlag findet statt, oder man wird Opfer eines Verbrechens. Henry kämpft dagegen an, er will sich nicht absondern von der Welt, aber er verliert. Er schafft es nicht einmal, in Ruhe den Fisch zuzubereiten, ohne den Fernseher anzuschalten, bloß weil er ein verdächtiges Flugzeug am Himmel beobachtet hat.

Tun Sie das auch?

Ich schaue immer die Nachrichten, ich kann gar nicht anders.

Ist es moralisch verwerflich, sein privates Glück zu genießen, die Politik aus seinem Leben verbannen zu wollen?

Es ist eine große Illusion und eine Dummheit. Niemand kann ein total privates Leben führen, sich in seinen Kokon zurückziehen und so tun, als ginge ihn die Welt nichts an. Ich habe keine Probleme mit einem bürgerlichen Familienleben, allerdings muß man in der Lage sein, Empathie für das Leiden anderer zu entwickeln, auch wenn man am Ende bloß kalten Herzens einen Check schreibt. Es ist auch ein Gebot der Vernunft, schließlich müssen wir alle miteinander leben.

Aber nicht alle Menschen sind so vernunftbegabt. Henry begegnet dem vollkommen irrationalen Baxter, aus einem unbedeutenden Autounfall entwickelt sich eine Bedrohung, der Henry zunächst nichts entgegenzusetzen hat.

Es ist ein Problem unserer Zeit. Die Bedrohung unserer Lebensweise durch irrationale Kräfte nimmt zu. Ich wollte mit der Baxter-Szene zeigen, wie es selbst auf einer Mikroebene unmöglich ist, ein von der Gesellschaft autonomes Leben zu führen. Kein Glück ist von Dauer, auch nicht in einer zivilisierten Stadt wie London. Es gibt keine Rezepte gegen die Baxters unserer Zeit.

Baxter, dieser brutale Schlägertyp, was hat er, was Henry nicht hat? Irgendwie scheinen Sie ihn doch zu mögen?

Vielleicht ist es diese ungeheure Sehnsucht nach einer Sache, von der er nicht mal genau weiß, was sie ist, die ich an einem solchen Menschen faszinierend finde. Es ist ein

Charakterzug, der Henry gänzlich fehlt. Henry sehnt sich vordergründig nach gar nichts, dafür ist er zu cool.

Haben Sie schon mal so was Ähnliches erlebt, wurden Sie mal zusammengeschlagen?

Zum Glück noch nie, es ist fast ein Wunder. Es gab in meinem Leben bisher keinen einzigen physischen Streit mit einem anderen Menschen.

Es gibt Leute, die argumentieren, daß nur eine solche Extremerfahrung einen zum ganzen Menschen mache.

Ich kann darauf verzichten. Das neue Buch meines Freundes Christopher Hitchens heißt *Love, Poverty and War,* Christopher ist so ein typischer Romantiker. Er geht davon aus, daß jeder Mensch diese drei Dinge erlebt haben muß, um wirklich gelebt zu haben.

Was muß man denn Ihrer Meinung nach erlebt haben?

Liebe, Liebe und Liebe. Möglichst keine Armut und schon gar keinen Krieg.

Fällt Ihnen das Schreiben eigentlich schwer?

Es macht mich fertig, ich will es immer vermeiden.

Henry Perowne glaubt nicht an die Literatur, auch wenn er am Ende des Buches seine Meinung möglicherweise revidieren muß. Welche Aufgabe hat Ihrer Meinung nach die Literatur?

Ich glaube nicht, daß Literatur viel erreicht. Am Ende geht es hauptsächlich um ein ästhetisches Vergnügen. Außerdem macht es Spaß, über Literatur zu reden, es ist beinahe wie Klatsch zu erzählen. Wenn ich mit meiner Frau in die Ferien fahre, lesen wir manchmal absichtlich dieselben Bücher.

Was war das letzte?

Tolstois *Anna Karenina.* Wir saßen in Restaurants und in Parks und sprachen endlos über den Fürsten Wronskij und weshalb dieser teuflische Verführer so eine Anziehungskraft auf Anna ausüben konnte. Es ist ein wunderbares Vergnügen, Charaktere zu entwerfen, über die man reden kann, als wären sie lebendig. Wir haben uns jetzt ja auch schon eine ganze Weile über Henry Perowne unterhalten, so als ob wir ihn beide kennen würden, doch der Typ hat nie existiert.

Welches war Ihr letzter interessanter Gedanke?

Gestern las ich einen Essay meines Kollegen Julian Barnes über einen anderen Schriftsteller. Dabei kam mir der Gedanke, daß es nichts Verdächtigeres gibt als einen Menschen, der glücklich ist über einen Gedanken, den er soeben gehabt hat.

Und welcher Gedanke macht Ihnen Angst?

Der Gedanke daran, wie zerbrechlich unser Glück ist, wie Nachbarn plötzlich zu Mördern werden können, wie rasch Menschen durchdrehen.

Sempé

Dinitia Smith

John Irving – beinahe ein Tatsachenroman

Ich habe noch keinen Roman geschrieben, der mich so sehr verstört hat«, sagt John Irving. *Bis ich dich finde* ist Irvings *opus maximum,* der Versuch, die großen Fragen seines Lebens und seines Werks zu klären. Irvings Romane werden bevölkert von männlichen Figuren mit starken Müttern und abwesenden Vätern. Sein archetypischer Held ist Garp, dessen Mutter seine Existenz beherrscht; gezeugt hat sie ihn mit einem komatösen Flieger, über den Garp nichts weiß. Es ist ein erzählerischer Bogen, der Parallelen zu Irvings eigenem Leben aufweist. Irving wurde als John Wallace Blunt Jr. geboren, hat seinen Vater nicht gekannt und den Namen seines Stiefvaters angenommen.

Der neue Roman hat jedoch noch eine tiefere persönliche Dimension. Er beschäftigt sich in fiktiver Form mit einem Geheimnis, das Irving jahrelang mit sich herumgetragen hat – 1953, mit elf Jahren, wurde er von einer Frau sexuell mißbraucht, und Nachwirkungen dieser Erfahrung finden Eingang in das neue Buch. Obendrein tauchte, während sich der 63jährige mitten in der Niederschrift befand, plötzlich die Familie seines biologischen Vaters in seinem Leben auf.

Bis ich dich finde ist die Geschichte von Jack Burns, dessen Mutter eine berühmte Tätowiererin ist. (Irving sagt, er habe sich zwecks Recherche tätowieren lassen.) Jack und seine Mutter machen sich auf die Suche nach seinem abwesenden Vater, einem Kirchenorganisten und »Tintensüchtigen«, der am ganzen Körper tätowiert ist. Als Jack zehn Jahre alt ist, vergeht sich eine Frau an ihm. »Ich habe es einfach nicht fertiggebracht, ihm mein damaliges Alter zu geben«, sagt Irving. Mehrere andere, ältere Frauen verführen den unschuldigen Jack. Sie haben Sexualkontakt mit dem wehrlosen Jungen. Jack macht eine Ausbildung als Schauspieler und stellt sich vor, sein Vater sähe ihm zu, so wie sich auch Irving als Junge einmal vorgestellt hat, sein Vater habe ihn möglicherweise ringen sehen, als er Mannschaftskapitän an der Phillips Exeter Academy, einer Privatschule in Exeter, New Hampshire, war. Irgendwann wird Jack ein berühmter Filmstar, der auch weibliche Rollen spielt. Und am Ende des Romans stellt er die Identität seines Vaters fest.

Die Niederschrift, sagt Irving, habe lange verschüttete Emotionen ans Licht geholt und ihn in eine tiefe Depression gestürzt. Über das Mißbrauchserlebnis in seiner Kindheit habe er nur mit Familienmitgliedern und engen Freunden gesprochen. »Ich habe diese Frau sehr gemocht«, sagt er. »Ich hatte das Gefühl, sie liebt mich.« Mit dem Älterwerden jedoch sei er sich »unnormal« vorgekommen und habe heimliche Beziehungen zu älteren Frauen gehabt. »Ich dachte, alles, wofür ich mich schämte, müsse genetisch auf meinen Vater zurückzuführen sein«, sagt Irving. »Weil kein Erwachsener je über ihn sprach, bin ich davon ausgegangen, daß er ein schlechter Mensch sein mußte.« Er habe stets bestritten, auf seinen Vater neugierig zu sein. In Wirklichkeit aber »habe ich mich gefragt, warum er nicht alles daran setzt, mich zu finden«.

Dann, 1981, als er sich von seiner ersten Frau Shyla scheiden ließ, habe seine Mutter ihm einige Briefe seines

Vaters gegeben. Darin bittet John Blunt Sr. um die Scheidung, schreibt aber auch, daß er seinen Sohn sehen wolle. Die Briefe schildern außerdem seine Abenteuer als Pilot, der 1943 über Burma abgeschossen wurde und dem zu Fuß die Flucht nach China gelang. Als Irving sie las, habe er gesagt: »Ich will nach ihm suchen.« Aber er habe Angst gehabt, seinen Stiefvater zu verletzen, den er liebte. »Ich dachte, es wäre eine Art Verrat«, sagt er. Allerdings arbeitete er die Abenteuer seines Vaters in Burma in den Roman *Gottes Werk und Teufels Beitrag* ein.

Nachdem er 1998, und noch einmal 2001, mit *Bis ich dich finde* begonnen hatte, wurde er von Mel Gussow, einem im April diesen Jahres verstorbenen Journalisten der *New York Times,* interviewt. Abermals bestritt Irving vehement, daß er seinen Vater finden wolle. Doch er und Gussow seien Freunde geworden, sagt Irving, und Gussow habe diese Behauptung in Frage gestellt. Irving begann Gussow zu schreiben und über die Arbeit am Roman und seine sich verstärkende Melancholie zu berichten. »Ich habe gar nicht gewußt, wie deprimiert ich wegen Jack Burns war, wie unangenehm nahe er mir war«, sagt Irving. »Ich bin Mel Gussow unendlich dankbar; es bedeutete mir ungeheuer viel, mir alles von der Seele reden zu können.«

»Mel war fast so etwas wie ein Therapeut«, sagt Irving. »Auf seine sanfte, beharrliche Art hat er mich immer wieder angespornt.« Im Dezember 2001 kam die Wirklichkeit ins Spiel. Christopher Blunt, Vorstand einer New Yorker Investmentfirma, bekam einen Anruf von einem Freund, der Irving im Fernsehen gesehen hatte. In der Sendung hatte Irving gesagt, sein richtiger Name sei John Wallace Blunt Jr.; Christophers Vater hieß John Wallace Blunt. »Als ich 23 wurde«, erinnerte sich Christopher Blunt, »hat mein Vater mir anvertraut, daß er einen unehelichen Sohn hat.« Im Internet fand Blunt ein Foto von Irving. »Die Ähnlichkeit mit meinem Vater war unglaublich«, sagte er. »Ich bin buchstäblich vom Stuhl gefallen.« Er schrieb Irving, und Irving rief ihn an. Sie unterhielten sich stundenlang, und später trafen sie sich. Der fast zwanzig Jahre jüngere Blunt erzählte Irving, ihr Vater sei fünf Jahre zuvor gestorben. »Es war niederschmetternd«, sagt Irving. Ihr Vater habe eine Personalberatung für Führungskräfte geleitet, sagte Blunt. Er habe nach Irvings Mutter noch dreimal geheiratet und habe noch vier Kinder. Eines habe er sogar John Wallace Blunt Jr. genannt. Später erzählte einer der Blunts Irving, ihr Vater könnte 1961 durchaus in Exeter gewesen sei und ihn gesehen haben, als Irving dort rang, genau wie dieser gehofft hatte. Eines aber verblüffte Irving. Wie er es bei seinen Romanen zu tun pflegt, hatte er den Schluß von *Bis ich dich finde* geschrieben, ehe er den Anfang schrieb. Am Ende stellt Jack Burns fest, daß sein Vater geisteskrank ist und sich in einer psychiatrischen Klinik befindet. Christopher Blunt erzählte Irving, ihr Vater habe unter einer schweren manisch-depressiven Erkrankung gelitten und sei zeitweise in der Klinik gewesen. »Ich hatte bereits so jemanden erfunden«, sagt Irving. »So sehr es mir zu schaffen machte, daß mein Vater verrückt gewesen war, es bestätigte, was ich mir über William Burns, den Vater im Roman, ausgedacht hatte. Ich dachte: ›Mein Gott! Ich habe die Wirklichkeit getroffen.‹«

Irving erzählte seinem Stiefvater von seiner Entdeckung. »Mein Stiefvater hat sich für mich gefreut«, sagt Irving. »Natürlich war uns beiden klar, daß meine Mutter kein Interesse an den Blunts haben würde.« Das Auftauchen dieser quälenden Erinnerungen im Roman jedoch stürzte Irving in eine schwere Depression. Er konsultierte seinen Arzt. »Ich habe gesagt: ›Dieser Roman bringt mich um‹«, erinnert sich Irving. Der Arzt verschrieb ihm ein Antidepressivum, doch Irving sagte, es mache ihn gleichgültig, dämpfe seinen Drang zu schreiben. Er hörte auf, es zu nehmen. Er gab sein Manuskript ab. Dann, es war schon angenommen, zog er es wieder zurück. »In der ersten Person war es zu bekenntnishaft«, sagt er. Mit Gussows Ermutigung schrieb er es in die dritte Person um. Das habe seinen Schmerz gelindert, sagt Irving. »Meine Stimmung hob sich. Jack Burns war nicht mehr ich.«

Vor kurzem schickte er das Buch seinem Stiefvater. »Er hat gesagt, es sei eines meiner besten«, sagt Irving. Seine Mutter, die bei schlechter Gesundheit ist, hat es nicht gelesen. Ist er wütend auf seine Mutter, weil sie ihm nicht gesagt hat, daß sein Vater ihn sehen wollte? »Ich liebe meine Mutter von ganzem Herzen«, erwidert Irving. »Ob mein leiblicher Vater jemals gekommen ist, um mich ringen zu sehen, oder nicht, meine Mutter hat jedenfalls kaum einen Kampf versäumt.« Indem sie nicht über seinen Vater sprach, regte seine Mutter seine Vorstellungskraft an. »Ich mußte ihn mir Buch auf Buch vorstellen«, sagt Irving. »Jetzt habe ich es ausgeschrieben.«

Edward Gorey

Theodor Fontane

Summa Summarum

Eine kleine Stellung, ein kleiner Orden
(Fast wär' ich auch mal Hofrat geworden),
Ein bißchen Namen, ein bißchen Ehre,
Eine Tochter »geprüft«, ein Sohn im Heere,
Mit siebzig 'ne Jubiläumsfeier,
Artikel im Brockhaus und im Meyer…
Altpreußischer Durchschnitt. Summa Summarum,
Es drehte sich immer um Lirum Larum,
Um Lirum Larum Löffelstiel.
Alles in allem – es war nicht viel.

Edward Gorey

Nach- und Hinweise

Woody Allen (*1.12.1935, New York, lebt in New York)
Wie arbeiten Sie, Mr. Allen? Ein Gespräch mit Jean-Michel Frodon (Titel von den Herausgebern). Aus dem Französischen von Uli Aumüller. Auszug aus dem Band *Woody Allen im Gespräch mit Jean-Michel Frodon*, der im Herbst erschienen ist. © Diogenes, Zürich 2005.

Bosc (30.12.1924, Nîmes – 3.5.1973, Antibes)
Die Zeichungungen auf S. 89, 154 und 303 sind unveröffentlichte Zeichnungen aus dem Nachlaß. Abdruck mit freundlicher Genehmigung von Alain Damman. Ein Buch mit den besten Zeichnungen von Bosc ist in Vorbereitung.

James Boswell (18.10.1740, Lichfield – 19.5.1795, London)
Plaudertaschen (Titel von den Herausgebern). Aus dem Englischen von Fritz Güttinger. Auszug aus *Dr. Samuel Johnson, Leben und Meinungen*. © Diogenes, Zürich 1981.

Anton Čechov (17.1.1860, Taganrog – 15.7.1904, Badenweiler)
Je kultivierter, desto unglücklicher (Titel von den Herausgebern). Aus dem Russischen von Peter Urban. Auszüge aus *Tagebücher, Notizbücher*, herausgegeben und übersetzt von Peter Urban. © Diogenes, Zürich 1983. Foto auf S. 180 aus *Čechov. Sein Leben in Bildern*, herausgegeben von Peter Urban. © Diogenes, Zürich 1987. Die Zeichnung auf S. 118 von Alexander Borowskii aus *Die Tschechows. Wege in die Moderne*. Henschel Verlag, Berlin 2005. © Privatarchiv Knipper/Tschechowa, Berlin. Abdruck mit freundlicher Genehmigung.

Chaval, eigentlich Yvan Francis LeLouarn (10.2.1915, Bordeaux – 22.1.1968, Paris)
Die Zeichnung auf S. 64 aus *Zum Lachen und zum Heulen*. © Diogenes, Zürich 1969. Im Frühjahr 2006 erscheint ein *Best of* von Chaval.

J. M. Coetzee (*9.2.1940, Kapstadt, lebt in Adelaide, Australien)
The Making of William Faulkner. Aus dem Englischen von Reinhild Böhnke. Zuerst erschienen in *The New York Review of Books*. Abdruck mit freundlicher Genehmigung des Autors. Die Zeichnung auf S. 131 von Tullio Pericoli aus *Portraits*. © Diogenes, Zürich 1992.

Fatou Diome (*1968, Niodior, Senegal, lebt in Straßburg)
Das passende Gesicht. Aus dem Französischen von Brigitte

Große. Aus dem Erzählband *La préférence nationale.* © Présences Africaines, Paris. Abdruck mit freundlicher Genehmigung. Von Fatou Diome ist im Herbst 2004 bei Diogenes der Roman *Der Bauch des Ozeans* erschienen.

Rolf Dobelli (*15.7.1966, Luzern, lebt in Luzern)
...mag ich, mag ich nicht. Originalbeitrag für dieses *Tintenfaß.* Im Dezember 2005 erscheint Rolf Dobellis Roman *Und was machen Sie beruflich?* als Diogenes Taschenbuch. Foto auf S. 244 von Regine Mosimann / Diogenes Archiv.

Jessica Durlacher (*1961, Amsterdam, lebt in Bloemendaal, Niederlande)
Entsichert. Aus dem Niederländischen von Thomas Hauth. Rede zum Gedenken an die Opfer des Zweiten Weltkriegs am 4. Mai 2001, dem niederländischen Nationalfeiertag. Abdruck mit freundlicher Genehmigung der Autorin. Im Frühjahr 2006 erscheint bei Diogenes ein neuer Roman von Jessica Durlacher.

Friedrich Dürrenmatt (5.1.1921, Konolfingen bei Bern – 14.12. 1990, Neuchâtel)
Totenrede für Varlin. Zuerst erschienen im Magazin *Du,* Zürich. © Diogenes, Zürich. Die Zeichnungen auf S. 170f. aus *Varlin – Dürrenmatt Horizontal.* Scheidegger & Spiess, Zürich 2002. Abdruck mit freundlicher Genehmigung des Schweizerischen Literaturarchivs, Bern. Zum Einstein-Jahr 2005 ist bei Diogenes von Friedrich Dürrenmatt *Albert Einstein* erschienen. Im Dezember 2005 erscheint *Denken mit Friedrich Dürrenmatt.*

Federico Fellini (20.1.1920, Rimini – 31.10.1993, Rom)
»Ich bin fellinesk«. Ein Gespräch mit Damien Pettigrew (Titel von den Herausgebern). Deutsch von Renate Gehlen und Brita Subklew. Auszug aus dem Band *Ich bin ein großer Lügner,* der 2006 als Diogenes Taschenbuch erscheint. © Verlag der Autoren, Frankfurt am Main 1995. Abdruck mit freundlicher Genehmigung. Die Zeichnungen auf S. 283f.: © Diogenes, Zürich. Im Herbst 2005 erscheint als Diogenes Hardcover eine überarbeitete Neuausgabe der Biographie *Federico Fellini* von Tullio Kezich, außerdem im Diogenes Taschenbuch der Band *Denken mit Fellini* und eine Neuausgabe des Gesprächbandes *Fellini über Fellini.*

F. Scott Fitzgerald (24.9.1896, St. Paul, Minnesota – 21.12.1940, Hollywood)
So sinnlos wie die Wiederholung eines Traums (Titel von den Herausgebern). Aus dem Amerikanischen von Renate Orth-Guttmann. Auszüge aus den Notizbüchern von F. Scott Fitzgerald. Deutsche Erstveröffentlichung mit freundlicher Genehmigung der Agentur

Liepman, Zürich. Im Frühjahr 2006 startet Diogenes die Neuedition der Werke von F. Scott Fitzgerald mit den Romanen *Diesseits vom Paradies, Der große Gatsby, Die Liebe des letzten Tycoon, Zärtlich ist die Nacht* und *Die Schönen und Verdammten* in neuen Übersetzungen. Außerdem erscheint in der Diogenes Bibliothek der Band *Drei Stunden zwischen zwei Flügen und andere Meistererzählungen*. Foto auf S. 194 aus dem Band: Arthur Mizener, *F. Scott Fitzgerald*. Thames and Hudson, New York 1987.

PAUL FLORA (*29.6.1922, Glurns, Südtirol, lebt in Innsbruck)
Die Zeichnungen auf S. 159 und 164 aus *Zeichnungen 1938–2001*. © Diogenes, Zürich 2002. Die Zeichnung auf S. 155 aus *Stille Bilder*. © Diogenes, Zürich 2005. Die Zeichnung auf S. 320 wurde für Walter Jacobs in Wien gezeichnet.

THEODOR FONTANE (30.12.1819, Neuruppin – 20.9.1998, Berlin)
Summa Summarum. Aus *Die schönsten Gedichte* von Theodor Fontane, ausgewählt von Franz Sutter. © Diogenes, Zürich 1996.

JOEY GOEBEL (*2.9.1980, Henderson, Kentucky, lebt in Henderson)
Vincent und Rachel (Titel von den Herausgebern). Deutsch von Matthias Jendis und Hans M. Herzog. Auszug aus *Vincent*, dem ersten Roman von Joey Goebel, der im September 2005 bei Diogenes erschienen ist.

JOHANN WOLFGANG GOETHE (28.8.1749, Frankfurt am Main – 22.3.1832, Weimar)
»Ein kraftvolles, aber unreifes Talent« (Titel von den Herausgebern). Auszug aus *Der Briefwechsel zwischen Schiller und Goethe*, erschienen im Insel Verlag, Frankfurt 2005.

EDWARD GOREY (25.2.1925, Chicago – 15.4.2000, Hyannis, Massachussets)
Die Zeichnungen auf S. 53 und 312 aus *Der zweifelhafte Gast*. © Diogenes, Zürich 1973. Die Zeichnung auf S. 311 ist die Umschlagsvignette für John Irvings neuen Roman *Bis ich dich finde*, der im Frühjahr 2006 erscheint.

ARNON GRÜNBERG (*22.2.1971, Amsterdam, lebt in New York)
Tina. (Titel von den Herausgebern). Aus dem Niederländischen von Rainer Kersten. Aus dem Band *Amuse Gueule*, erschienen im Verlag Uitgeverij Nijgh & Van Ditmar, Amsterdam 2001. Abdruck mit freundlicher Genehmigung des Autors. Im Frühjahr 2005 ist von Arnon Grünberg der Roman *Der Vogel ist krank* erschienen und als Diogenes Taschenbuch *Phantomschmerz*. Ein neuer Roman erscheint im Frühjahr 2006.

PATRICIA HIGHSMITH (19.1.1921, Fort Worth, Texas – 4.2.1995, Locarno, Tessin)
So gefährlich lebendig (Titel von den Herausgebern). Aus dem Amerikanischen von Melanie

Walz. Die Auszüge aus den Notizbüchern sind eine Welt-Erstveröffentlichung und stammen aus dem Nachlaß von Patricia Highsmith, der sich im Schweizerischen Literaturarchiv in Bern befindet. © Diogenes, 2005. Die Zeichnung auf S. 102 aus *Zeichnungen.* © Diogenes, Zürich 1995. Foto auf S. 204: © Schweizerisches Literaturarchiv, Bern. 2005 wurde die Werkausgabe von Patricia Highsmith mit fünf Bänden weitergeführt: *Keiner von uns, Nixen auf dem Golfplatz, Salz und sein Preis, Ein Spiel für die Lebenden* und *Der Stümper.* Im Frühjahr 2006 folgt der Roman ›*Small g*‹ – *eine Sommeridylle.* Außerdem erschienen 2005 fünf Bände der Werkausgabe als Diogenes Taschenbücher. Im Herbst 2005 sind außerdem der Band *Katzen* in der Diogenes Bibliothek und Marijane Meakers Erinnerungen an Patricia Highsmith, *Meine Jahre mit Pat,* erschienen.

JOHN IRVING (2.3.1942, Exeter, New Hampshire, lebt in Vermont)
Siehe Dinitia Smith, *John Irving – fast ein Tatsachenroman.* Der neue Roman von John Irving, *Bis ich dich finde,* erscheint im Frühjahr 2006.

OTTO JÄGERSBERG (*19.5.1942, Hiltrup, Westfalen, lebt in Baden-Baden)
Süß ist die Heide. Originalbeitrag für dieses *Tintenfaß.* © Diogenes, Zürich 2005.

HANS WERNER KETTENBACH (*20.4. 1928, Bendorf am Rhein, lebt in Köln)
Die Krähen schrein. Zuerst erschienen in der Zeitschrift *Pips* für die Nummer ›Heimat – Schauplätze einer Sehnsucht‹. Abdruck mit freundlicher Genehmigung des Autors. Von Hans Werner Kettenbach erscheint im Frühjahr 2006 ein neuer Roman.

DONNA LEON (*28. 9. 1942, New Jersey, lebt in Venedig)
Bürokratie all'italiana. Aus dem Amerikanischen von Monika Elwenspoek. Aus dem Band *Über Venedig, Musik, Menschen und Bücher,* der im Oktober 2005 erschienen ist. © Diogenes, Zürich 2005. Ebenfalls im Oktober erschien das Diogenes Hörbuch *Mein Venedig* von Donna Leon, gelesen von Hannelore Hoger. Im Frühjahr 2006 erscheint der vierzehnte Fall von Commissario Brunetti.

DAVID LEVINE (*1926, New York)
Die Zeichnungen auf S. 293f. mit freundlicher Genehmigung des Künstlers und der Kathy Hayes Associates.

HUGO LOETSCHER (*22.12.1929, Zürich, lebt in Zürich)
Ich bin ein Secondo. Rede anläßlich der Verleihung der Ehrenbürgerwürde der Gemeinde Escholzmatt (Luzern) am 15.12. 2004. Abdruck mit freundlicher Genehmigung des Autors. Zu Hugo Loetschers 75. Geburtstag ist zuletzt der Band *In alle Rich-*

tungen gehen. Reden und Aufsätze über Hugo Loetscher erschienen. Foto auf S. 172 von Hanspeter Lässer.

LORIOT (*12.11.1923, Brandenburg an der Havel, lebt am Starnberger See)
Irren und Wirren. Aus dem Band *Sehr verehrte Damen und Herren* ..., der im März 2005 als erweiterte Neuausgabe erschienen ist. © Diogenes, Zürich 2005. *Das Filmmonster*. Aus *Loriots dramatische Werke*. © Diogenes, Zürich 1983. Im November 2005 erscheint eine erweiterte Neuausgabe von *Loriots Kleinem Opernführer* und im Frühjahr 2006 *Herren im Bad* als Diogenes Cartoon Classic.

LUDWIG MARCUSE (8.2.1894, Berlin – 2.8.1971, München)
Mein alter Vater (Titel von den Herausgebern). Aus: *Mein zwanzigstes Jahrhundert*. © Diogenes, Zürich 1975. Im November 2005 ist im Diogenes Hardcover eine Neuausgabe von Ludwig Marcuses Biographie *Heinrich Heine* erschienen, im Frühjahr 2006 folgt *Sigmund Freud*.

W. SOMERSET MAUGHAM (25. 1. 1874, Paris – 16.2.1965, Saint-Jean-Cap Ferrat bei Nizza)
Das Normale ist das Seltenste auf Erden und *Der verkaufte Brief* (beide Titel von den Herausgebern). Aus dem Englischen von Irene Muehlon und Simone Stölzel. Aus *Notizbuch eines Schriftstellers*. © Diogenes, Zürich 2004. Im November 2005 startet die Diogenes Neuedition der Werke von W. Somerset Maugham mit den gesammelten Erzählungen in zwei Bänden *(Ost und West* und *Der Rest der Welt*) und im Diogenes Taschenbuch mit fünf Romanen, alle in revidierten Übersetzungen. Foto S. 188: © Henri Cartier Bresson / Magnum.

MARIJANE MEAKER (*1927, Auburn, New York, lebt in East Hampton/Long Island, New York)
Meine Jahre mit Pat. Aus dem Amerikanischen von Manfred Allié. Auszug aus dem gleichnamigen Band mit Erinnerungen an Patricia Highsmith, der im September 2005 erschienen ist. © Diogenes, Zürich 2005.

IAN MCEWAN (*24.6.1948, Aldershot, lebt in London)
Zu Besuch in der Traumfabrik (Titel von den Herausgebern). Aus dem Englischen von Werner Richter. Zuerst erschienen als *The Diary of the Innocent* in *Esquire*. Deutsche Erstveröffentlichung mit freundlicher Genehmigung der Paul & Peter Fritz AG, Zürich.
»Die Welt ist wunderbar«. Ein Gespräch mit Finn Canonica (Titel von den Herausgebern). Zuerst erschienen in *Das Magazin*, Zürich. Abdruck mit freundlicher Genehmigung. Von Ian McEwan sind zuletzt der Roman *Saturday* und in der Diogenes Bibliothek *Letzter Sommertag. Stories* erschienen. Foto auf S. 234 von Bassa Cannarsa /Agence Opale, Paris.

Amélie Nothomb (*13.8.1966, Kobe, Japan, lebt in Paris)
Blick in den Spiegel (Titel von den Herausgebern). Aus dem Französischen von Wolfgang Krege. Auszug aus *Attentat,* dem neuen Roman von Amélie Nothomb, der im Frühjahr 2006 erscheint. © Diogenes Verlag, Zürich 2006. Zuletzt ist von Amélie Nothomb der Roman *Böses Mädchen* erschienen.

Connie Palmen (*25.11.1955, St. Odilienberg, Niederlande, lebt in Amsterdam)
Die versteckte Sprache. Aus dem Niederländischen von Hanni Ehlers. Zuerst erschienen im Magazin der *Süddeutschen Zeitung*, München. © Diogenes, Zürich. Von Connie Palmen ist zuletzt der Essay *Idole und ihre Mörder* erschienen.

Lev L. Rabeneck (1883 – 1972)
Čechovs letzte Minuten (Titel von den Herausgebern). Aus dem Russischen von Peter Urban. Zuerst erschienen in *The Times Literary Supplement*, London. Deutsche Erstveröffentlichung mit freundlicher Genehmigung von Andrew Rabeneck. Auf Russisch erschien der Text erstmals in einer Emigrantenzeitschrift und wurde nie in die inhaltlich stets variierende Sammlung der Erinnerungen von Zeitgenonossen an Čechov aufgenommen. Fotos auf S. 124 und 128 aus dem Bildband *Anton Čechov. Sein Leben in Bildern,* herausgegeben von Peter Urban. © Diogenes, Zürich 1987.

Friedrich Schiller (10.11.1759, Marbach – 9.5.1805, Weimar)
»Ein Egoist in ungewöhnlichem Grade« (Titel von den Herausgebern). Aus dem Band *Schillers Briefe in zwei Bänden*, erschienen im Aufbau-Verlag, Berlin und Weimar 1982. Zum Schiller-Jahr 2005 sind bei Diogenes *Die schönsten Gedichte, Denken mit Friedrich Schiller* und die Biographie *Friedrich Schiller* von Otto A. Böhmer erschienen.

Jean-Jacques Sempé (*17.8.1932, Bordeaux, lebt in Paris)
Die Zeichnungen auf S. 14, 25, 38, 45, 176, 179, 238, 288 und 307 aus *Heiter bis wolkig.* © Diogenes, Zürich 2004. Im Frühjahr ist eine Nauausgabe von *Das Geheimnis des Fahrradhändlers* erschienen und im Oktober *Neues vom kleinen Nick* von René Goscinny und Jean-Jacques Sempé.

Dinitia Smith (*1945)
John Irving – fast ein Tatsachenroman. Aus dem Amerikanischen von Nikolaus Stingl. Zuerst erschienen in *The New York Times.* Abdruck mit freundlicher Genehmigung.

Saul Steinberg (15.6.1914, Rîmnicu-Sârat bei Bukarest – 12.5.1999, New York)
Die Zeichnungen auf S. 2, 5, 6, 251, 255, 260, 266 und 275 aus *Passaporto.* Mondadori, Milano 2002. Die Zeichnung auf S. 62f. aus *Steinberg at the New Yorker.* Henry N. Abrams, Inc., Publishers, New York 2005. © The

Saul Steinberg Foundation. Abdruck mit freundlicher Genehmigung.

Patrick Süskind (*26.3.1949, Ambach am Starnberger See, lebt in München)
Über Liebe und Tod. Aus: Helmut Dietl & Patrick Süskind, *Vom Suchen und Finden der Liebe.* © Diogenes, Zürich 2005. Im April 2005 erschien Patrick Süskinds Stück *Der Kontrabaß* in der Diogenes Bibliothek.

Sherill Tippins
Carson McCullers in Brooklyn. Aus dem Amerikanischen von Renate Orth-Guttmann. Auszug aus *February House.* © Houghton Mifflin, Boston, New York 2005. Deutsche Erstveröffentlichung mit freundlicher Genehmigung. Fotos S. 105 von Ledger Enquirer / DR, S. 108 aus *February House*, und S. 113 von Louise Dahl-Wolfe.

Roland Topor (7.1.1938, Paris – 16.4.1997, Paris)
Memoiren eines alten Arschlochs. Aus dem Französischen von Eugen Helmlé. Auszug aus dem gleichnamigen Band, der im Februar 2006 als Neuausgabe im Diogenes Taschenbuch erscheint. © Diogenes, Zürich 1977. Die Zeichnungen auf S. 86 und 280 aus *Toxicologie.* © Diogenes, Zürich 1980.

Tomi Ungerer (*28.11.1931, Straßburg, lebt in Irland und in Straßburg)
Ohne Verzweiflung kein Humor (Titel von den Herausgebern). Aus dem Französischen von Margaux de Weck. Auszüge aus *Vracs.* © le cherche midi éditeur, Paris 2000. Abdruck mit freundlicher Genehmigung von Tomi Ungerer. Die Zeichnungen auf S. 211, 214 und 216: © Diogenes, Zürich. Im April 2005 ist eine Neuausgabe von Tomi Ungerers Bilderbüchern *Zeraldas Riese* und *Das kleine Kinderliederbuch* erschienen. Foto auf S. 212 von Leni Iselin.

Barbara Vine, eigentlich Ruth Rendell (*17.2.1930, London, lebt in London)
… mag ich, mag ich nicht. Aus dem Englischen von Margaux de Weck. Originalbeitrag für dieses *Tintenfaß.* Zuletzt ist von Barbara Vine der Roman *Königliche Krankheit* erschienen. Foto auf S. 243 von Charles Hopfkinson / Camera Press / Keystone.

F.K. Waechter (3.11.1937, Danzig – 16.9.2005, Frankfurt am Main)
Die Zeichnungen auf S. 79, 223, 228 und 233 aus *Waechter.* © Diogenes, Zürich 2002. Im April 2005 ist von F. K. Waechter der Bildband *Prinz Hamlet* erschienen und im Oktober die Bildergeschichte *Vollmond.*

Paul Flora

TINTENFASS IMPRESSUM

Herausgeber:
Daniel Kampa, Winfried Stephan.
Mitarbeit: Margaux de Weck.
Umschlaggestaltung:
Hans Höfliger/Bettina Wunderli.
Gestaltung und Herstellung:
Peter Frei.
Herzlichen Dank an Ursula Baumhauer, Susanne Dorn, Cornelia Eberle, Ruth Geiger, Lisa Jordi, Regina Kaeser, Regine Mosimann, Thomas Mouzinho, René Niederer, Anna von Planta, Res Schenk, Verena Schmid Blumer, Angelika Schneider, Christine Stemmermann, Monika Wild, Silvia Zanovello und besonders an Daniel Keel.

Über unverlangt eingesandte Manuskripte kann leider keine Korrespondenz geführt werden.
Redaktionsschluß: 31.7. 2005.